小学生学习活动研究丛书

丛书主编 / 张彦平

汪亭的班
汪亭的课

——崇仁寄宿学校伙伴课堂个案研究

李红路　汪　亭　著

华中师范大学出版社

新出图证（鄂）字 10 号

图书在版编目（CIP）数据

汪亭的班，汪亭的课——崇仁寄宿学校伙伴课堂个案研究/李红路，汪亭著. —武汉：华中师范大学出版社，2016. 11

（小学生学习活动研究丛书）

ISBN 978-7-5622-7589-3

Ⅰ. ①汪… Ⅱ. ①李… ②汪… Ⅲ. ①课堂教学—教学研究—小学 Ⅳ. ①G622. 421

中国版本图书馆 CIP 数据核字(2016)第 260714 号

汪亭的班，汪亭的课

——崇仁寄宿学校伙伴课堂个案研究

© 李红路 汪 亭 著

责任编辑：陈良军　　**封面设计**：胡 灿

责任校对：王 胜

编 辑 室：幼教中心　　**电 话**：027－67867317

出版发行：华中师范大学出版社有限责任公司

社址：湖北省武汉市洪山区珞喻路 152 号

电话：027－67863280/3426（发行部）　　**邮购**：027－67861321（邮购）

传真：027－67863291　　**邮编**：430079

网址：http://www. ccnupress. com　　**电子信箱**：press@mail. ccnu. edu. cn

印刷：武汉鑫昶文化有限公司　　**督印**：王兴平

字数：250 千字

开本：710mm×1000mm 1/16　　**印张**：16. 75

版次：2016 年 11 月第 1 版　　**印次**：2016 年 11 月第 1 次印刷

定价：35. 00 元

欢迎上网查询、购书

目　录

绪论　素养本位的教学

——对汪亭课改经验的再认识

武汉市硚口区教育局教育科学研究室　李红路

2016 年 2 月，《中国学生发展核心素养》（征求意见稿）出台，与之配套的各学科课程标准的修订即将颁布实施，将会掀起新一轮教学改革的大潮，引导课堂教学向“素养本位”转型，与 21 世纪世界教育改革的大潮合流，这是中小学课堂教学当下及未来改革的总体趋势。素养本位的教学，将充分运用现代信息技术，融合与超越已有的教学理念与实践经验，成为教学改革的基本价值取向，并由此形成一种新的教学范式。

一、素养本位教学的内涵：第五种教学范式界说

（一）教学范式界说

“范式”的概念和理论是美国著名科学哲学家托马斯·库恩提出并在《科学革命的结构》中系统阐述的，它指的是一个共同体成员所共享的信仰、价值、技术等的集合，是常规科学所赖以运作的理论基础和实践规范，是从事某一科学的研究者群体所共同遵从的价值观念和行为方式。

新课改以来，课堂教学改革因主导群体（共同体）的学术背景不同而形成了不同的教学范式，如表 1 所示：

表 1　不同教学范式一览表

教学范式	主导群体	学术背景	优势	研究取向	发展取向
学科范式	学科专家与名师	学科教学理论，实践经验	拥有理论优势和最大的优秀老师群体	学科本位	学科素养

续表

教学范式	主导群体	学术背景	优势	研究取向	发展取向
学习范式	课改名校	实践经验	课改“结拜”，形成课改名校共同体，拥有实践话语权	课堂转型学习方式变革	学习素养
学术范式	教育学专家	教育学理论	拥有理论优势和学术话语权		
技术范式	信息技术专家	信息技术理论	拥有理论优势和技术优势		

四种教学范式具有不同的优势与价值取向，也有着各自的局限性，且彼此之间横亘着“学术壁垒”。学校日常的课堂教学研究与改革，就是在这四范式的夹缝中艰难地寻找突破的方向。

由学科专家和名师主导的“学科范式”，强调课堂教学的学科特征，追求课堂教学的“学科味”。学科范式经由各级各类研究课、公开课的演绎，异彩纷呈，创造了课堂教学的“神话”，成为名师的“盛宴”，但由于忽视学习方式的变革，日常的教学形态并没有发生根本变化。由洋思、杜郎口中学等课改名校主导的“学习范式”，强调学习方式的变革，通过实施小组合作学习、课堂展示等学习活动，让课堂变得生动活泼，大面积提高考试成绩，经过精心打造，抱团发展，创造了高效课堂的“民间经验”，但带有明显的应试色彩，且“一校一模”运用于所有的学科教学，淡化了学科特征，受到学者的诟病。由大学教育学学者主导的“学术范式”，以强大的理论话语引领学校教学变革，在教育变革的实践中创新了中国的教育学理论，但往往对教育现实的复杂性估计不足，也存在脱离学校实际的倾向，实践成效并不显著。由教育技术专家主导的“技术范式”，借教“互联网＋”的东风，运用信息技术“颠覆”传统的课堂教学，促进课堂的“翻转”，一时间成为地区、学校追求的“时尚”，但由于信息化教学理论尚不成熟，学校信息技术的基础设施还不完善，教师的信息素养也有待于进一步提高，“翻转课堂”目前还在“实验室”仅供研究与观摩。

从教学四大范式的价值取向来看，学科范式更多地追求教学的学科特征，是“学科素养”取向的，而其他三种范式则更多地追求学习方式的变革，是“学习素养”取向的。

（二）素养本位教学的内涵

相对于“素质教育”，“核心素养”突出的是终身发展和社会发展需要的必备品格和关键能力，是学生在21世纪最应该具备的最核心的知识、能力与态度①。素养强调知识、能力、态度的统整，其中的态度因素特别重要。有研究者指出：素养＝（知识＋能力）^{态度}，态度是用乘方形式来连接知识与能力的。如果态度是正分，一切知识与能力皆会产生相乘倍数的正面效果；如果态度是负分，一切知识与能力皆会产生相乘倍数的负面效果②。

素养本位的学习观认为，学习是一个起于知识、达于能力、至于素养的过程。这个“素养”的习得是学习的最终目标，它应最少包含两个最基本的内容：“学科素养”和“学习素养”。教学的本质是促进学生学习。作为教学目的的“学习”有两个层次：“学会”与“会学”。“学会”是学科教学的课时目标，是“学科素养”的表征；“会学”是学科教学长远目标，就是实现“教是为了不需要教”（叶圣陶语），即实现“学会学习”，是“学习素养”的表征。基于以上对于学习与教学关系的分析，我们可以对“素养本位的教学”做如下界定：素养本位教学就是以培养学生“学科素养”和“学习素养”为基本取向的教学。“学科素养”是学科知识、能力和态度所构成的学科思维品质与关键能力③，是学科教学的“独当之任”，也是学科课程独特的育人价值之所在，其外在表现形式因学科而异；“学习素养”是由学习活动组织、学习结果的应用与分享和学习反思与整合构成学习品质与能力④，是学科教学“共担之任”，是学科课程共有的育人价值所在，其

---

① 褚宏启．我国学生的核心素养及其培育［J］．中小学管理，2015（09）：27-31.

② 柳夕浪．从“素质”到“核心素养”——关于“培养什么样的人”的进一步追问［J］．教育科学研究，2014（03）：5-11.

③ 史宁中．推进基于学科核心素养的教学改革［J］．中小学管理，2016（02）：19-21.

④ 齐宇歆．基于PISA的学习素养评价系统设计［D］．上海：华东师范大学，2013．注：“学习活动组织”包括学科知识、学习参与度、认知策略、学习调控策略；“学习结果的应用与分享”包括知识迁移和交流合作；“学习反思与整合”包括学习结果价值认定、学习过程优化、学习资源（环境）优化。

外在的表现形式是“爱学”（情感动机）、“会学”（方法策略）、“主动学”（品质习惯）。

学科课程有其独特的教学价值和共有的育人价值。核心素养取向的教学改革，要求每门学科的教育教学除了发挥本学科独特的育人功能之外，要高度重视跨学科之间的综合育人功能①。因此，素养本位的教学以培养学科素养和学习素养为取向，是学科教学改革的必然走向，并会由此而形成一种新的教学范式。

教学的“学科范式”、“学习范式”、“学术范式”、“技术范式”在各自的领域为课堂教学改革做出了自己的贡献，这是有目共睹、不容置疑的。就学科教学改革而言，四种范式因为各自的局限性而无法独立完成向素养本位教学转型的任务。因为素养本位的教学，既需要凸显学科的特征，又要彰显现代学习方式，同时还需要信息技术的支撑，需要四种范式的主导者之间进行“跨界合作”，在对话中实现教学视界的融合，形成教学的第五种范式——融合范式。

二、素养本位教学的例证：汪亭老师课改经验透视

（一）课改线路掠影

武汉市硚口区崇仁寄宿学校汪亭老师，从 2009 年至 2016 年进行了为期8 年的课堂改革，积累了“伙伴课堂”经验。根据改革的内容，我们将她的课堂改革历程划分为三个时间段：

奠基期（2009—2012）。在这 4 年时间里，汪亭老师担任 1～4 年级4 班的语文教学和班主任工作，主要进行学习习惯养成教育，并通过开发“读书分享会”、“新闻主播”、“学生讲堂”、“自主班会”等学习教育课程，丰富学生的知识积累，培养学生的“表现力”。

形成期（2013—2014）。在这 2 年时间里，汪亭老师担任五、六年级4 班的

① 申继亮．高中新课标新增学科核心素养及质量标准［DB/OL］．http://learning.sohu.com/20151019/n423585301.shtml.

语文教学和班主任工作，主要进行学习小组建设和“阅读教学核心问题探究”的探索，并通过开发“一战到底”、“张嘴就来”、“日志分享”等学习教育课程，培养学生融合力、合作力、质疑力、探究力和表现力，形成班级学习文化，教与学方式变革初见成效，课改经验形成专辑《汪亭的班，汪亭的课》。

简化期（2015—2016）。在这 2 年时间里，汪亭老师担任新接手的三、四年级 6 班的语文教学和班主任工作，用“做减法”的方式对前期的课改经验进行简化。在班级文化与学习小组建设方面，汪亭老师“只做一件事”：习惯培养，评比“美丽女生 帅气男生”，着重训练学生课堂展示与交流能力，做到声音响亮、自信大方、认真倾听；在课堂教学方面，继续进行“阅读教学核心问题探究”的研究，建构了《小学语文阅读课“核心问题探究”教学模式》，用简约的方式表达阅读教学经验，缩短了课堂改革的周期。《小学语文阅读课“核心问题探究”教学模式》的研究，从课文的文体特征、语言特色和写法特点等方面研判文本的核心教学价值（核心知识）、确定核心问题、设计学习活动，对阅读教学进行了深入的研究与系统的改革。

（二）课改经验图景

根据上述对汪亭老师课改线路的描述，我们可以勾勒出如图 1 所示汪亭老师的课改经验图景。

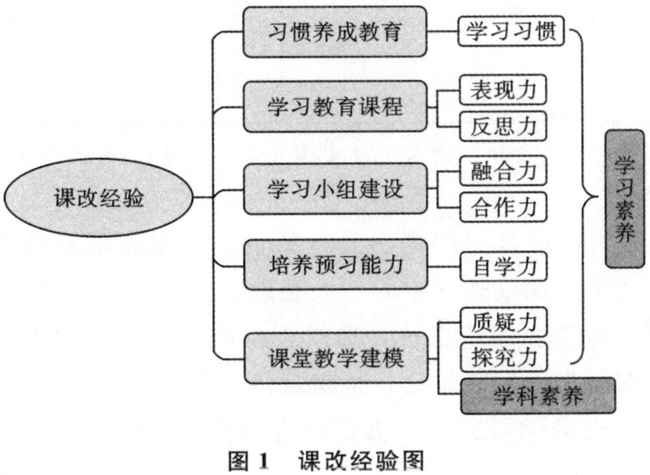

图 1　课改经验图

1. 学习素养的培养

汪亭老师课改的五大举措，从学习组织（班级文化和学习小组）建设、课堂教学建模两条路径培养学生的学科素养和学习素养。学习教育课程的开发与实施，培养学生的表现力、反思力，学习小组建设培养学生的融合力、合作力，“六字诀”导学培养学生的自学力，核心问题探究培养学生的质疑力、探究力。这些“力”包含着各自的意识与能力，与学习习惯共同构成学习素养，其中诸多因素，与世界各国及地区学习素养内容具有高度的一致性，如表 2 所示：

表 2　“学习素养”内容维度的国际比较分析

汪亭老师	中国	欧盟	联合国教科文组织	美国	日本	中国台湾地区
1. 学习习惯 2. 融合力 3. 合作力 4. 自学力 5. 质疑力 6. 探究力 7. 表现力 8. 反思力	1. 乐学善学。 2. 勤于反思。 3. 信息意识。	1. 主动学习与创新。 2. 学会学习。	1. 坚持与专注合作。 2. 问题解决。 3. 自我导向。 4. 批判性思考。	1. 创造力与创新。 2. 批判思维。 3. 问题解决。	1. 发现和解决问题的能力。 2. 创造力。 3. 逻辑思维能力和批判思维能力。 4. 元认知。	1. 学会如何学习。 2. 反省能力。 3. 创新思考。 4. 独立思考。 5. 主动探索与研究。

＊注：我国将“信息意识”纳入学习素养（学会学习）。其他国家将“数字学习”作为信息素养单列。

其中的表现力和融合力的提出最具特色。表现力培养是汪亭老师课改的核心举措，也是她课堂教学中的一大亮点。每一节语文课，乃至晨会课、班会课，汪亭老师都会创造条件，提供表现机会，引导学生按照自己喜欢的方式，如发布通告、发表作品、组织宣传、角色扮演等，向他人、小组、班级展示自己小组的学习成果，做到声音响亮、自信大方、语言简洁、生动形象。有时，学生为了增强展示的效果，提前制作 PPT，运用多媒体进行展示，使要表现的内容要点、过程方法等一目了然。学习表现力的培养具有多重发展功能：其一，发展学生口头语言表达能力和肢体语言表现能力。其二，培养学生的自信心，满足学生的表现欲。其三，加速学生的认知进程。表现性学习通过多种形式的表现，如写作、叙说、解决问题、交际沟通、身体动作（唱歌、朗读、跳舞、表演）等，将学习的过程、结果充分展示出来，有效促进学生学习的外化进程。表现性学习，将认知的内化与外化过程结合在一起，极大地加速了学生的认知进程；融合力包含主动参与、悦纳、包容、谅解等意识、情感与能力，是班级和小组学习共同体建设，形成“积极互赖”伙伴关系的基础，是在班级授课制环境下学习的关键能力与必备品质。融合力的培养，与当前国际盛行的“情感与社会能力”①（如培养亲密关系，培养同理心等），以及“在异质社会团体中的互动”等素养具有相同的旨趣。

2. 学科素养的培养

《义务教育全日制语文课程标准（2011 年版）》把“全面提高学生的语文素养”作为课程的基本理念，指出“九年义务教育阶段的语文课程，必须面向全体学生，使学生获得基本的语文素养。语文课程应激发和培育学生热爱祖国的思想感情，引导学生丰富语言积累，培养语感，发展思维，初步掌握学习语文的基本方法，养成良好的学习习惯，具有适应实际生活需要的识字写字能力、阅读能力、写作能力、口语交际能力，正确运用祖国语言文字”。概言之，基本的语文素养包括热爱语文的情感、语文知识（语言积累、学习语文的基本方法）、学习习惯和语用能力。

学习具有知识依赖性，是一个起于知识、达于能力、至于素养的过程。就学科教学而言，这个“至于素养”过程，其中之一就是培养学科素养，知识在培养学科素养中起着十分关键的作用。什么样的语文知识能够培养学生的语用能力，激发学生热爱语文的情感，从而培养学生的语文素养呢？中小学语文“文选式”的教材，每一篇课文都包含字、词、句、段、篇，语、修、逻、文、点等语文知识，还有文本承载的社会、自然、科技、历史、地理等百科知识，是一个知识的“海洋”。语文教学“教什么”，教师

① 任静，朱锐锐. 社会和情感能力如何培养［J］. 上海教育科研，2016（17）：8-10.

如何从课文知识的“海洋”中取一瓢饮？这是语文教师困惑的问题，不少教师还没有实现从“教课文”到“教语文”的华丽转身，教学效率比较低，离培养学生“基本的语文素养”还相距甚远。

文章入选教材，成为课文后，才具有教学价值，包括知识价值、情感价值、思维价值、审美价值等。在众多的价值中，最为核心的教学价值是“培养学生语用能力、激发学生学习语文兴趣”。如何研判课文的核心教学价值？从汪亭老师语文教学改革的探索中，我们找到了解决问题的线索，如表 3 所示：

表 3　课文核心教学价值的研判与核心知识的确定

课文核心教学价值研判				“知识点”的选择原则与价值取向
单元主题	文体特征	语言特色	写法特点	
根据单元主题与文章的思想内容，确定课文的主旨。	从课文的文体出发，决定学生“读什么”。	精妙传神的词语；特别的句式表达；别出心裁的结构；意味深长的标点。	写作方法；表达方式；修辞手法。	选择原则：个性化、统领性、迁移性。 价值取向：训练学生语言的感受能力和表达能力（语用能力），培养学生的语文素养。
是语言教学的聚焦点，具有统领作用。	核心知识 第一次聚焦	核心知识 第二次聚焦	核心知识 第三次聚焦	

具体的操作方法是，以课文的主旨为统领，依次根据课文文体、语言特色、写法特点不断聚焦，确定课文教学的语言点，并根据“个性化”（是“这一篇”课文独有的语言现象）、“统领性”（具有统领全文的功能）、“迁移性”（能够在新的语境中运用）的原则和培养语用能力的价值取向，选择“语言点”，即为这一篇课文的“核心知识”，是教师最值得教、学生最值得学的知识，是增进学生的阅读理解能力，并能在新的语境中迁移运用的知识，是能够转化为语用能力的知识——是培养语文素养的知识。确定了课文的核心知识，围绕“知识点”进行核心问题探究（学习活动）的设计与组织也就易于操作了。

汪亭老师的《小学语文课“核心问题探究”教学模式》，基于核心知识设计与组织核心问题探究的学习活动，可以用武汉市硚口区小学教研室语文教研员张宇箭老师的话概括为：“清清楚楚一条线（核心问题探究）、明明白白几个点（核心知识）、完完整整一个圆（学生语文素养的发展）。”它为培养小学生语文素养找到了有效的路径与操作策略。

三、汪亭老师课改经验的意义与启示

（一）方法论意义

方法论是在一定的观点指导下对特定对象的认识和改造的基本原则或根本方法①。方法论研究的是方法与对象之间的关系②，决定着方法的选择，属于哲学范畴。课堂改革方法论是教师关于课堂改革的哲学，表达教师在“此情此景”（校情、班情、生情）下关于课堂改革的价值取向、使用的改革策略和所选择的改革线路，揭示的是课堂改革内容（改什么）与改革方法（怎么改）、改革环境（是否支持改）之间的关系。每一个投身课堂改革的教师，都会有自己的课改方法论，只是以“默会”状态遮蔽在感性操作方法之中，因缺乏反思、批判而不能进行理性的言说，从而影响了课改经验的有效传播。

因而，揭示《汪亭的班，汪亭的课》课堂改革背后的方法论意义，给有志投身课堂改革的教师一些有益的启示，也就十分必要了。一是既改班，又改课。从汪亭老师课改的历程来看，六（4）班的改革，她是“先改班，后改课”；三（6）班的课改，她是“既改班，又改课”。“班课一体化”共同推进课改，是汪亭老师课改基本原则，这是由当前“班级授课制”的教育体制决定的。二是既研究学科，又研究学习。从研究的角度而言，汪亭老师对课改的研究，“既研究学科，又研究学习”，让阅读教学聚焦于“适宜的教学内容、有效的学习活动”两个核心问题。“研究学科”指的是为彰显语文学科的“语用”特征而进行的不同文体的教学研究，主要研究不同

① 孙振东．教育研究方法论探索［M］．重庆：重庆大学出版社，2008：88.
② 叶澜．教育研究方法论初探［M］．上海：上海教育出版社，2014：27.

文体课文的核心教学价值，由此确定核心知识和核心问题。“研究学习”，指的是研究阅读教学中的学习活动及其指导策略，这是应崇仁寄宿学校“十二五”课题“优质教育取向的小学生学习活动整体建构”的要求而进行的研究。

（二）对教学改革的启示

汪亭老师课改经验的告诉我们，一个教师要成功地进行课堂改革，必须具备一定的条件。

1. 鲜明的课改气质

汪亭是一个具有课改气质的教师，体现在两个方面。其一，她的课改不是为了“跟风赶潮”，也不是为了“评先表模”，用她自己的话说，是为了“偷懒”——自己少做一点，学生多做一点。她的课堂教学，平均每节课教师活动的时间不超过7分钟。课改后期，备课和PPT的制作、上课也由学习小组“众包众筹”，让学生“为教而学”，她自己“以学定教”，真正做到“师退生进”、“师逸生劳”。能这样做，是需要动机单纯、具有个性和有所坚守的特质的。其二，她是学生的“精神领袖”。本书中呈现的“汪老师语录”为学生耳熟能详，学生言必称“我们汪老师说”，这表明她对学生极具价值引领力。单纯的课改动机、鲜明的个性、对课改价值观的坚守和极强的价值引领力，这就是我所谓的“课改气质”，是成功进行课改的教师必备的精神特质。

2. 正确的价值取向

汪亭老师课堂改革是素养本位的。通过改革，培养学生的学习素养和学科素养（语文素养），这是汪亭老师课改的核心价值，决定着她八年来课改的走向与行走方式。这一点，我们从前文所述的汪亭老师“课改线路掠影”和“课改经验图景”可以充分地感受到。

3. 简约的教学建模

建构一个既能体现学科特征，又能体现现代学习方式的教学模式，用简约的方式表达教学经验，使其成为深化课改的有力工具，是当前国内课改的共同经验，洋思、杜郎口中学等名校的课改，李吉林、邱学华等名师的课改莫不如此。汪亭老师借助武汉市2016年教师个人课题申报的契机，全面反思、总结四年（2012—2016）语文教学改革的经验，潜心学习王荣生、田本娜等语文专家的教学理论和王崧舟、刘仁增等名师的教学经验，小集大成，建构小学语文阅读课“核心问题探究”教学模式，让“缄默”的教学经验显性化、理性化与操作化，缩短了改革的周期。

4. 务实的推进线路

在具体实施上，汪亭老师的课改走了一条这样的线路：习惯养成—表现力培养—学习小组建设—课堂教学改革—课堂建模。需要说明的是，这条课改的线路不是直线，不可能完全用“先……再……然后”的顺序表达，各项改革举措交叉重叠、杂糅在一起，但在不同的年级段会有所侧重，这是由校情、班情和学情决定的。汪亭老师走实了这条课改线路上的每一站，并不断地进行着微创新。

5. 多层次的专业引领

多层次的专业引领是崇仁寄宿学校校本研究的基本经验之一①。汪亭老师的课堂改革，得益于多位不同学术背景专家的引领。华中师范大学陈佑清教授，是崇仁寄宿学校的首席专家，他的学习活动理论和以学习为中心的课堂教学理论，是崇仁寄宿学校“十二五”课题“优质教育取向的小学生学习活动整体建构研究”的理论基础，汪亭老师正是在这一理论的指导下，进行了阅读教学“核心问题探究”的研究与课堂教学的建模；驻校专家华中师范大学教育学院夏家发教授，原武汉市教科院小学教研室副主任孙建成、湖北省语文特级教师杨国珍、董耀红，武汉市硚口区小学教研室语文教研员张宇箭、张自力等，对汪亭老师的班级文化与学习小组建设、语文教学给予了专业指导。这些专家的专业指导、价值引领与情感激励，都成了汪亭老师课改的不竭动力。

当然，汪亭老师课改能够取得初步的成功，除了上述因素之外，还离不开学校里友好的伙伴团队和学校良好的文化生态。原六（4）班科任教师胡雯、马丽、张飞、李英、韦文艳等，都深度参与了课改，是《汪亭的班，汪亭的课》的共同创造者；还有年级校长黄玲、平行班的俞秋明老师等，

---

① 向葵花，李红路．校本研究个案透视——崇仁路校本研究之研究［M］．湖北教育出版社，2005：253.

也对六（4）班的课改给予了热切的关注与支持；还有张彦平校长价值引领与政策支持，余国卿副校长在语文学科教学上的“倾囊相授”……是这些伙伴们在共同推动着六（4）班的课改，是崇仁寄宿学校的伙伴文化为六（4）班的课改提供了“精神给养”。

四、共创“素养本位教学”范式

推广汪亭老师的课改经验，推进素养本位的教学改革，需要教育学专家、学科专家、教育信息技术专家与基层学校、一线教师就班级学习组织建设、学习技能教育、学科核心知识、学习活动、信息技术的运用以及教师作用的定位等问题进行对话，达成共识，在此基础上结成更大范围的课改共同体，形成课堂改革“既改班，又改课”、“既研究学科，又研究学习”、“重视信息技术与学科课程的深度整合”的价值观念与行为方式，并将其制度化、规范化，这样，素养本位的教学就有可能成为一种新的教学范式，为人们所仿效。

第一部分

汪亭的课改经验概述

对汪亭老师课改经验的研究，分为两个阶段，历时整整两年半。

第一阶段（2014 年 2 月—2014 年 5 月）。这一阶段主要是到汪亭老师的六（4）班进行“田野研究”。通过听课观班，访谈教师、学生，在获取大量第一手资料的基础上，全面总结汪亭老师 2009—2014 年的课改经验，形成个案专辑《汪亭的班，汪亭的课》，约 10 万字。

第二阶段（2014 年 6 月—2016 年 6 月）。这一阶段主要是在硚口区推广汪亭老师的课改经验，并进入汪亭老师 2014 年 9 月新接手的三（6）班做“田野研究”，重点研究汪老师的课堂教学经验，涉及了记叙文、散文、小说、说明文等文体的教学。

在“核心素养”与语文教学“语用理论”指导之下，笔者（李红路）对汪亭老师的课改经验做了全面的审视，发现其多重意义，对《汪亭的班，汪亭的课》进行了重构。

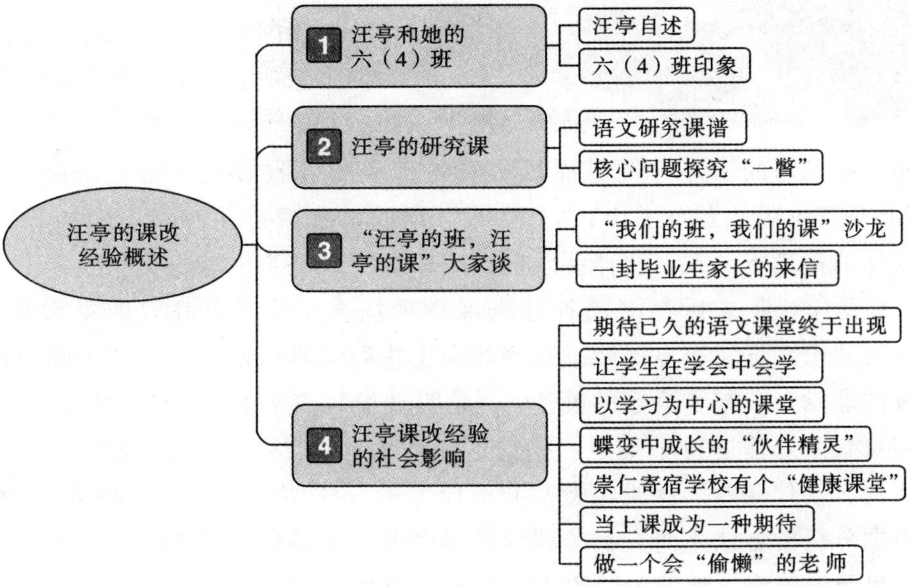

一、汪亭和她的六（4）班

汪亭是淡泊名利的，她醉心于她的班级和课堂的营建，名和利不属于她的世界，她的世界里只有学生。因而，她也希望自己的六（4）班也是宁静的。尤其是在小学毕业前的最后一学期，她更希望孩子们在童话的世界里度过所剩不多的童年生活，少些外界的打扰。为此，她已数次婉拒了学校策划的“走近汪亭”展示交流活动。在“毕业季”，笔者（李红路）带着摄像机数次进入她的课堂，并就教改中一些深层次的问题数次访谈她，才使她的课改经验“公之于众”。

（一）汪亭自述

2000 年，我到崇仁寄宿学校工作。“科研兴师、科研兴校”的理念让年轻的我在崇校的沃土上快速成长。“十五”期间，我参加的教育科研《基于现代学习方式的小学“教育模式”的选择与创造研究》被评为武汉市重大教育科学技术成果；“十一五”期间，我撰写的《好习惯促成长班级管理模式》收录在《特色班级建设》（湖北教育出版社）一书中；“十二五”期间，我更是在专家引领指导、团队伙伴的帮助下，在“伙伴课堂”研究中有了“破茧成蝶的美丽”。

近两年，我先后在湖北省健康课堂现场会、武汉市高效课堂现场会、武汉市“十二五”重点课题结题现场会上进行课堂展示。一堂“老师只讲 5 分钟的课堂”引起了大家的关注，《光明日报》、《长江日报》、武汉电视台等多家新闻媒体进行了报道，硚口区教科室也委派专人跟踪我的课堂，总结我的“伙伴课堂”课改经验，并形成专辑《汪亭的班，汪亭的课》，还用大数据分析的方法来研究我的课堂教学经验，准备向全区推广。

我受宠若惊，默默无闻的我，只是喜欢默默地“自娱自乐”，真没有专家们所说的那么好。但有一点值得肯定——科研伴我成长！回首科研路，我所做的研究大致分为两部分，即自己研究、研究自己。

1. 自己研究

2008年，刚刚送走六（4）班，转头，学校又安排我教一（4）班。真巧！真有缘！我格外珍惜与用心！在这一轮实验中，我决定“做减法”，让学生动起来，老师“懒”起来。欲“懒”先“勤”，培养习惯是首要任务。

（1）习惯宝典

“好习惯是穿在人身上最漂亮的一件衣服。”这句话是新生入学时，我送给孩子们的第一份礼物，而“头正、身直、臂开、足安、眼看”这简单有力的十字课前口令，孩子们一喊就是六年。为了给他们搭好习惯的基石，结合学校的《崇仁新生入学手册》，我研制了班级《习惯养成教育细节手册》（六大方面九十条），此时正逢学校“十一五”课题研究，我在驻校专家的指导下，探索了习惯养成教育“日查、周结、月评的评价机制”、“家校联动机制”、“主题教育活动机制”，形成了操作性很强的“好习惯促成长班级管理模式”。一届又一届，沿用至今，学生很受益。

（2）学以致“表”

在“十二五”课题期间，学校给予课题实验老师最大的自由度。于是我大胆把德育活动的晨会、班会、节日庆典、社团活动等，整合成培养学生表现力的语文活动课程，并开发了相应的课程内容，如“新闻播报”、“张嘴就来”、“自主班会”等。培养学生“抓住要点简洁表达”、“编辑语言理趣表达”、“展示才艺个性表达”，最后形成融见闻、才艺、语言、气质于一体的表现力，这使得课堂生动活泼、丰富多彩、底蕴悠长。

（3）价值引领

深入“伙伴课堂”的研究，我发现让孩子们学会合作、相互融合，是小组合作成功与高效的关键。于是，从五年级开始，我将全班分成11个合作组，每组一本《小组日志》，记录小组故事。针对日志中提到的问题，我喜欢用哲理的故事开启他们的心门，让他们从不明白到明白，从冲动到理智。再配合简短的文字，如“你若美丽，蝴蝶自来；你若精彩，天自安排”，“梦用脑想，更用脚走，唯有脚踏实地地行动，才能梦想成真”。慢慢地，孩子们不合作的现象减少了；慢慢地，老师的话也变少了，因为大多数时间都是孩子们相互在对话，他们如家人般，语言真诚、直抵心灵……六（4）班的日志写了近70本，80余万字，日志分享会成了价值引领会，其中很多经典的话语成了六（4）班约定俗成的价值观念和不约而同的行为准则。

教育是价值引领下学生的自主建构。其有效性在于满足学生精神发展需求，以及解决学生当下意识形态和行为方式中的问题，其要义在于焕发、启迪与指引，正如雅斯贝尔斯所说的，“是一棵树摇动另一棵树，一朵云拥抱另一朵云，一个灵魂唤醒另一个灵魂”。

（4）自主课堂

要想让学生有用（成为有用的人才），就必须在课堂上“用”学生。所以，学生能做的事情，我都让他们自己去做；而我要做的就是引导学生愿意去做，乐意去做，做得高效。“为学而教，不教之教”的课堂，就是我追寻的理想。在“伙伴课堂”研究中，我认真学习专家报告，倾听同伴声音，查找资料，在课堂上大胆尝试。为此，我探索了三大秘诀。

一是“预习六字诀”——标、读、思、找、写、查。简单的六字诀，成了学生自学的方法指南，长期的坚持之后，学生的自学能力得到了长足的发展。

二是“教师隐身诀”。每堂课，除了开头提出学习内容，课中指导，课尾点评，要花去近5分钟时间，其他35分钟，我都处于“隐身”状态。

三是“学生众筹诀”。六年级下学期，老师们都忙着在做卷子、改卷子、讲卷子的时候，而我们班却采用“众包众筹”的方式，把总复习内容按板块（基础知识、语文乐园、古诗诵读、阅读、作文）划分，以合作组为单位，各领任务，由学生自主上复习课：先集体备课、勾画重难点，再上网查资料，出练习题，接着完成PPT，组内试讲，最后正式登台当小老师，课后还要批改自己出的作业题，台上台下忙得不亦乐。别说，教学效果挺好！我也常常乐得坐在教室后面听学生上课。

三大秘诀总结成一个教学原则，那就是“让学”。一是让学生热爱，二是让学生实践。在这个过程中，我也完成了自己的蝶变：深刻领悟到什么是“教是为了不教”，什么是“把课堂还给学生”，实现了由“教师”向“导师”的转型！

2．研究自己

（1）听自己的课

从教以来，大大小小的专题研究课我上了数十节，幸亏学校电教部都做了录像，保存下来，使得我有机会回放自己的研究历程。2013 年我进入学校伙伴课堂的研究，尤其是小组合作学习的实施，把班级文化、小组建设与课堂教学融为一体。我将 2013 年以后上的课与之前的进行比对，发现我的课堂教学结构围绕着“核心问题探究”展开，以学习为中心的自主课堂形态开始形成，这是我的课堂教学突变的分水岭。不再是此前对名师教学刻意的模仿，也没有了公开课雕琢的痕迹，更多的是顺学而导的流畅与跌宕。我突然意识到，该好好反思、总结一下自己的经验了。

（2）建自己的模

幸好有专家跟踪听课所提供的大数据。在区教科室李红路科研员的指导下，我挑选了 7 节研究课，做了课堂实录，结合当前倡导的“核心素养”，初步建构了“小学阅读课核心问题探究教学模式”。如果说“听自己的课”使我的科研从经验走向反思的话，那么教学建模就是让我的科研多了些理性自觉，这是一个研究型教师所应该追求的。我准备以“小学阅读课核心问题探究教学模式研究”申报 2016 年教师个人课题，希望能借助武汉市教师个人课题这个科研平台，把直觉升华为理性，经验上升为理论，领略教育科研的旖旎风光，踏上职业生涯的幸福旅程。

“自己研究，研究自己”——这就是我教育科研与课堂改革心路历程。这里的“自己”，当然不只是我个人，还包括如我一样崇研尚创的伙伴们。

（二）六（4）班印象

1. 教室里的风景

走进六（4）班，乍看并无特别之处。学生的课桌椅仍然按“秧田型”摆放，教室的墙壁、板报没有精致的装饰，没有励志的名人名言。粗看后发现墙后黑板上有学生的“手工作品”，造型与做工也不是十分精致，显得有些低龄化。

然而，只要仔细看，你会发现，这些“手工作品”是六（4）班学习小组的“名片”。“名片”上写着组号、组名、小组成员姓名和小组愿景，并配以图画装饰。组名都取得很“潮”，小组愿景也很别致。例如，第3合作组的组名是“战神联盟”，小组宣言是：由五人组成的最强战队，有一个“战神”领导，再加上四个“战神”一样的队友。我们每个人都充满信心，因为我们都是战神！我们是一个团队！让我们一起创造辉煌吧！

每个小组把自己制作的组牌，放在组长的桌子上。如果到功能教室上课，组长会把组牌带过去。小组“名片”和组牌，俨然成了小组每个成员心中的“图腾”，构成了六（4）班教室里一道独特的“风景”。

2. 六（4）班的一天

为了做好“汪亭的班，汪亭的课”的个案研究，挖掘与解读汪亭老师“伙伴课堂”建设的经验，经与学校领导和汪亭老师协商，我们随机选择了2014年4月10日（星期四）、4月16日（星期三）两天对六（4）班课堂进行“全景”研究，深度聚焦六（4）班学科教学和班级教育活动中的学习状态，并与汪亭老师及六（4）班任课教师进行互动。

以下用“细描”的方式呈现“六（4）班的一天”精彩片段。

【场景1】晨会课“张嘴就来”

时间：2014年4月16日上午8:40—8:50

地点：崇仁寄宿学校一楼阶梯教室

主题：汪老师的话

主持：朱子灵

“现在到了我们班每周一次的‘张嘴就来’，六年了，你对汪老师说过的哪句话印象最深？现在同学们自由讲述，别忘了还要讲讲背后的小故事。”

主持人朱子灵同学的开场白唤醒了学生六年的记忆，汪老师说过的那些发人深省、引人向上的话从学生记忆的闸门喷涌而出：“你若美丽，蝴蝶自来；你若精彩，天自安排”，“你们是珍珠，老师是线，线将珍珠串连起来成为项链，但真正闪亮夺目的是珍珠，而不是线”，“梦用脑想，更用脚走，唯有脚踏实地地行动，才能梦想成真”。同学们娓娓道来的故事更是让人感觉故事如同就发生在昨天，是如此温馨。

…………

黄安琪同学说，汪老师留给她印象最深的一句话是“弯腰捡垃圾”。汪老师在每次进班时都会说这句话，这也让她养成了一个好习惯，每次看到地上有垃圾心里就很不舒服。早上起床，一定要整理好床铺。所以，她觉得这个习惯是非常好的，要谢谢汪老师。

“弯腰捡垃圾”这句话竟然被学生当作名言，硚口区教科室科研员张文老师情不自禁地就这个问题与学生进行了对话。她说：“前面我听了很多，我对这个女孩子‘弯腰捡垃圾’这句话很感兴趣。由捡垃圾引申到叠被子，讲到家庭生活。我就很想知道，你们老师是怎么由捡垃圾讲到家庭生活、学习生活的?”

黄安琪同学接着说：“汪老师每天早读都会说这句话，先捡垃圾，再搞学习。久而久之，让我见到垃圾就想捡，否则心里不舒服。从而在家里也想叠好被子。虽然这个事看起来很小，但做好了，它会促使我养成一生的好习惯。”杨万哲熙同学补充道：“我接着说，‘捡垃圾’其实就是一种‘扫除力’，扫除力就是整理好自己的东西，把生活中的小细节做好，学习自然而然就好。比如说，你把抽屉清理干净，考试就会认真仔细答题，学习自然就好。”

主持人朱子灵同学做了最后小结：“一屋不扫，何以扫天下?”汪老师“弯腰捡垃圾”这句话就是要让我们培养好习惯。在生活中，这些小习惯有可能改变你的命运或你的一生。

【场景 2】　自主班会“时间都去哪儿了”

时间：2014 年 4 月 16 日

地点：崇仁寄宿学校一楼阶梯教室

班会主持人：张驰芊　张誉

2014 年春晚王铮亮一首《时间都去哪儿了》，让无数中国人泪眼蒙眬。六（4）的七个女孩自创的诗朗诵《时光匆匆》，伴随着轻柔的音乐和六年生活的画面，让每个与会者的心灵都感到温馨与湿润。

一年级时，
她牵着我们的小手，
把我们带进这个美丽的校园，
为我们佩戴上鲜艳的红领巾。
她是那么年轻、那么温柔，
……
六年级时，
她为我们颁发了一张又一张奖状，
让我们体会到了成功的喜悦。
她是那么开心、那么自豪。

她就是我们的汪老师，
她让我们收获了知识，
让我们养成了习惯，
让我们战胜了困难，
让我们体会了快乐，
让我们懂得了合作，
让我们取得了成功！

在朗诵之后，鼓手敲着鼓走来了，车手骑着独轮车来了，舞蹈舞起来了，武术长拳耍起来了、吉他弹起来了，歌手唱起来了，对口相声、单口相声讲起来了……

活动随着同学们喜闻乐见的“一战到底”而进入高潮。

最后，主持人用充满诗意的话语结束了这一节主题班会：

我带着童年的无知，好奇地走进了这座美丽而陌生的校园；六年后，我们已变得自信与成熟，带着对未来的憧憬和梦想。让我们永远记住这句话：“梦用脑想，更用脚走，唯有脚踏实地地行动，才能梦想成真！”

二、汪亭的研究课

（一）语文研究课谱

在2008—2016年期间，学校聚焦课堂变革，汪亭老师成为“伙伴课堂”课题组成员，她的六（4）班、三（6）班成为实验班。下表记录了她带这两个班八年所上的19节研讨课（见表1-2-1）：

表1-2-1　汪亭所上的研讨课列表

序号	研讨课	执教时间
1	四年级语文课《荷兰风车》	2016年4月硚口区“一师一优课”录像课
2	四年级语文课《小萝卜头的故事》	2015年12月26日武汉市“十二五”课题结题现场会
3	三年级语文课《山茶花》	2015年1月8日硚口区名师展示课 黄石市代表团观摩课
4	三年级语文课《罗马速写》	2014年10月30日笔者（李红路）做田野研究随堂听课
5	六年级语文课《少年闰土》	2014年5月26日武汉市“十佳”班主任评比，评审组听常规课
6	六年级语文课《跨越百年的美丽》	2014年5月16日湖北省“健康课堂”现场会
7	六年级语文课《清明上河图》	2014年4月硚口区“走进六（4）班”活动
8	六年级语文课《奇妙的田螺》	2014年3月硚口区学习方式变革研究课
9	六年级语文课《我的小桃树》	2014年3月武汉市教研室集体下校听课
10	五年级语文课《童年的小花狗》	2013年4月校伙伴课堂研讨课
11	五年级语文课《青海湖，梦中的湖》	2013年1月校科研日伙伴课堂研讨课
12	四年级《阅读复习课》	2012年12月江夏栗庙小学送教课

续表

序号	研讨课	执教时间
13	四年级语文课《处处留心皆学问》	2012 年 5 月校伙伴课堂研讨课
14	四年级语文课《中国结》	2012 年 5 月校伙伴课堂研讨课
15	三年级语文课《三潭印月》	2011 年 4 月校伙伴课堂研讨课
16	三年级语文课《山茶花》	2010 年 12 月校优秀青年教师评比课
17	二年级语文课《小草的生命》	2009 年 12 月薛峰小学送教课
18	一年级语文课《识字一》	2009 年 3 月硚口区“董耀红名师工作室”研讨课
19	一年级语文课《拼音 gkh》	2008 年 9 月硚口区教材教法报告研讨课

八年上 19 节研讨课，在崇仁寄宿学校并不算多，但是她经历了语文教学“汉语拼音”、“识字”、“阅读”等领域的研究，让她对语文教学有了独特的感悟：

*预习是上好课的前提和基础。在“伙伴课堂”的研究中，我逐步摸出适合班级学情的六字预习法——标、读、思、找、写、查。

*课中交流，由教师的主导变成学生为主体。学生在组内合作交流，“兵教兵”，学习劲头足，热情高，大家按照“整体阅读抓要点，局部品读析词句”的方法汇报，使交流变得有层次、有深度，而老师只在关键处做提示，重锤重敲，课堂效率更高。

*最难能可贵的是，现在学生能以合作组为单位，自制 PPT，自己当老师，上古诗、语文乐园乃至复习课，学生的语文能力和素养大大提高。

*课后，学生作业基本在学校完成，并由学生当小老师相互批改，督促订正，减负增效落实到位。

——摘自《汪亭老师的研究感悟》

（二）核心问题探究“一瞥”

进入“核心问题”探究阶段，以合作组为单位进行小组交流与展示。合作组的学生是如何学习的？2014 年 4 月 10 日上午六（4）班的语文课《清明上河图》上，我们把摄像机的镜头对准了 1 号组（明日之星）。组长刘贝莉，组员黄骏泽、何弘基、陈千黛、刘潇。

以下是他们在小组交流讨论中的实录：

刘贝莉：现在我们开展讨论。大家认为我们小组要讨论第几部分？

刘潇：我认为我们应该讨论第三部分，因为第三部分用了大量的好词好句来写市井的繁荣。

刘贝莉：大家有不同的意见吗？（生表示同意）那我们就进行第三部分的讨论吧。第三部分描绘的是市井的“繁荣昌盛”，我们可以抓重点词句来品析。我找到的是这一段的第三句话“这里酒楼茶肆、宅第店铺鳞次栉比，货物五光十色、种类繁多，市招高挂，买卖兴隆”，这里的“鳞次栉比”指的是房屋、店铺、船只等排列得十分整齐，而且十分的多，我从中感受到这里繁荣昌盛，而且很热闹。看看大家还有什么补充的。

陈千黛：我找的是你后面的一句“街市上，士农工商，男女老幼，骑马的，乘轿的，购物的，叫卖的，摩肩接踵，熙熙攘攘”，这句话写了集市上人很多，而且用了排比的修辞方法，朗读时会给你一种节奏感，更加突出了市井街道的繁荣昌盛。

何宏基：我找的是这句的后半句“真可谓百家技艺向春售，千里农商喧日昼，好一派繁荣昌盛的景色”，这句话中有两个词语，一个是“真可谓”，一个是“好一派”，可以看出来这是一个感叹句，作者用这种句式突出了集市的繁荣。

黄骏泽：我来品析“百家技艺向春售，千里农商喧日昼”这句话。“百家”指的是各行各业的人们，他们在春天里把自己做的工艺品拿到集市上卖。白天里，农民从很远的地方把自己的产品也拿到集市上来买，好不热闹。这是一个对偶句，体现了市井繁荣昌盛的景象。

刘贝莉：同学们刚才能够抓重点词语、排比句和对偶句进行品析，都讲得很好，大家还有什么需要补充的吗？（生说没有）。你（陈千黛）等会儿负责展示感情朗诵好吗？你（黄骏泽）负责用“总起—总结”的方式进行串场，可以这样说：我们小组主要是抓住重点词句为大家品析，感受市井的繁荣昌盛。其他两个同学进行补充就可以了。大家还有什么需要补充的（同学说没有）。那我们就开始演练一次。

接下来就是组内分工协作进行演练，然后在全班进行汇报……课堂别样精彩……

三、“汪亭的班，汪亭的课”大家谈

（一）“我们的班，我们的课”沙龙

2014 年 5 月 16 日，湖北省教育厅在崇仁寄宿学校召开“健康课堂”现场会。汪亭和她的学生们向与会代表展示了 20 分钟的“日志分享”，40 分钟语文课，紧接着呈现给大家的是由六（4）班任课老师、家长代表和学生代表参加的“我们的班，我们的课”沙龙。

沙龙主持：余国卿

教师代表：汪　亭　黄　玲　胡　文　马　丽

家长代表：六（6）班学生张驰芊妈妈

学生代表：朱子灵　刘贝莉　徐钲岂　黄安琪　张　誉
　　　　　张驰芊　陈泽奥

主持人：尊敬的各位领导、各位专家，刚才我们观摩了六年级四班的学生小组日志分享和一节语文课，大家也许能感受到我们的班级、我们的课堂已经发生了很大的变化，这是学校开展健康课堂研究以来所做工作的一个小窗口。在六（4）班的课堂变革的研究历程中，充满了艰辛，也有很

多的困惑。下面有请六（4）班的学生、老师和家长代表，一起来分享一下他们的思考和学习、研究历程。

首先我介绍一下这几位。这七位学生分别是六（4）班的同学们，这位是六（4）班张驰芊同学的妈妈王女士，这位是大家已经知道的六（4）班的班主任、语文老师汪亭，还有数学老师胡雯、英语老师马丽，最后这位是六年组的年级校长黄玲老师。

同学们、老师们，从五年级时候起，我们开始了课堂教学的变革。两年来，很多听课的老师都说咱们班的课堂有很大的变化，不知道你们心里是怎么想的。我想先听听孩子们的想法。

朱子灵：这个话题我先来说吧，现在的课堂与以前的课堂有很大的不同，比如说语文课上的基础学习，在以前，总是汪老师做课件，带着我们学；而现在，都是以小组为单位，由同学们来查找形近字、多音字、易错字等基础知识，由同学们来当老师。一句话来说，很多过去由老师教的内容，现在由我们自己教。

刘贝莉：说到课堂的不一样啊，我也有话想说。就比如课堂发言吧！以前，汪老师提出问题，我们是一个一个回答，直到答对为止。而现在，老师一旦抛出问题，我们就先在小组里进行交流讨论，再以小组为单位进行汇报发言，每个人都有机会发言。

徐钲岂：关于课堂上的不一样，我更是有体会，因为我是班上的电教助教，相当于半个老师。我每天一到学校，首先开电脑，每节课前帮老师拷课件，每周五统计各组考评分。在课堂上，有时我就站在老师身边，及时把老师讲课的重点打在电子白板上，让同学们看得更清楚，学得更明白。

主持人：我看你不仅是半个老师，今天组织大家分享小组日志，就是一个优秀的老师。汪老师，大家都非常想听你的意见。

汪亭：作为实验班的语文老师，我个人感觉变化很大。最明显的，课上，老师说话变少了，我无需再设计精美的导语、过渡语、总结语。但同时感到，这种课更难上了。因为课堂结构调控、核心问题的提炼、语言文字训练的落实都是在不确定的情况下进行的，老师上课高度紧张。

胡雯：确实，在数学课堂上也是这样的，当学生回答出现问题时，其他学生都自己站起来进行补充和辩论，我不用说话就解决了问题。有时候我想讲一讲，学生都不高兴。

马丽：在英语课上，我也感受很深刻。以前按照教学设计，一步步突破重难点，而现在学生在前台，老师站在后面，就很难预设学生会生成什么。

主持人：好，我小结一下你们的说法。我们课堂是不是已经呈现出这样的特点：

1. 学生真正成了课堂的主人，他们在课堂上的自主、合作学习活动占据着整个课堂绝大部分时间。

2. 每一个学生都积极参与到学习之中，学生与教材之间的对话，学生之间、师生之间的互动交流非常畅通有效，过去弱化的生生交流得以强化。

3. 看起来老师轻松了，实际上老师更难了，难在学生的培养，难在课堂生成的把握。

好，在进行我们下一阶段的谈话之前，我们有请六（4）班的两位同学为大家表演一段相声。

（黄安琪和宗弘睿）

主持人：好了，同学们、老师们，我们继续咱们的话题。今天课堂上呈现较多的是合作学习，而学生独立的自学是合作学习的前提，从今天的课堂来看，咱们班同学的自学能力是非常棒的。我很想问一问同学们，你们的自学能力到底是怎样炼成的？

黄安琪：我们有自学“六字诀”。

张誉：“六字诀”呀，我们班同学可是人人知晓，熟记于心的！

黄玲：说到六（4）班的“六字诀”，让我想起我们学校许多实验老师都自创出引导学生自学的独特方法。例如：倪敏、唐静老师的“自学单”，陈元钧老师的“三读法”。这些方法都很好，根据我的经验，要确保班级中的每一位同学都高质量地完成自学还有一些难度。这个问题，我也正在摸索之中。

张驰芊：黄老师的困惑，我们班以前也有。为了让每一个人都完成预习，我们班有“过三关”的方法：第一关，组长检查每个同学的预习作业；第二关，由老师指派的负责人再次检查，没做的同学，要在周五前补完，并给负责人检查；第三关，是汪老师亲自查，她会在课前或上课时检查。所以很少有“漏网之鱼”。况且，预习作业有一部分是在家完成的，爸爸、妈妈也给了我很多帮助，这就是我的妈妈。

张驰芊妈妈：记得在二、三年级时，孩子们就按照“六字诀”预习。刚开始，孩子独立完成还是有一定困难的，所以在孩子有感情地朗读课文时，我们家长会在一旁当他的忠实听众，对他朗读课文的效果给予评价；另外我们家长还会和孩子一起利用字典、书籍和网络查阅与课文有关的知识，这种亲子互动让孩子的学习过程很愉悦。到了四、五年级，孩子可以独立完成预习，在书上留下的笔记也越来越多，有时还会用不同颜色的笔进行标记，完成效率也越来越高。到了六年级，更是自觉、高效地完成每一课的预习。我想：孩子有了很强的自学能力，到初中就会轻松些。

陈泽奥：是啊，我们应该要感谢我们的父母。俗话说：“只要功夫深，铁杵磨成针。”我们班从二年级开始，一直坚持不懈地用“六字诀”预习课文。这种自学不仅让我知道了学习是自己的事，上好课必须从预习做起，还让我明白了坚持和努力的魅力。记得低年级，汪老师经常开展“好书拍照”、“年终优秀语文书”评比等活动。只要做得好，就会被拍下来展览，年终评比并发奖。这种奖励，对当时的我们来说是巨大的诱惑。现在我们长大了，不再需要那些嘉奖，因为我们已经能自觉地完成预习，习惯成自然了。

汪亭：关于我班预习“六字诀”的产生，还有一段小故事。有一次，我看到侄儿子的语文书，空白一片，学完了一课，什么痕迹都没有留下？我就怀疑他学会了吗？学校开展“伙伴课堂”研究，我看见好多老师都在进行“导学案”的设计，满满当当一张纸。我这人比较“懒”，也不愿意多花时间写“导学案”，我就想：为什么不用好语文书？所以，我另辟蹊径，就指导孩子在语文书上用“六字诀”的方法做预习，学完一课，我就检查一课。这个方法，简单实用，学生们都挺喜欢，老师也减轻了负担。

胡雯：刚才说的是语文自学的情况，在数学课堂中有所不同，我比较喜欢搞电脑，咱班学生的信息素养也很不错。我将自学要求发送在教育云论坛上，学生课前直接在论坛上交流反馈自己的收获与困惑，我参与其中，及时掌握学生的自学情况，学生很有兴趣。

主持人：听你们这样说，我明白了。学生自学能力的培养，需要从三个方面着力：1.要有方法指导。导学案、六字诀、教育云这都是具体的方法和手段。2. 要有机制保障，在学生形成习惯，实现完全自觉之前，是要有各种措施，尤其是充分发挥班级、小组的团队优势，在适当的机制保障下，可以帮助学生克服惰性，尽快形成良好的学习能力。3. 需要坚持不懈。用陈泽奥的话说就是“只要功夫深，铁杵磨成针”。

好了，各位，早上我们学校里也有很多的学生社团展示过他们的风采。六（4）班的53名学生，每一位都在不同的社团里学习过。下面请他们班的几位同学表演骑独轮车。

（傅玥瑶、黄骏泽、方桢、徐钲岂）

主持人：我们在突破了自学能力培养这个难题之后，课题研究进入了另一个更为艰难的阶段，就是小组合作学习能力的培养。这里面有很多故事。朱子灵，你说呢？

朱子灵：我记得刚实行小组合作的时候，组里的优秀成员口若悬河，而薄弱一点的同学则沉默不语、一言不发。

张誉：对于这个问题，我们后来应对的办法是这样的：在小组讨论中，我们会让那个较薄弱的同学先说，听听他的意见，然后，就对他的发言进行补充或者反驳，想尽方法让他明白，以便待会儿发言时，他也有话可说。这样，便能让每个同学都获得锻炼机会，而不是成绩好的同学一枝独秀。

徐钲岂：我们班为了小组建设得更好，就有了许多管理机制，有一项就是考评制，其中的内容有课堂表现、清洁、小组日志分等，每一项都有同学专门负责记录。我们班每两周举行一次考评大会，我会将这些成绩录入电脑，统计算分，最后的成绩将决定每个小组的座位。

刘贝莉：是的，我们是按分数高低，自由挑选小组座位。分数高的组，可以优先选；而分数较低的组，选择范围自然就变小了。

张驰芊：我觉得小组中的学习领袖十分重要。首先，在课堂学习中，学习领袖要把每个组员说的内容整理并串连，最后再全班展示。学习领袖不仅在学习中有“一线串珠”的作用，在生活中也要发挥领袖作用。比如说，我们组有一位性格比较古怪的女生，我为了让小组更加团结，在取组名时费了一番脑筋。我们的组名叫“企业号”，“企业号”在美军字典里有团结、进取之意，我想通过这个组名告诉组员们，你们每人都是不可缺少的，大家一定要团结协作、勇往直前。

朱子灵：所以说“学习领袖”关系着小组的兴衰啊，既可以把一个小组带向兴盛，也可以把一个小组带向没落。

汪亭：我们班实行合作组以来，我越来越感觉到班上同学就像兄弟姐妹，亲如一家人。同学们都知道“相互补台，好戏连台；相互拆台，都要垮台”，也懂得“没有完美的个人，只有完美的团队”。我希望我的学生学做“茶叶”一样的人，在团队里，能舒展自我，芬芳他人。

马丽：汪老师，和你搭班，我们感到很幸运。我们科任教师，既是课堂改革的参与者，也是受益者，我们对你们班的合作小组印象极深。我的英语课堂上，孩子们对小组的责任意识和竞争意识都非常强，每一个孩子对自己的同伴都持以帮助、欣赏与包容，孩子们在完成小组任务的基础上还能超常发挥，小组展示非常精彩！我们每一位科任老师都很感谢你，孩子们在我们术科课堂上的表现情况，也纳入班级考评，这样我们就形成了合力，孩子们在我们的课堂上，表现也越来越精彩！

张驰芊妈妈：孩子们在学校的小组合作式学习还延伸到了生活中。我记得，五年级下学期“五四”青年节那天，合作组的小伙伴们组织了一次武汉红色之旅。我们家长只参与了部分路线的安排，其余部分全部是由合作组的队员们自己设计、筹备、分工、合作完成的。在活动中，小伙伴们互相关心、互相照顾、分工合作，走在路上非常的阳光帅气，纯真可爱，路上的行人频频回头，用欣赏的眼光看着他们。当活动结束，分手再见时，大家意犹未尽，不愿分开。由于这次活动给伙伴们留下的回忆太美好，合作组的每一位成员念念不忘，以至于在六年级寒假，大家相约故地重游。

主持人：您知道吗？张驰芊在这个舞台上向全校老师介绍过他们合作组的红色之旅。老师们都很佩服！

黄玲：六（4）班形成这样可喜的局面，离不开我们每一位家长和老师们的辛勤付出。其中有一个核心力量，就是班主任汪老师。我有幸和她同在一个年级组共事了12年，所以对她比较了解。她就像她的名字一样亭亭玉立、不染纤尘。做事肯动换脑筋，有一股执着的精神，淡泊名利，把自己全部的热情，心无旁骛地投入到工作中去。我想汪老师这次选择执教《跨越百年的美丽》是有原因的，我觉得她身上就有居里夫人那美丽的品性。崇仁寄宿学校很多老师都是这样，生活在这样一个团队，我感到很幸福。

汪亭：谢谢黄老师的夸奖。

主持人：黄老师，感谢您发现了崇仁课堂变革的内在灵魂。1. 小组的建设成为课堂变革的另一个突破口。也成为重构学生课堂、班级生活的重要载体。2. 小组学习是需要科学的方法训练才行。3. 伙伴不仅仅是学习的伙伴，还是生活的伙伴，情感的伙伴。

最后我想说：1. 课堂变革坚守学习中心，调动学生学习积极性，让学生真正成为学习的主人是不可动摇的信念；2. 就课堂改课堂很难成功，唯有把课堂改革与班级建设紧密结合起来，实现学生课堂及班级生活的重构，才能完成课堂的蝶变；3. 师生关系、生生关系是课堂变革和班级建设的灵魂，互爱、平等、民主的人际关系，是隐藏在课堂变革背后中的关键。

谢谢同学们，谢谢老师们！谢谢各位领导的聆听！

（二）一封毕业生家长的来信

张驰芊，六（4）班最能干的小组长，小学毕业后与班上的陈泽奥同学一起到武汉市七一中学（初中）就读，他们把六（4）班的气息带到了七一中学，悄然影响着所在的班级、所在的课堂。张驰芊妈妈 2014 年教师节前夜给汪亭老师的感谢信，向我们描述了张驰芊现在的情形。

汪老师：

您好！又是一个教师节来临，又让人回想起 6 年来和您在一起的点点滴滴，是那么和谐，那么甜蜜。为什么时间老人不歇歇脚，为什么前进的脚步不逆行，好让张驰芊在您身边多待一会儿，他是那么想念您，想念六（4）班，是那么牵挂六（4）班编的书……

但是时钟还是永不知疲倦地嘀嗒着，孩子们还是义无反顾地踏上了新的征程。虽然对过去有几多不舍，但还是怀揣着对过去的美好回忆整装待发了。可喜的是，张驰芊和陈泽奥是带着您的影子和六（4）班的气息走进初中教室的。在开学的第一篇周记中，张驰芊写道："我是在无数的鼓励和表扬声中度过了六年快乐和开心的小学生活，我希望三年后的我更具整合力……"上学第一天这两个小伙伴课间亲密无间的交谈吸引了班主任老师上前旁听，并主动问他俩的名字，让班主任老师第一天就认识了他们。上学第二天，张驰芊在语文课上举手发言4次，又让语文老师主动上前问张驰芊叫什么名字，下课后好几个同学主动拍他的肩膀问："刚才没有听清楚，你叫什么名字啊?"在接下来的品社课上，张驰芊干脆主动站起来做了自我介绍。看到张驰芊的表现，陈泽奥忍不住了，在后面的数学课上主动举手："老师，这道题，我有一种方法比您讲得更简单"，还上台做了讲解。这就是开学两天发生在他们身上的事，您开心了吧!

其实孩子们是新的开始，我们何尝又不是一个新的开始呢?张驰芊告诉我您带三（6）班，非常想念他们几个好帮手。不要紧，慢慢来，小帮手会有的，一切都会好起来的。因为优秀老师身边是不缺优秀学生的。我们家长同样要重新学习和初中生、初中老师相处，克服自身的懒惰天性，争取做一个合格的初中生妈妈。让我们从容面对吧!

今年教师节，尽管六（4）班的孩子们不在您身边，但我想孩子们的心里一定都会念叨着："祝您节日快乐!"

张驰芊的妈妈

2014年9月9日晚

四、汪亭课改经验的社会影响

汪亭老师课改经验在形成的过程中，以及通过各级研究课对外展示，特别是在2014年5月16日湖北省"健康课堂"现场会展示之后，受到校内外，区内外，市内外领导、专家、同行和教育媒体的广泛关注，产生了较为深远的影响。

(一) 期待已久的语文课堂终于出现

余国卿，湖北省语文特级老师，崇仁寄宿学校副校长，分管崇仁寄宿学校教学工作，给予汪亭老师课堂改革大力支持与指导。他一直密切关注着汪亭老师的课改经验，急切地希望把汪亭老师的课改经验广而大之。2014年4月7日，汪亭老师上了校级语文研究课《童年的小花狗》，教学效果极佳，得到观摩专家和教师的高度评价。余国卿副校长按捺不住内心的激动，写下了下面的随笔。

昨天（2014 年 4 月 7 日）是个值得纪念的日子，是崇仁寄宿学校语文教学史上具有里程碑意义的一天。汪亭老师执教的《童年的小花狗》第二课时，比较完美地展示了我心中理想的语文课堂，谢谢汪老师，谢谢五年级这个团队，谢谢整个课题研究的专家组。

这是一节真正体现学生学习中心的课堂，也是一节体现教师主导、学生主体的课堂。我想其中的奥妙就是把我们嘴里常说的、心中渴望的、书中常写的变成了现实。

其一，学生自学能力是语文教学乃至整个教学的基础。自学能力高低决定了语文课堂的教学效能；自学能力需要在真实存在的自学历程中练就，而非天生就会。自学能力培养需要教师提供支架（自学提示、教学案类）。

其二，小组合作、伙伴交流是保障每一名学生有发展的重要支撑。小组合作的目的在促进发展，而非大家说说都知道的信息，这就要求每一个学生都要有自己的思考；小组合作的程序、形式在一定意义上决定了合作是否有价值。谁先说、如何说、谁先做、如何做、如何补充、如何展示，都需要细节上的锤炼；小组合作重团队意识与团队成果。

其三，班级交流是促进学生更大发展的第三层次（第三波力量）。班级交流是组与组之间的对话，是补充、完善、反驳、辩论，而非简单的重复、认同；班级交流的形式要多样。听说读写演，都行，这样可以从多侧面、多形式丰富学生的学习经验；班级交流也是教师指导的重要契机。

其四，语文课核心目标的达成往往需要教师的组织、引领、指点，甚至讲解、示范。其契机就在班级交流的时候，能敏锐抓住有价值的资源，围绕核心目标，结合学情，落实语文训练。

（二）让学生在学会中会学

2014 年 5 月 16 日，湖北省“健康课堂”现场会在崇仁寄宿学校召开。崇仁寄宿学校六（4）班向与会展示了汪亭老师语文课《跨越百年的美丽》

以及“我们的课，我们的班”沙龙，张彦平校长做了大会报告，向与会代表解读了崇仁寄宿学校“伙伴课堂”的理念。

湖北省教育厅副厅长黄俭做了大会发言，对崇仁寄宿学校的伙伴课堂，对汪亭老师的课改经验给予了高度评价，他说：

学生日志的分享，不要小看日志分享，表现出学生的表达能力、思想的提炼，包括在分享他人喜悦的境界。汪亭老师在这堂课上，不仅仅展示了一种新的教与学的关系，更重要的是让学生在学会中会学，这是正健康课堂需要的。不仅仅有老师的教，更多的是学生的自学、互学，是一种教学方式的根本性变革，这也是健康课堂所需要的。这个流程的设计让学生从学会到会学变得很轻松，由自学到互学也变得很愉快。

我们也看到了，学生在回答问题的时候手上拿着打印的资料，也看到有的学生事实上把这篇课文完整地抄了一遍，这个抄不是机械的，是欣赏性的，是自加的压力，因为他感觉到了学习的乐趣。所以“健康课堂”应该给学生带来乐趣。我们总在说减轻学生的课业负担，但学生自己要求的负担，那就是兴趣了！我们要减轻学生过重的、没有必要的负担，是希望学生轻装上阵。而在这个基础上，他自己提高提出的要求叫兴趣，这种“负担”我们还要鼓励，因为它是健康的。

“我们的课，我们的班”这个沙龙很好地诠释了“健康课堂”子课题——“伙伴学习”，崇仁寄宿学校是怎么实践的。这个里面特别讲到合作小组学是怎么建立起来的，首先讲到话语权的问题，是谁在小组讨论中来说话。第二，怎么引导学生准确而有效地表达，就有一个效率问题。如果大家都有话都来谈，但没效果，也没有效率。“健康课堂”是关注简单的流程，但终极目标还是要有效率、有效果。崇仁寄宿学校做得很好的是话语权的问题。我们也在观察老师在做什么？我们感觉到老师的难度比学生大，她要全程关注这个动态的过程中学生想什么？他们会提出什么样的问题？哪些地方要对学生进行充分肯定？哪些地方要充分引导？老师要同步思考这些问题。这就是我们经常说到的即兴讲话是最好的，你不知道主题，听了之后要马上进行提炼，要讲出你的道理，我这也算一种即兴讲话。

我们也看到汪老师在讲这节课的时候，让学生做了很多，这个“很多”

包括什么？“六字诀”的自学要求我也看到了，学生的书本贴得很厚，我们的学习就是要这种积累，把书从薄读到厚，最后学生展现出来的又从厚到薄。这节课给我印象最深的应该是什么？第一，学生通过自学和互学，已经形成了一种良好的学习习惯，习惯的养成达到了。第二，学生非常注重知识的积累。第三，学生能够分析问题、解决、问题。第四，学生的表达能力得到充分的表现，而且我们还感觉这个能力很强。这个班的学生以后不得了，每个人都是一个有个性的人才。这些孩子肯定有很多上不了清华、北大，但是感觉他以后的能力不得了，是会从能力变成能人。另外，汪亭老师在讲课之前让学生分享小组日志的时候，禁不住流下了眼泪，因为六（4）班马上要毕业了，是对学生的不舍，这是一种真实情感的表露。这也是汪亭老师激动和骄傲的泪花，她经过二年级到六年级的探索，课堂改革获得了成功，有些是意想不到的成功，她为此感到骄傲、自豪。这是老师的一种博大的胸怀，她要把这些美丽放飞出去。

我们总在想“健康课堂”是什么？2012 年 3 月份在黄石八中启动这个课题以来，近百所学校，近万名教师，二十万学生都参与研究，这是一个庞大的群体。我们在探索的过程中也出现一些疑惑的问题，经过专家多次深入学校指导，现在我们已经看到曙光，而且可以说，今天这堂课大家形成的共鸣，是我们下一步推进“健康课堂”的转折点。

（三）以学习为中心的课堂

陈佑清教授是全国知名的教学论专家，致力于发展性教学论研究，在“教学建模”、“学习活动”等领域有系统的研究与独到的见解，并在全面分析新中国成立以来国内课改经验的基础上，提出了“以学习为中心的课堂”理念，在学术界与中小学有较大的影响。崇仁寄宿学校的课堂改革，就是以他的学习活动理论和学习中心课堂教学理论作为理论基础的。

在对崇仁寄宿学校的展示所做的点评中，陈教授系统地阐述了崇仁寄宿学校课堂改革经验超越性、突破性、转型性。他说：

崇仁寄宿学校的课堂教学变革，体现我国家当前课堂改革潮流与趋势，我把这个潮流趋势概括为建构“以学习为中心的课堂”。

过去很多人说小孩子不能自学，小学生的课堂不可能以学习为中心。那么崇仁寄宿学校的课堂变革让我们感到，如果我们加以适当的引导、加以适当的训练，小学生完全也可以以学生为主体，以学生自主学习作为教学的主要学习方式，从而建构一种以学习为中心的课堂。我们今天听的汪亭老师的语文课，就是以学习为中心的课堂。这堂课，更多的是学生在活动，包括学生的课堂展示活动，学生在主动参与、主动思考，既有个人思考，又有小组讨论。这种变革的趋势，是中国课堂教育变革的一个大方向。这个大方向，在小学领域，我们能看到的成功的范例非常少。所以，崇仁寄宿学校探索，汪亭老师的探索是非常有价值的。在小学这个学段，落实国家课堂教学变革这样一个大趋势，是有创造性的。更多的创造在哪个地方呢？小学课堂的灵活、生动、灵气，要超越初中和高中。这个“超越”背后的原因很重要。为什么这样课堂能够在崇仁寄宿学校出现？我觉得有几个很重要的原因。一个原因是崇仁寄宿学校从“九五”开始进行“小学生的自主学习学习能力与意识培养”研究，到了“十五”和“十一五”，他们从研究学生主体意识、主体能力发展过渡到研究老师，先后进行了“小学教师自主选择与创造教育活动模式”研究和“基于教育创造的小学教师主体性发展”研究。“十二五”期间，他们的研究“优质教育取向的小学生学习活动整体建构”，以学习活动为中心来研究整个课堂的教学变革。所以，由于长期的这种改革和研究的意识铺垫，培养了学校的领导和教师的改革文化、创新文化。崇仁寄宿学校确实有这种改革精神、改革文化和改革传统。正因为如此，一种新的理念、新的思想、新的操作模式，在崇仁寄宿学校推行，比在其他学校推行的深度，包括被老师接受的程度要大得多、深得多。第二个原因，汪亭老师课堂变革有个很重要的经验，就是把学校的文化建设、班级建设与课堂变革结合在一起。在这之前，崇仁寄宿学校课题研究中就涉及研究学生的成人习惯养成，重要内容之一就是培养学生学习习惯，做了很多的铺垫性工作。所以汪亭老师这个班，大家可以看得出来，学生自学的意识、能力很明显。在小学阶段能够达到这个状态，应该是相当不容易的，有长期学习习惯培养做铺垫。另外一个就是建设小组建设、班级团队建设、班级文化建设，也是崇仁寄宿学校过去 5～10 年长期着力做的。这是学校文化建设的重要内容，没有这些铺垫，我们是看不到今天的课堂的。

现在很多学校模仿外地课堂教学变革经验，其中两个难点：一个难点是学生如何自主学习，自主学习怎么落实？另一个难点是，小组合作怎么样做到真正有成效？怎么做到让学生之间真正合作起来，合作之后真正推进个人的学习？在汪亭老师的课上，我认为已经在相当程度上突破了这两大难点。所以她用这种新的教学思想、教学方式，改变了课堂的教学结构、改变了师生关系、改变了教学活动方式，使整个课堂表现出明显的“以学习为中心”的教学状态，基本上改变了教师中心的陈旧格局。我们看到课堂上学生非常活跃，但是活跃又不是简单的热闹，学生间的合作交流非常频繁，但这个频繁也不仅仅是为了合作而合作，真的是在促进学生学习。

课堂教学变革应该是转型性的变革，这个转型性的变革应该包括课堂的价值取向、师生关系、学习活动等，但首先应该是价值取向的转变。课堂这样去改，用这种方式，用这样一种师生关系，你到底为了实现什么，当然我们是以学生发展为本。我们是要真正为小学生将来的后期发展奠定基础，让他们在以学习为中心的课堂中，让他们在自主的课堂中，慢慢地学会调节支配自己的学习过程。围绕这个理念的变化，师生关系的变化也非常彻底。汪亭老师这个班表现得很典型，师生之间的关系、学生之间的关系、班主任与科任教师的关系，包括班上老师和学校的分管干部之间的关系，在发生一个重大的转型，慢慢开始变得民主、平等、和谐。这就是健康的课堂环境，我认为非常重要。物理环境的变化可能要受条件的限制，但是在人际环境建构方面，崇仁寄宿学校确实做了很多的探索，所以围绕这个价值取向，课堂变革的环境在人际环境方面发生了很大变化。课堂整体转型性变革的另一个重要方面是堂教学活动的结构的改革。比如，汪亭是用“六字诀”的方式，引导学生自学，所以教学方式学生学再也不是原来这种单一的听讲，现在要自己看书，自己思考问题、讨论，向老师请教；老师在课堂行为多样化，既有讲解，又有方法指导、激发，对学生学习过程的反馈评价，对学生活动的组织交流等。正是因为这样的一些变化，使得我们的课堂开始显现出整体格局的变化，开始出现一些生机。

所以我觉得崇仁寄宿学校的课堂变革，是包括价值取向、变革环境、师生关系、教学结构在内的整体性变革，对小学教育阶段有示范意义，它为我们深化小学课堂改革，提供了一个值得去观摩、研究、借鉴的样本。

(四) 蝶变中成长的“伙伴精灵”

蝶变中成长的“伙伴精灵”

——硚口区崇仁寄宿学校汪亭老师和她的六（4）班纪事

《长江日报》记者　罗高林　特约通信员　尚书堂

蝶变中成长的“伙伴精灵”

——硚口区崇仁路小学汪亭老师和她的六(4)班纪事

当许多老师纠结于“没有分数”而过不好今天时，她却认为“只有分数”过不了明天。当许多同行在课堂仍滔滔不绝讲得口干舌燥时，她却幸运地被学生“赶”下讲台——孩子们成了老师！

6 年，她的班级学生没有课外作业，但学业成绩在全校乃至全区领先。六年级学生有的学完了初三化学，但这不是受外界强压，而是出自学生的兴趣；有学生“啃”完了《世界通史》、《中国上下五千年》，自学其他科目的也很多……

她班上 53 个学生，除了学业冒尖，也会玩，个个有才艺……

她说，教书是件很好玩的事情，每周学校的羽毛球社团一定有她的身影……

她叫汪亭，武汉市硚口区崇仁寄宿学校一名青年教师，六（4）班班主任。她的课，她的班，她的学生，似乎在一夜之间破茧成蝶，成为硚口区教坛津津乐道的话题。带着许多的好奇和疑问，我们走进了她所在的学校——崇仁寄宿学校

毕业拿“双证”——让学生找到成长的自我

享誉一方的崇仁寄宿学校是一所省级示范学校。推行“立德树人，主

体创造”教育理念的张彦平校长，近来更加忙碌，他正带领干部和老师深入到10个毕业班，看看学生们“毕业双证”的评价状况。何为“双证”？我们和许多人一样，只知小学六年学业完成便可拿到一个小学毕业证，难道他们还有另外的一个证？

我们跟随张校长走进即将毕业的六（4）班，立刻被一个热烈的场面吸引住了。原来该班正在上“时间都去哪儿了”的主题班会课。有的同学朗诵诗、有的表演相声、有的敲起大鼓，还有吉他弹奏、独轮车表演……老师去哪儿了呢？我正在纳闷时，张校长指着坐在我们身边的女老师说，她就是班主任汪亭。班主任也当起了看客？我们越发不解了。

张校长解释道，“为学而教”是真教，“不教之学”乃真学。六（4）班是学校课改实验班。6年前汪老师接手该班时，学生状况参差不齐，当今独生子女的娇气、任性、自私，平日里抢座位、丢三落四等现象也曾让汪老师十分着急。而现在，我们都看到了，学生人人有特长，个个有口才，习惯特别好，课堂发言就像是提前好几个月排练过——这是我们许多人曾经有过的经历——而他们绝对是临场发挥。

班会进行到“‘忆往昔’——畅谈汪老师智慧警语”时，同学们如数家珍：“有自觉才有自由”、“成功是一种速度”、“好习惯是穿在身上的漂亮的衣服”等。每说出一句，同学们都抢着谈经历讲体会。谈着谈着，主持活动的学生突然把话题抛向坐在教室后的老师，问有什么参加讨论的？张校长当时就一个同学忆说汪老师曾讲“把镜子转向自己”一句，感觉这句也很有意义。“镜子照到自己会怎么样呢？”她顺势提出问题让大家讨论。同学们纷纷以小组为单位，各自发表看法。一男生说，我以前看到同学随地丢纸屑总是皱眉头，怪别人不讲卫生，听了汪老师的话，“镜子转向自己”——这就是我的事，于是我就主动弯腰把它捡起来。班上的垃圾袋满了，我只要看到了就主动提到学校垃圾房去，镜子里看到的自己是“永远的责任”。教室响起热烈的掌声。一女生说，以前在家老不爱叠被子、收拾桌椅，汪老师的话提醒我们“不扫一屋，将来何以扫天下”……我和张校长面面相觑，同时给予赞许的眼神。一节课中，自发的掌声此起彼伏，学生们兴致盎然。

我似乎明白了，在崇仁寄宿学校读书，完成学业只是最基本的事，而学习的内涵比学业丰富得多。用张校长的一句口头禅，学习便是学生的“职业”，上学即上岗，从小有责任。原来，崇仁寄宿学校的第二毕业证，包含的是学生良好的习惯和综合素养啊！

“伙伴学习”——帮助学生挣脱被动和依赖

体验六（4）班班会，会发现一个喜人现象，每一个话题都先在小组讨论，然后由代表站起来面向同学发言，既有个人的看法，也有小组集体的意见。这大概就是崇仁教师挂在嘴边的“伙伴学习”吧。深入了解后才知道，这是崇仁寄宿学校课堂教学改革的一大特色。

何谓伙伴式学习？身为武汉市优秀教师的汪亭，从合作习惯养成入手，把全班分成11个小组，一切活动、学习都以小组为单位展开，这便出现了上述的情景：张校长的话题一落，各小组聚在一起先研究交谈一番，而后由代表出面，故每一位同学的发言都能站在不同的角度，不会重复、不浪费时间，总能向问题的纵深探究。而老师呢，往往“躲”在幕后，遇到难点或者学习价值高的内容、想法就点拨一下。学生则自由、畅快地学习下去。我不禁想，这么放手的课堂，学生学得好，学得扎实吗？

张校长似乎明白了我们的疑问，他说，汪亭其实非常会“讲”，在师范读书时她是学校广播台台长，工作后参加过各种各样的演讲、优质课竞赛，她往往都会用自己精彩的语言，丰富的情感和上课技巧驾驭学生、征服评委。她曾获得武汉市教师“五项技能比赛”一等奖、武汉市优质课竞赛一等奖。事实告诉我们，“满堂灌”的课堂，往往是学生被动而学，久而久之变得依赖教师，教师不讲，学生不知学什么，更不知道怎么学。故此，经过几年的实践与变革，“善讲”的汪老师课堂上她却不“讲”了，把主角让给了学生。上《青海湖，梦幻般的湖》公开课时，汪老师第一次作为学校实验班教师面向专家和同事。该课是一篇精美的写景散文，用词华丽，情景交融。上这堂课，汪老师会怎么上？她总共出场才三次。第一次开课，她向学生们讲节课将要完成的任务，就是将“读、标、思、找、写、查”六字诀自学的情况在小组和全班交流汇报。第二次小组交流时间到了，她告诉孩子们下一步要进行小组展示。第三次是全班交流完毕，她总结了同学们的学习情况，并布置下一节课的任务。40分钟的课堂，老师讲话不到5分钟，其余时间都是学生们在学习、讨论和展示。他们从课文朗读开始，到容易出错的生字词，从精彩的语句品味，再到文章结构的解析和作者情感的领悟，都是学生先自学，然后在交流中展示出来。在场的同事、专家无不赞赏。

这样的课堂，再也看不到老师滔滔不绝、一人包干，取而代之的是学生各具特色丰富多彩的“学”。

汪老师说：“我充分相信学生，并大胆放手。因为要想让学生有用（成为有用的人才），就必须在课堂上‘用’学生。所以我把学生能做的一切事情都让他们自己去做，我要做的就是引导学生愿意去做，乐意去做，引导学生做好，做得高效。‘为学而教，不教之教’的课堂，就是我追寻的理想。”

一学生说：“为了第二天能够在课堂上有更好的表现，为同学们讲解，为小组获得荣誉……在家里，我们都把课文读透了，不仅学到了很多知识，而且学习能力也得到锻炼与提升，我们很喜欢这样的课堂。”

华中师范大学陈佑清教授认为：汪亭老师和同伴们所做的是非常有价值的课改实践，老师真正的由“讲师”变成了“导师”，传统的“课堂”变成了“学堂”——以学习为中心的状态充分显现出来，每个学生都参与到课堂学习中，学得活，学得实。这个经验值得挖掘和推广。

破茧而出——蝶变时的艰难与美丽

在六（4）班班会上，我们看到一个情景：有个小女孩特别瘦弱、矮小，哪像要毕业的学生？倒像刚入学的新生。她先是蹲在大个子男生的大腿上发言，声音洪亮，讲话也有条理，讲完后她却窝进了一个女生的怀抱里。原来，以她的身高，小组集体发言时，她永远会淹没在“人海”之中。

下课后我才知道，这个女生叫诗雨（化名），患先天性骨质缺陷，不长个子，同学们亲切叫她“小不点”，但她的活跃度、学习成绩丝毫不让“哥哥姐姐们”。她很能写，从最初的魔幻故事写到和伙伴们快乐生活的校园小说，大家都抢着阅读。

诗雨只是六（4）班一个特例。那个相声说得让人忍俊不禁的女生，学什么像什么，一会儿是“老奶奶”，一会儿又成“猫狗”。这么美丽、富于表现力的女孩，由于幼时在家的一次意外事故，食指被绞碎了一大半（家里有个碎纸机，她把手放进去被搅了），刚上小学时她很自卑，总觉得自己跟别人不一样，也不怎么讲话，特别是看她写字、动手活动时，她会下意识地护住手，稚嫩的眼睛有一种说不出的伤感。细心的汪老师给孩子们讲《缝补天使的翅膀》，带大家欣赏《断臂的维纳斯》，告诉孩子们班集体永远是一家人、一条心、一个目标、一股劲，还经常开导她，鼓励她，在全班表扬她的进步，赞美她的聪明与可爱。到了三年级，小女孩终于融入小组和班集体中了。

“每个生命都是一个世界，决不让一个学生掉队。”这就是汪亭老师的育人理念，她培养学生的习惯，不仅仅是学习、生活，更是引导孩子们养成对人性的理解和尊重的习惯。

关于好习惯的养成教育，六（4）班同学用一首诗形象地表达了他们的蝶变过程——

一年级时，您牵着我们的小手把我们带进了美丽的校园，教我们怎么坐、怎么走、怎么写、怎么读，您是那么温柔，那么有耐心。

三年级时，您教我们学会学习，学会交往，让我们明白了好习惯是穿在人身上最漂亮的一件衣裳，您是那么聪慧，那么充满期待。

五年级时，我们班开展了合作组，您教会了我们什么叫作分享，什么叫作融合，什么叫作相互补台，好戏连台，您是那么睿智，那么富于哲理。

临近毕业了，您为我们颁发了一张又一张奖状，让我们体会到了什么是百花争艳，各美其美，体会到了成功的喜悦与自豪。

…………

是啊，六（4）班的孩子们，就是浸润在汪老师智慧的教育情怀里，一步步走向成熟，感悟变化，走向美丽！

赶龙出海——让能力拓展插上翅膀

一所好学校往往表现为多方面。在崇校，有一个校本课程叫“赶龙出海”，意即让学生走出校园，锻炼综合能力。他们根据年段分别设计主题，一年级是“滑轮滑板滑起来”（运动平衡能力）；二年级“跳进水里游起来”（游泳的能力）；三年级要“自行车骑起来”（交通工具使用能力）；四年级“锅碗瓢盆动起来”（基本生活能力）；五年级“美在家乡走武汉”（旅行能力）；六年级“爱我中华世界行”（放眼世界、国际理解能力）。每个年级都有一种“玩”法，这恐怕是很少见的教育吧！

我们颇感兴趣，专门访问了汪亭班五年级时“爱我家乡走武汉”的一段经历。

活动主题：可爱的家乡——我的武汉之旅

活动要求：1. 设计一条有意义的线路；2. 花较少的钱；3. 不乘坐私家车，徒步或搭公交；4. 和同学结伴，尽量不要家长陪同；5. 自己拍摄所行，回来向全班展示。

很多学生利用双休日结伴出去，看武汉的户部巷、胭脂路、首义广场、江滩、省博物馆等，学生们把自己拍的照片做成 PPT，然后在全班分享。“出海”的感觉让孩子们着实乐了一把。

像黑马一样总冲第一的“黑马小组”，走的是“红色之旅”，他们做了一个非常精美的《创新素质实践行》的纪念册子。十来岁的少年们，第一次由自己全程掌控户外旅行，既有挑战又有期待，孩子们兴奋得不得了。

采访同行的徐钲岂同学，他如数家珍地畅谈了他们的难忘之旅：

那一次出行是 2013 年 5 月 4 日，刚好是五四青年节，当时我们是五（4）班，非常巧。上午 8：30 我们在汉口崇仁路华莱士门口集合，走到体育馆公交站，坐上了 701 路，因为是双层巴士，我们就随看随拍，觉得有趣的就把它拍下来。

在户部巷，左手端着热干面，右手拿着豆浆，边吃边说笑的，是我们；在农民讲习所，听那些农民起义军的英雄事迹，感受到幸福生活不容易的，是我们；走进胭脂路，徜徉在布料的海洋中看着老裁缝们量体裁衣，第一次见到老式缝纫机的，是我们；在昙华林，了解到了这里曾是人们研读备考的地方，便下决心要认真学习的，是我们；坐在被称为“坐拥昙华林的美丽”的融园咖啡厅，聊天嬉笑的，还是我们……

对于这样的活动，家长怎么看呢？我们有幸电话访谈了一位同学家长：孩子们对这样的活动非常感兴趣，几个人经常电话、QQ 联系，策划每一个细节，每一个步骤，分工到人，落实到位。在伙伴们的共同努力下，整个活动按时、圆满地进行和结束。

接下来的日子，他们开始整理和设计活动的 PPT，在电脑上写说明、感想，发照片……反复地推敲、修改，是那么认真和执着。最后做出了一份漂亮的 PPT！毫不夸张地说，他们制作的效果真是不逊于专业人员的水平！

我感觉到，现在的小孩子聪明、独立，不是他们没有能力做好一些事情，是我们不敢放手让他们去做。课本知识的学习固然重要，但更需要他们独立自主地参与社会实践。这个过程，会让他们收获更多更多……

好一个“赶龙出海”，伙伴合作走出了教室，走向了生活，深刻的体验不仅收获了学习与成长的效果，更让孩子之间的情谊更加紧密。

永远的六（4）班——一段让孩子们不能忘怀的童年

采访中，同学们透露了一个秘密，他们正准备写一本书。记录这六年汪老师帮助他们成长的经历，人人动手写，书名就叫《永远的六（4）班——汪亭和她的孩子们》。听到这个书名，我震惊了。当临近毕业的学生都在想心思进什么中学，择什么名校的时候，崇仁寄宿学校六（4）班的孩子们却想着用什么方式表达对汪亭老师的感激，想着让一路相伴的同学留住这美好难忘的童年。

我不禁再一次翻开了六（4）班的《班级日志》、《小组日志》和《个人日志》，多达几十本，足有百万字，此外还有班报、汪老师精彩语录等大量的文字、图片、影像资料。我想这些由老师、家长和孩子们日积月累且亲身经历的活生生的资料，用起来一定得心应手吧。为了一探他们写作此书的底细，我希望他们简单介绍几句，未料孩子们脱口而出：

人生就是一场现场直播，每一天都不可复制。

若是蹉跎了岁月，失望的是老师，对不起的是自己。

伙伴是缘分，让我们幸运地成了师生，成了同学。

信任是花瓶，一旦打碎，就再也粘不起来了。

每一个生命，都是一个独特的历程，生命的美丽要靠智慧和自信去演绎……

足够了，足够了，这一群如诗如画的精灵，伴随着童年的伙伴，伴随着亦师亦友的汪亭老师，传递出生命成长中的节奏与快乐。我们已经窥见了那本书的分量，我似乎也看见了这样的情境：多年后，美丽清新的汪老师和53个长大成人的青年正簇拥一起，可爱的小诗雨仍然天使般在他们的中间，快乐地笑着，说着，而那本翻开的书不正是这些天使般的精灵飞翔的翅膀吗？

（五）崇仁寄宿学校有个“健康课堂”

崇仁寄宿学校有个“健康课堂”

《武汉晚报》通讯员　陶璐

40分钟一节课，老师总共只讲了5分钟；每天家庭作业只用10分钟就能完成；学生上到六年级，平时几乎从不做卷子。但学生成绩和综合实力，在全校和全区都能名列前茅。

这样的一种学习模式听起来很难实现，但在武汉市崇仁寄宿学校，却成为不少班级已实行多年的“规定动作”。昨天，湖北省“健康课堂研究”现场会在崇仁寄宿学校举行，省市教育专家和省内多所小学聚焦该校“健康课堂”。

老师从“讲师”变“导师”

昨天上午崇仁寄宿学校六（4）班的一节语文课上，53个学生是绝对的主角，汪亭老师只在中间穿插着说了5句话。

上课铃响后，汪亭说出了当天的学习内容：“今天我们学习第18课，请大家齐读课题！”

她第二句话是让同学们在各小组学习领袖的带领下交流课前预习的收获，同学们马上开始了热烈的讨论，陆续提出自己对字词句和课文内容的理解。其中一个小组自觉走到讲台前进行汇报，随后其他小组进行补充或更正。随后的两个环节，汪亭分别布置了两个任务。最后几句话则是对本节课进行总结和布置下一节课的学习目标，她“出场”的时间总共没有超过5分钟。

“我把53个学生分成了11个组，每一组都有各科的学习领袖，课程的每个环节基本都由这些学习领袖负责，教师的作用是引导学生和课堂。”汪亭说，每个小组学生的学习程度不同，通过课堂上互相讨论和学习，不同程度的学生都能得到最大的收获。

课后作业“前置”减负担

“把课前预习的作业做到位，做扎实，学生负担会大大减少，而效果丝毫不受影响。”崇仁寄宿学校校长张彦平说，目前学校各科老师对学生课前预习抓得非常紧，以汪亭老师的班级最为典型，从字词句的难点到课本上勾画做笔记，要完成“标注”、“思考”等6个步骤，这其实也就是每天学生的家庭作业，完成一般仅需10分钟。

为了尽量减少学生负担，在汪亭的班上，除了正常的期中期末考试，6年来学生们从来没有做过试卷，完成预习作业时，她也只要求学生把预习的内容直接写在语文课本上，每天连作业本都用不着。“比如学生针对自己容易错的字或词，可以在字旁边画个1.5厘米边长的方格子，用红笔放大凸显出来作为提醒。”从小的字词，到大的阅读体会或背景分析，学生们全部写得非常认真，不少学生语文课本上都写满了。

6年培养让老师学生都轻松

汪亭的学生学得轻松，老师教得也轻松，她说，现在有时候自己可以不用备课，因为学生非常主动。不过，有现在这样的成绩，得益于她六年来不断对学生进行教学活动的锻炼和严格的习惯培养，最开始也并不是像现在这样井然有序，一帆风顺。“让学生成为课堂的主体，最开始的问题就是课堂很哄闹，学生找不到重点，缺乏条理，浪费时间。”

“低年级时以培养学生习惯为主，这是以后学习的基石。”汪亭说，学生一年级时还只是认识拼音和汉字，二年级起，她就坚持学生每天要严格完成预习的6个步骤。

从二年级起，六（4）班每年还会进行小干部竞选会；三年级时，汪亭又增加了每天“新闻播报”的环节，三四名学生要在全班同学面前播报一条新闻。

现在学生们又有了一项新的活动，叫作“张嘴就来”，汪亭会不定期突然甩给学生一个话题，让大家准备一分钟，然后每个人针对这个话题说几句话。

小学课堂改革走出了第一步

昨天，华中师范大学教授陈佑清点评崇仁寄宿学校的“健康课堂”，认为他们走出了小学课堂改革的第一步。

陈佑清说：“大家听完课，都会有个疑问，觉得课堂进行得太顺畅，学生非常主动，会不会是事先排练过的？但我可以说，这种模式的课堂，老师和学生都做不了假，这是最真实的状态。”

崇仁寄宿学校校长张彦平说，以往的教学模式以老师为主，所以一个优秀的老师面对不同的学生，课程可以上得一样好，甚至一模一样，但现在的课堂改变了学生依赖老师的情况，反而让老师更依赖学生的主动性，不断激发学生的主动性，这也让一些公开课竞赛中经常会出现的课程造假、练课无法实行，是对老师和学生双方更高的要求。

据了解，推行“健康课堂”后，汪亭的六（4）班学生们的成绩在全年级10个班中名列前茅。学生张博城是大家眼中的“天才儿童”，除了学习成绩在班级排名前几名，还利用课外时间学了计算机、法律和心理学等多门学科，学生杨政现在已经自学完了初三的化学，20多名学生在省市级的计算机、英语、“艺术小人才”、“楚才作文”等比赛中获奖。

（六）当上课成为一种期待

当上课成为一种期待

——武汉市崇仁寄宿学校创建“健康课堂”的启示

《光明日报》记者　夏静　通讯员　陈智

教科新闻
光明日报
当上课成为一种期待
——武汉市崇仁路小学创建“健康课堂”的启示

一堂小学课为何能够吸引湖北省的小学老师代表和教育专家、广东省基础教育工作者前来观摩学习？为何能赢得教育专家如此评价，在课堂上看到了情感的真诚、思维的丰富、兴趣的浓厚和流程的简洁？

“2个点、3个点、4个点直到n个点到底能连成多少条线段？”经过5分钟的讨论，教师胡雯示意同学安静下来。学生们一个接一个上台演示、补充，运用之前学过的方法，提出了新的解题思路。这是崇仁寄宿学校“健康课堂”六（4）班数学课现场。

5月16日，湖北省“健康课堂研

究”现场会在崇仁寄宿学校举行。来自湖北省的小学老师代表和教育专家、广东省基础教育工作者到崇仁寄宿学校现场观摩学习，共同研讨“健康课堂”改革实践。

从无序到有序

2012年3月，湖北省教育科学规划“十二五”课题“‘以学生发展为本’，建设健康课堂的研究与实践”正式开题，崇仁寄宿学校作为课题实验学校，探索出了一套“伙伴课堂”的学习新模式。

课题组成员一致认为，要改变以往沉闷乏味的课堂，首先得让学生活起来、让学生成为学习的主人，注重学生表现力的培养。实验首先在语文、数学学科中开展起来。

2012年5月，教师俞秋明为他的班级设计了“导学案”，让学生主动质疑与答疑。他回忆，在实验初期，学生确实改变了以往被动的状态，但他们提出的问题五花八门，也无从梳理，课堂秩序“一团糟”，原本40分钟的课上了1个多小时，依然达不到教学目的。

2012年7月，老师们利用暑假给自己“充电”，“恶补”教育学知识，研读国内外成功教学案例，学校推荐了佐藤学的《学校的挑战》和陈佑清教授的《教学论新编》两本书。带着教学中的困惑，老师们不断学习、思考：到底什么是真正的学习？如何设计有效的学习互动？怎样才能让有效的学习发生在每一个孩子身上？

新学期，老师将视角投向学生，和学生一起探寻高效的学习方法，在尝试、改进，再尝试、再改进的反复摸索后，几乎每一位老师都有了“一手”掌控能力，课堂也变得活而有序、活而有效。

语文教师唐静告诉记者，她精心设计了自学单，通过课前自主学习、课中合作交流、课后评价反馈3个环节，培养学生独立阅读、勤于思考的学习习惯。数学教师牛振华也得出独到见解，他在教学中一直崇尚活而有效的教学法，着重对小学数学“先学后教、当堂训练”的学习方式进行研究。

从讲堂变学堂

现场会上，六（4）班的语文课被搬上“舞台”。“今天这节课，我们要学一篇新课文。请大家先在学习领袖带领下交流预习的所学所获。5分钟，请计时员计时。”话音刚落，同学们便对照着预习本开始自由讨论，第11小组的同学在黑板上写下他们的预习成果。40分钟下来，学生成了“主讲”，老师“讲”的时间还不足5分钟。这样的语文课和过去到底有什么不同？这种形式的教法对学生学习是否有效？

“可不一样了！”在“伙伴学习沙龙”环节，六（4）班的朱子灵走到黑板前给了大家答案：“刚才是同学们以小组为单位来学习，而以前都是老师自己讲课。以前是老师满堂灌，现在是我们自己学。”班长刘贝莉补充：“以前老师提问，一个一个点同学回答，直到问题说透彻为止；而现在，当老师抛出问题后，我们会先在小组内讨论，让学习困难的同学先讲，再做汇报发言，这样不仅省时，而且每个同学都有发言的机会。”

“最明显的不同就是我和孩子们实现了‘角色转换’。我由‘教师’变成了‘导师’，讲的时间大大减少了。”课堂教学改革到现在，汪亭也道出了“伙伴课堂”的“难处”，“整个课堂节奏、核心问题提炼、语言文字落实都在不确定的情况下进行，所以这就要求老师课前准备工作要精细，花的时间更长，课上精神要高度集中。”

采访中，学生们展现出爱学、会玩、习惯好的形象，学习生活轻松而愉快，个个多才多艺，班级学业成绩在全区也名列前茅。就像校长张彦平说的那样：“学生梦想中的课堂在这里得以实现，每个孩子都能展现出最精彩的一面。”

从等待到期待

“头正、身直、臂开、足安、眼看”的10字口令是六（4）班课前准备的一大特色。孩子们告诉记者，每次跟着值日生大声喊完口令后，上起课来就劲头十足，以饱满的精神状态进入课堂已经成为他们的习惯。

“以前的课堂很被动，学生等待老师灌输知识，依赖性强。于是我们以班级、课堂为阵地，建立一种平等互助、彼此欣赏的伙伴学习关系，着重培养学习习惯。”张彦平说，“通过课堂教学改革，孩子们在心理上实现从‘要我学’向‘我要学’的转变，在行动上实现从‘等待上课’向‘期待上课’的转变，变得越来越敢于表达观点，学习能力也随之增强”。学校德育主任陶璐介绍，为了让所有孩子都有发言的机会，老师们鼓励话少的孩子先发言，小组内部互帮互助、取长补短。

在“伙伴课堂”中，学生渐渐进入自主学习的空间，全班同学都能有效地参与到学习中来。“我最喜欢数学、语文和美术课，上课回答好了问题能让我开心一整天！”六（4）的“小不点”黄思晴眼睛眯成一条缝，“以后我想当作家，专门讲故事、写小说”。此外，孩子们对每周二下午的社团活动也尤为期待。学校现有40余个社团，孩子们可以根据自己的兴趣进行选择，足球、武术、独轮车、轮滑、手工、合唱……甚至机器人设计都有专门的社团活动。

湖北省教育厅副厅长黄俭这样定义“健康课堂”：“这里能看到，情感的真诚、思维的丰富、兴趣的浓厚、流程的简洁、环境的生态与价值的实用。”

（七）做一个会“偷懒”的教师

做一个会“偷懒”的教师

《湖北教育》2016第2期

本刊记者　刘玉琴　特约通讯员　陶璐

从不抱作业本到办公室，就在班上面批面改完；

课上不用电子白板，学生注意力集中，思维活跃，发言积极。

六年级，大家都在忙小升初考试的关键时刻，她和她的学生却经常出现在区、市，甚至省级公开课上……

没错，这样的教师确实存在。她就是武汉市硚口区崇仁寄宿学校的语文教师汪亭——立志做一名“懒”教师的人。

初涉教坛

2000年，师范毕业的汪亭，进入崇仁寄宿学校。

接手的是一个基础比较薄弱的班，凭着对工作的热情和师范时打下的扎实的专业知识，汪亭相信，自己一定能把这一帮小不点教好。

事与愿违，两年中，这个班学业成绩总是差强人意。

这让汪亭不时停下来，反思、调整。

2002年，校领导决定让她接手一（4）班，一直到小学毕业。一学期后，恰逢崇仁寄宿学校建分校，学校再次决定把汪亭派到分校任教。消息甫出，所在班家长几乎“倾巢而出”，堵住了校长办公室，任校领导如何做工作，家长们就是“油盐不进”：不行，我们就只认汪老师，我们不同意给我们的孩子换老师！

学校妥协了，教师们疑惑了：

为何汪亭教这个班才一学期，家长和学生却对她如此“死心塌地”？

问及此事，汪亭淡然一笑：“这个我也没调查过，我想应该是因为每次家长来，从教室窗户望进去，看见自己的孩子都很开心吧。因为我教的是一个‘7对7’的班，也就是早上7点来，晚上7点走。别的7对7的班，6点多到7点这个时间，要么是自习，要么就是做作业，而我的班不一样，我会教孩子办画报、读故事、辩论、表演……每次家长来接孩子的时候，教室都是一片欢腾，孩子都不愿意回家！同时我还会把这些精彩的瞬间拍下来，配上文字，以喜报的形式发给家长。”

慢慢地，家长们发现，孩子们变得“立体”了，更加“有血有肉”了，聪慧的家长，怎会不知，这些，却是比冰冷的分数来得更宝贵？

“分校事件”之前，时任校长的谈宇贤都已经注意到了这个初出茅庐的小姑娘。

在他看来，汪亭的个人综合素质很过硬，之所以学生成绩提不上来，是因为她太爱孩子，以至于没有了方法，这与她经验不足有很大关系。

不过，汪亭很有思想。

2002年，学校派汪亭代表崇仁寄宿学校参加区语文优质课竞赛，按照惯例，学校有经验的教师会聚集在一起，和汪亭一起完成比赛课的备课，然后由汪亭按照这个设计展示。

在那个拼“演技”的时代，汪亭对此举并不赞同，她不喜欢这样的“表演”方式，她认为，课堂关键需要“走心”，流于“表演”的课堂，终究只是表面的热闹。

竞赛课后，汪亭愈发坚定了要打造原生态课堂的决心。

这一年，也恰逢课改，汪亭从一年级开始带班。这使得她的很多想法都可以在这一群白纸般的孩子身上一以贯之地实施。同时，她还加入了硚口区“董耀红名师工作室”。参与学校“十五”课题的子课题——“口语交际”教学研究，在区教研员李红路的指导下，用文献资料法，做了20多万字的笔记。当时的汪亭，想法很简单：不知道如何下手，就要大量吸纳别人的经验，多看、多听、多写、多思考。

这些，虽貌似波澜不惊，却隐含着厚积薄发。

进行了习惯养成教育的探索，拟定了《习惯养成教育细节手册》。该手册详细拟订了学习、礼仪、生活、安全、运动、卫生六个方面的习惯训练项目，计90条。

开发了“表现性活动”课程，如新闻播报、张嘴就来、自主班会等，培养学生“抓住要点简洁表达”、“编辑语言理趣表达”、“展示才艺个性表达”，最后形成融见闻、才艺、语言、气质于一体的“表现力”。

请不同岗位的家长到学校讲课，让学生了解、体验多彩人生。

…………

初涉教坛的汪亭，无疑是幸运的：进入了省示范学校，遇见了开明的家长和慧眼识珠的领导，能领受专家的言传身教……不过，有道是“你若盛开，蝴蝶自来；你若精彩，上天安排”，这点用在汪亭身上再合适不过。

欲“懒”先勤

弯腰俯身，这是汪亭带第一届六（4）班时的鲜明形象。

“第一届我真是带得太辛苦了，事事都要亲力亲为，第二届我一定要解放自己，否则，我会被累死的。”在谈到“偷懒”的理由时，汪亭调皮地说。

如何“偷懒”？这是个问题。

2008年，汪亭接手第二届六（4）班，也是从一年级到六年级。开学不多久，孩子都还不认识几个，区里上示范课，汪亭“出征”。

一到上课现场，汪亭傻眼了，孩子“炸锅”了：上课学校的阶梯教室，孩子们因找不到自己的座位，叽叽喳喳吵个不停。带队的领导不知如何是好，示意汪亭赶紧让孩子们先坐下来。

班级轮流值日小班长的作用此时显现出来了，随着“头正、身直、臂开、足安、眼看”十字课前准备口令响起，小麻雀们“嘎”地刹住了车。

事后，汪亭一直在反思这件事，为什么新学期的新学生会如此神速安静下来？是这个口号的神奇效果么？

习惯就是力量！

《新生入学手册》（以下简称《手册》）是崇仁寄宿学校一年级新生入学教育的特色课程，从新生报到的第一天开始实施，持续整整一学期。《手册》的主要内容是对一年级新生进行“十二字”行为习惯教育，包括生活：坐、立、走、吃、睡、做；学习：听、说、读、写、看、备。

汪亭将这“十二字”浓缩到了一年级入学教育四节习惯导行课中，但是习惯的力量到底有多大，能为课堂带来多大的变化，在带第一届六（4）班时，她还没意识到，直到这次示范课给了她启发：通过系统的习惯培养，让学生管理学生，让学生自己管理班级，自己不就是可以“偷懒”了么？

找到“偷懒”的“点”，算是开了个好头，但还有一句话叫“魔鬼在细节中”，怎么在制度上保障顶层设计不被架空，同样重要。与上一轮实验不同的是，这一次汪亭在注重行为训练的同时，更加注重价值引领，并且六年来一以贯之。习惯的养成过程是漫长且痛苦的，刚开始，这些古灵精怪的“小魔头”总是忘记规矩，汪亭就要不厌其烦地强调，以至于“做梦都在教孩子们学规矩”。

评价可以很好地解决这个问题。汪亭运用“代币制”把行为习惯的“十二字”分类用“习惯票”表示，作为对学生表现优秀或进步的奖励券，“习惯票”积累到一定的数量，可以兑换成相应的奖状、喜报、荣誉证，继而可被评为月度“好习惯进步星”、“好习惯标兵”。

即使是很简单的课前“十字诀”，也是经过深思熟虑的。曾经，汪亭也用过上课口令“123，坐端正”。但在实施过程中，她发现这个口令过于简单，口令一响，孩子们知道要坐端正了，但是怎样才算坐端正了，孩子们并不知道，所以把以前的上课口令改成了“十字口令”。

更细节的行为训练还体现在一些司空见惯的日常中：上课回答问题时，举右手，轻举轻放，举左手，示意上厕所。手不要举得太高，也不要伸老长，喊“我，我，我”；当没有被老师点名发言时，不要气馁，不要说“唉——”；回答问题前，想好再说；回答时，发言自信、站姿大方、声音清晰响亮，说话有条理，接着上一个同学回答问题时，先要说“我来补充他的发言，我来帮助他”；当老师点同学发言时，举起的手应该放下，学会用耳朵认真倾听，不要随便插话打断别人发言。……

透过这些碎片式的行为训练，大致可以勾勒出汪亭的习惯培养价值导向：尊重、自信、讲效率……

浩如烟海的习惯要求，繁似丛林的管理与协调，在汪亭脱口而出的叙述中舒展开来。恰如汪亭所言，欲“懒”先“勤”，而这个“勤”的过程，犹如蝴蝶蜕变，痛苦和希冀交织。

教师“隐身”了

第二届六（4）班，汪亭开始做“减法”———只保留了她在上一届学生教育活动中最基本的习惯养成教育活动以及读书活动，又有项目上的“整合”，把德育活动的晨会、班会、节日庆典、社团活动等，整合为培养学生表现力的语文活动课程，并与语文教学相沟通。

因此，汪亭的语文观是以学生表现力培养为中心的大语文观。表现力的形成，得法于语文教学，得力于语文活动，增益于课堂，推动了语文及其他学科教学的改革。

汪亭的语文教育，以习惯养成为底色，在合作组中绘就。

2012年3月，湖北省教育科学规划“十二五”课题“‘以学生发展为本’，建设健康课堂的研究与实践”正式开题，课题组成员一致认为，要改变以往沉闷乏味的课堂，首先得让学生活起来、让学生成为学习的主人，注重学生表现力的培养。崇仁寄宿学校作为课题实验学校，探索出了一套“伙伴课堂”的学习新模式。实验首先在语文、数学学科中开展起来。

2012年9月，学校正式启动“伙伴课堂”实验，汪亭的五（4）班，成为“伙伴课堂”研究的实验班。

汪亭起初有些抵触。理由有三：第一，按照学校的要求，伙伴课堂从组建合作组开始，组建合作组又要求孩子几个人围坐在一起，人多地方小，摆桌子麻烦；第二，一变座次，原来的行政小组成为合作组，各方面的机制都要变，考评复杂；第三，孩子讲话更方便。

矛盾在于：学校关注的是伙伴之间的交流，而汪亭关注的是习惯的训练。不过，二者殊途同归——致力于学生表现力的培养。

想通了这一点，汪亭释然了，“妙招”频现：

建组方面，教师任命组长，组长自己挑选伙伴。

首先由汪亭选11个学习成绩，尤其是品行比较优秀的学生担任组长，让他们各自邀请1个自己的好朋友加入小组，然后再让他们在班上挑选组员，要求他们组建小组时兼顾到性别和好伙伴。小组组建完成了之后，让他们自己设计组名、组牌、合作宣言，确定小组内的分工，然后开展“走进我的小组”宣讲活动，要求各人小组用一周的时间做准备，向全班介绍自己的合作组，小组5个人，人人都要发言。有了这个任务，小组内部就开始分工了，每个人都说一遍，然后由写作能力强的同学把5个人说的话写下来，再讨论每个人怎么说，按什么顺序说，最后小组内进行排练。

整个过程，汪亭只需“发号施令”，学生真正站在了课堂中央，这得益于她一贯的行为培养和四年的口语训练。低年级主要训练学生流利朗读和大声说话，到了中年级就采用新闻播报的方式训练他们怎么把话说得简洁，说得有层次。

现在到了高年级，就训练孩子写小组日志，并定期开展“日志分享”活动。

语文教学历经了多次改革，但依然没有走出高耗低效的怪圈——语文教学领域的研究改革最为繁荣，荟萃了最多的优秀教师，而语文教学的效率在众学科中却是较低的。这是因为，语文教学，尤其是阅读教学活动的多样化与语文学科的本体性之间，似乎存在一条难以逾越的鸿沟。

汪亭，却跨越了这条鸿沟。

小组学习之初，汪亭的课堂，第一课时只能学习基本的生字词并梳理出核心问题，第二课时探讨核心问题。学生虽然动起来了，但一个课时学到的东西太少。

学习小组建立一学期后，她发现，很多问题都可以由学生在小组内或者组与组之间解决，这就意味着，教师在课堂上不必讲那么多，一篇课文，可以用比较少的时间学完。第二课时完成一些阅读和练笔，以提高学生的阅读和写作能力。

想到就要做到。开学初，汪亭就把全册课文作一个自学展示任务的分配，每两个小组分配一节课，共同准备做这节课基础内容的交流。基础内容包括生字的易错音、易错字，难理解的词，课文文脉的梳理。小组按照六步预习要求做准备，再请一个学生“串场”主持基础内容的预习展示。因为课堂展示会纳入小组评价，并产生下一课的“学习领袖”，有了这样的驱动，小组就会分工合作，全力以赴准备这一课的预习展示。

《小桃树》一课，即是一场成功的演练。

首先，4个学习活动。活动一，交流预习，准备预习汇报。活动二，汇报生字词的学习，用“整体阅读抓要点”的方法把握文章的主要内容，此为第一轮汇报。活动三，运用“局部品读析词句”的方法，深化理解“顽强”。活动四，读中学写，揣摩表达方式，看看课文在文章线索、修辞手法、构段方式等方面有哪些值得借鉴。

其次，3个部分学习内容方面。第一，学习生字词，把握文章主要内容，这在活动一和活动二中完成；第二，探究核心问题，感受小桃树的“可怜”和“顽强”，这在活动三中完成；第三，学习作者的表达方法，这在活动四中完成。

自此，一发不可收拾……

每堂课，除了开头提出要学习的内容，课尾点评，这要花去近5分钟时间，其他35分钟，汪亭都处于“隐身”状态；

课文主题图的PPT都由学生自己做，汪亭很少做课件；

即使上公开课，也不需要准备，因为孩子们时刻处于“备战”状态；

…………

要原生态的课堂、做一个“会偷懒”的教师，汪亭实现了。

立于汪亭的班，视野所及，现在是学生，曾经是教师。汪亭语文教育观的形成，起于一个不经意的小愿望，却触碰到了语文教学改革的难题，看似偶然，实则必然，因为，稳健、灵活、智慧与定力，汪亭已然具备。

第二部分

汪亭的班级学习教育

班级授课制作为课堂教学的基本形态，把班和课紧密地联系在一起，如同一个硬币的两面，互为支撑，不可分割。对“班”而言，“课”是基本的教育活动方式。对“课”而言，“班”是基本的教育活动组织。对学生而言，班级是一个学习共同体。因此，班级教育活动中的重要内容之一是对学生进行“学习教育”，创生班级学习文化。

班级学习教育，主要是通过学科教学之外的教育活动，对学生进行“关于学习的教育”，包括学习习惯、学习动机、学习责任、学习方法、合作意识与技能等。学习教育必须课程化，使每个学年（学期）的学习教育有目标、有内容、有活动，突出教育活动的针对性和体验性，提高教育活动的实效性。以下是汪亭老师六年（2008—2014）班级学习教育课程结构图。

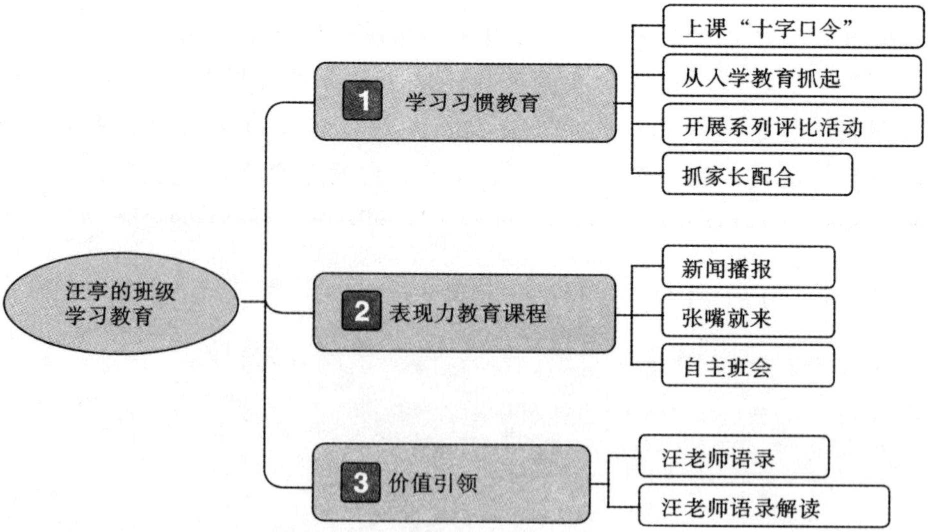

一、学习习惯教育

“十一五”期间，崇仁寄宿学校进行了“成人基本习惯”和“特色班级建设”两个专题研究，同名研究专著均由湖北教育出版社于2011年2月出版。汪亭老师在她上一届所带的班级（1—6年级也是四班）进行了习惯养成教育的探索，拟定了《习惯养成教育细节手册》（以下简称《手册》）。该手册详细拟定了“学习”、“礼仪”、“生活”、“安全”、“运动”、“卫生”六个方面的习惯训练项目，计90条。

在实施《手册》的过程中，汪亭老师探索了习惯养成教育“日查、周结、月评的评价机制”、“家校联动机制”、“主题教育活动机制”，形成了操作性很强的“好习惯促成长班级管理模式”。

“十二五”期间，学校一如既往重视习惯养成教育，要求各年级按照“三七开”① 的比例，充分运用“十一五”科研成果，结合班级实际实施“班本德育”，并提出“好习惯是学生第一好成绩”的理念。

就是在这样的背景下，2009年9月，汪亭老师迎来她这一届的学生，开始了新一轮的习惯养成教育的探索之旅。与上一轮实验不同的是，汪亭老师在注重行为训练的同时，更加注重价值引领，并且六年来一以贯之。

“好习惯是穿在人身上最漂亮的一件衣服。”这是汪亭老师从一年级开始经常对学生讲的话，时至今日，六（4）班的每个学生都耳熟能详，并遵照执行。她是怎么做到的？

(一) 上课“十字口令”

到六（4）班听课，发现一个特别的现象：上课预备铃一响，值日生到讲台前喊“静息”，全班学生很快趴在桌子上，热闹的教室顿时安静下来。这时，上

---

① 注：“三七开”是崇仁寄宿学校对班级教育活动内容的一项量的规定。班级一个学期的教育活动内容，30%从学校已有的研究成果中进行选择，称之为“规定动作”，70%根据班级实际情况进行自创，称之为“自选动作”。

课的老师走进教室。值日生带全班同学呼喊：

头——正；身——直；臂——开；

足——安；眼——看。

然后师生问好，迅速进入上课状态。这个细节通过一节又一节课，一天又一天，整整重复了六年，使六（4）班学生上每一个老师的课时都能够以良好的精神面貌迅速进入课堂学习状态，任课老师对此非常满意。

为什么坚持让学生喊上课“十字口令”？在访谈中，汪亭老师对此有一番独到的譬解：

以前也用过上课口令“123—坐端正”。这个口令过于简单，有点为坐端正而坐端正。怎么才算坐端正了，孩子们并不知道，所以在这个班（把以前的上课口令）改成了“十字口令”。“十字口令”包含着丰富的教育内涵。第一，有效的学习需要学生有积极的心理准备状态，每个人对老师的到来、对这节课学习的内容有一种期待。“静息”能让学生从课间10分钟的躁动中平静下来，降低脑对氧的过度消耗，保证课堂40分钟所需要的体能。第二，小学生正处于身体的快速发育期，在学习的过程中，正确运用四肢五官，既有利于学习，又有利于健康发育。因此，我用上课“十字口令”来规范学生的坐姿，具体告诉他们头要正、身要直、臂要开、足要安、眼要看，既有利于集中注意力，也有利于身体健康。第三，一个班级学生上课的精、气、神，形成一种“场”，既会影响每个学生学习的心理倾向，也会影响班级任课老师上课的情绪。所以，我用“十字号令”让学生每一节课都做到准备充分、精神饱满地等待老师上课，告诉学生，你们表现越好，老师心情就越好，课就上得越好。

——摘自《汪亭老师2014-04-26访谈实录》

崇仁寄宿学校流传着这样一句话：所谓不简单，就是把你认为简单的事情做好一万遍。这句话也道出了习惯培养的真谛：重复与坚持。上课口令每个班开始都在喊，但坚持下来的有多少呢？

(二) 从入学教育抓起

《新生入学手册》是崇仁寄宿学校一年级新生入学教育的特色课程，从新生报到的第一天开始实施，持续整整一学期。

《新生入学手册》的主要内容是对一年级新生进行十二字行为习惯教育，包括：

生活：坐、立、走、吃、睡、做

学习：听、说、读、写、看、备

汪亭老师将这“十二字”浓缩到了一年级入学教育四节习惯导行课中，贯穿在六年的教育活动之中。

以下呈现的是汪亭老师一年级新生入学教育的四节导行课教案。

崇仁寄宿学校一（4）班入学教育

教学内容：我是小学生、我们的校园多美呀、我们这样上课、我们真棒

课时安排：4课时

教学目标：

1. 初步熟悉校园，记住办公室、教室、厕所、操场的方位，感受校园的环境。

2. 熟悉任课老师、同学，能较快适应新环境。

3. 通过游戏，儿歌等方式培养学生的基本习惯，为开学打基础。

第1课时　我是小学生

教学目标

1. 知道自己是小学生了，要做个好学生；知道老师爱我，我爱老师，形成见到老师能主动问好、主动说再见的交际习惯。

2. 基本学习习惯训练。

教学过程

一、（准备）洒水，做清洁，播放儿童歌曲

1. 教师站在教室门口欢迎每位同学的到来。家长签到。

2. 让学生有礼貌地与家长告别、自信地走进教室、主动认识新同学。

3. 以一个坐得端正的同学做榜样，告诉学生怎样的坐姿是对的。让大家学着他坐，并比一比谁坐得好。

表 2-1-1 训练项目表

<table>
<tr><td colspan="2">训练项目 1　课前准备</td></tr>
<tr><td>训练内容</td><td>上课铃声响，快步进课堂，书本文具放桌上，等着老师把课上。</td></tr>
<tr><td>口令训练</td><td>123—坐端正。头—正；身—直；臂—开；足—安；眼—看。
12—静息（头朝窗户边）
小眼睛——看黑板；小嘴巴——闭起来。</td></tr>
<tr><td>节奏训练</td><td>儿歌对接：
小猫怎么叫？——
谁是最聪明的孩子？——</td></tr>
<tr><td colspan="2">训练项目 2　起立问好
上课时听到“起立”，应该快速站立，笔直站在桌前，弯腰鞠躬大声向老师问好，听到“坐下”，再轻轻拉动板凳坐好。</td></tr>
</table>

二、我是小学生了

1. 我有新老师了——教师介绍

同学们，你们好！欢迎大家来到崇仁寄宿学校。我们都是一年级的小朋友，来上学，高兴吗？（回答真响亮）我是你们的老师，我姓汪。怎么叫我呀？从今天开始，我将和同学们在一起学习生活。念儿歌：太阳公公起得早，花儿点头对我笑，背上我的小书包，高高兴兴上学校。

2. 我有新同学了——学生介绍

（1）请一位同学上台做自我介绍。（老师表扬他的大胆和自信、肯定他的优点，鼓励其他学生学着他的样子，争先恐后上台介绍）

（2）请一个四人小组上台。

（3）开火车游戏：介绍自己。

三、排好学生座位，并进行集合训练

教师讲解：“排队——小组训练——出外训练”的顺序与要求。

第 2 课时 我的校园真美呀

教学目标

1. 通过参观校园，感受到校园环境的优美、生活在其中的快乐。

2. 在参观过程中，熟悉校园环境，了解校园常规，争做爱校园的好学生。

教学过程

一、整队集合，上厕所

1. 看谁的记忆力最棒，能快静齐地站好路队。喊口令。

2. 选出队长，教他喊口令，让学生配合他的口令好站队。

3. 教师带学生到厕所前，向同学们讲解入厕要求。

二、参观校园

1. 教师讲述参观要求，带领学生参观。

(1) 认识白线，注意上下楼梯靠右行。

(2) 见到老师要问好，要有礼貌。

(3) 了解升旗台，注意升旗事项。

表 2-1-2 细节要求表

细节		要求
细节 1	举手发言	1. 上课回答问题时举右手，轻举轻放； 2. 举左手，示意上厕所。手不要举得太高，也不要伸得老长，喊“我、我、我”； 3. 当没有被老师点名发言时，不要气馁，不要说“哎——”。
细节 2	说的习惯	1. 回答问题前，想好再说； 2. 回答问题时，发言自信、站姿大方，声音清晰响亮，说话有条理； 特别训练：“我来补充他的发言……”、“我来帮助他……” 手势：嘿嘿，你真棒！
细节 3	听的习惯	1. 当老师点同学起来发言时，举起的手应该放下，同时应认真倾听，不随便插话打断别人的发言； 2. 听讲，要看着教师的眼睛。
细节 4	讨论交流	1. 同桌或四人小组讨论时，做到有序发言，认真轻声讨论； 2. 说完后，立即坐好。
细节 5	摆放学具	1. 书本右边放，铅笔放右上；下节课的课本，放在抽屉好取放。 特别训练：桌面不放水杯和铅笔，书包不放在地上。

(4) 校园文化长廊，生命平台。

三、总结

以“今天，我很高兴，因为我是崇仁寄宿学校一年级四班的学生，在学校里我认识了__________，知道了__________”。谈谈我的感受。

第3课时　我是这样上课的

教学目标

1. 知道上课要遵守纪律，做到专心听讲、不随便讲话、不玩东西、发言要先举手。

2. 学会正确的坐、立、举手、读书、握笔写字的姿势。

3. 会说：“上课的时候，我们要专心听讲。”

教学过程

(一) 训练上下课的礼仪

1. 教师教给学生上下课的基本礼仪。

2. 选出喊“起立”的同学。

3. 进行模拟训练。

(二) 教学生举手发言

1. 先复习巩固坐姿。

2. 课堂上要回答问题，先举手，老师点名后再起立回答。

3. 举手的姿势。

(三) 回答问题的要求

1. 声音响亮、吐字清晰。

2. 用普通话，自信、大方。

3. 敢于大胆表达自己观点，认真倾听别人的发言，可做适当补充。

(四) 发书，教学生认识书本，养成良好的学习习惯

1. 书本应怎样放在课桌上，关于铅笔盒的摆放问题。

2. 读书、握笔的姿势，讲“三个一”。

第4课时　我真棒

教学目标

1. 入学教育优秀学生评比。

2. 排队训练，到操场进行升旗仪式走场训练。

3. 放学要求。

教学过程：

一、比比谁是“今日之星”

1. 半天的学习，你知道了什么？

2. 学生上台发言，大家认真倾听。

3. 根据学生的发言和小贴片，评选“今日之星”。

4. 颁发奖状。

“体育星”、“文明星”、“发言星”、“倾听星”、“行规星” 各4名

二、到操场进行路队训练

1 站队要求“快静齐”。

2 升旗要求（听从体育老师指挥）。

表 2-1-3　细节要求表

细节	要求
细节 1	进巷子或上下楼梯，要靠右行。
细节 2	走路时不拍手，不倒着走，不顺着楼梯扶手往下滑。
细节 3	不故意把脚伸出来绊人。
细节 4	走廊上不疯跑、不追打。
细节 5	没有家长接时，要和老师在一起，不私自往外跑。
细节 6	放学后在操场上玩，家长一叫就回家，不逗留。

（三）开展系列评比活动

在“十二字”行为习惯导行课之后，汪亭老师在班上组织了一系列好习惯评比活动，运用“代币制”把行为习惯的“十二字”分类用“习惯票”表示，作为对学生表现优秀或进步的奖励券，如下图所示。“习惯票”积累到一定的数量，可以兑换成相应的奖状、喜报、荣誉证，继而可被评为月度“好习惯进步星”、“好习惯标兵”。

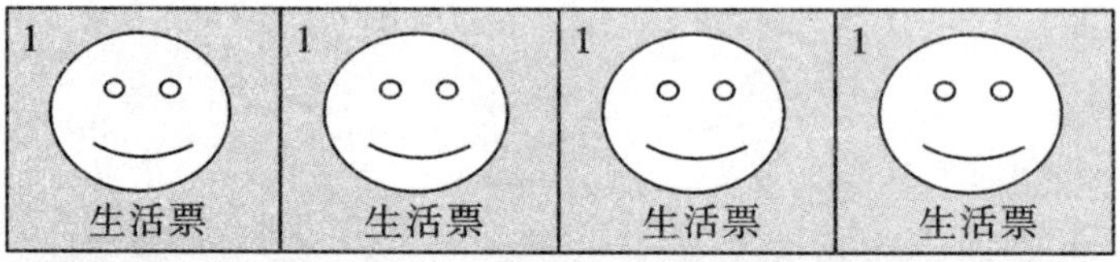

（四）抓家长配合

汪亭老师认为，低年级教育主要是要激发学习兴趣和培养良好习惯，家庭教育在培养孩子良好习惯方面有着不可替代的作用。她通过家长会，向家长讲述习惯培养的重要性，要求家长配合老师用正确的方法对孩子进行习惯教育。以下是汪亭老师在一年级家长会上的讲话：

一、培养孩子七个学习习惯

1. 专心致志。孩子入学之后，由于自学能力较差，注意力不容易集中，因而家长应严格要求并经常提醒孩子在上课时，一定要用心听讲，聚精会神，不要做小动作，更不要说话影响别人上课。回到家时要给孩子创造一个良好的学习环境，让孩子养成放学及时做作业，按规定时间完成作业之后再做其他事情的好习惯。

2. 独立思考。父母对孩子不能解决的问题要采取诱导的方式引导孩子思考，重要的不是教会孩子怎样解答一道题，而是要启发他们思考解决问题的方法，培养孩子独立思考的能力。

3. 认真细致。孩子的作业一定要在规定时间内完成，并做到内容正确，书写工整，使孩子养成良好的习惯，提高正确率与责任感。从一年级开始，就应要求孩子养成检查的习惯。

4. 培养孩子活跃的思维。不要以大人的眼光来看待孩子的提问，要对他们的提问给予恰当的鼓励与表扬，并能及时更正孩子的错误想法，多启发诱导，千万不要对孩子的提问不理不睬，这样会使孩子有问题也不敢问。

5. 背诵词语和课文。小学生记忆力好，有些东西背了，可以终生不忘。家长在指导孩子学习时，可以引导孩子尽量多背一些词语和课文，因为课文大都是名家名篇，经典之作。

6. 养成看书读报的习惯。家长要为孩子购买、订阅适量的图书报刊，创设阅读环境，书要少而精。为防止“走马观花”，家长可以与孩子们一起阅读，共同讨论书中的问题，并指导孩子做读书笔记。注重课外积累，提高阅读能力，养成“好读书、读好书”的习惯。现在我要求孩子每天都坚持读书，至少每天要读一篇短文章，这个“读”一定要读出声音来，读一遍跟读三遍的感觉肯定是不一样的。读了一篇文章应该知道一个词语，这是很重要的。我发现，班上很多孩子很喜欢读书，课外知识很丰富。在班级里掀起“看书热”，这对孩子的阅读和写作都是有帮助的。另外，假如家长有时间，也喜欢读书的话，我建议您与孩子一起读，然后进行分享。这也是提高孩子阅读兴趣的一种方法。

7. 培养“周期学习”习惯。掌握学习周期，培养孩子按预习、听课、复习、作业这样的周期学习的习惯。现阶段，语文常规作业有抄写、听写生字词、朗读背诵课文、读课外书。这些一定要过关。请家长加大督促力度，认真检查签字。

二、培养三个生活习惯

作为父母要帮助孩子养成好的生活习惯：

1. 让孩子学会关心他人，宽容他人。

2. 让孩子自己能做的事自己做，大人的事帮着做。

3. 让孩子自己合理地安排时间，家长适当指导。

注意培养学生良好的性格、受挫能力，培养高情商的孩子。

三、给家长的建议

有的家长总说孩子在家不肯读书，作业不太认真，反映的家长很多。我知道，现在的孩子都是独生子女，有些家长非常溺爱孩子，事事都顺着他们，使他们养成以我为中心的、自私的性格。我想，您肯定不希望自己的孩子这样。所以我想告诉大家一句话，教育孩子也是要讲方法的。要有一定的奖罚制度，让孩子积极、健康成长。这就是说，当孩子达不到某个标准的时候，一定要适度惩罚，限制他最喜欢做的事，这个时候不能心疼孩子，这叫作“做减法”。他达到这个标准时，你要奖励他做最喜欢的事情，这叫作“做加法”。习惯培养的奥秘，可以总结出一句话：“培养好习惯用加法，改正坏习惯用减法。”

请关注孩子的学习过程。考试分数只是衡量学习成绩的一个指标，而不是唯一指标。在某种程度上，可以说学习过程的一些特点比分数更重要。有的学生甚至也能考到 95 分，但是对学习的兴趣不浓、主动性不强、独立思考不够，与同学们交流的习惯还没养成，他的学习潜力将受到限制。家长对孩子拿回家的检测卷，不要只看分数，有时卷子题目难一点，考试分数就可以都低一点。家长要与孩子一起认真检查试卷的答题，帮助孩子找问题并弄懂错在哪儿了，督促孩子订正好之后，家长再签字。

语文考试的综合性越来越强，要想取得优异的成绩，适度的课外拓展阅读是非常必要的，尤其是成绩好的孩子更要注重。可以从以下三个方面帮助孩子全面提高语文能力：一是读。读名著名篇、读报纸杂志，多读书可以丰富孩子的知识，开阔视野；二是背。背《古诗 70 首》、背课文片段、背成语、背名人名言等。多背诵可以增加孩子的语文积累；三是写。适当的阅读训练、写日记（视学生的具体情况而定）写周记。多写可以为孩子提供练笔的机会，帮助孩子把语文知识、语文积累转化为语文能力。

建议积累的内容：《论语》，儒学文化的精髓，可选背；《必背古诗七十首》，每天吟诵；成语、名人名言、歇后语、俗语、谚语等，随时积累；时事新闻，要关注了解。

孩子动作慢，怎么办？首先要分析原因，是孩子不会做，还是懒得做。我认为是孩子自己的事就尽量让他们自己做，家长不要包办。有些家长看孩子动作太慢，就帮孩子做，这样他永远也快不了。从慢到快要有个过程，要多给孩子提供锻炼的机会，比如督促孩子按时完成作业、上学带作业以备检查、学会自己清理书包、做事有条理、用过的东西还原等。

创设良好的家庭育人环境。尽量抽时间与孩子们在一起，经常与孩子沟通，学会平等地与孩子一起看待他们成长中遇到的问题，多鼓励，给他们以自信，培养他们积极乐观的人生态度，善于发现他们的长处，耐心地引导孩子正确地看待自己的不足，共同制订计划，帮助他们改正缺点。如在饭后或者在餐桌上、放学的路上和孩子聊一聊学校的情况，了解他们想些什么，问一问最近的学习的内容，帮助他默写一下词语，背诵一下古诗，出上几道数学题，甚至和他们一起读读课外书籍。这样既可以增进与孩子的情感，掌握孩子的思想动态，还可以帮助孩子提高学习成绩，好处是多方面的。

晚上让孩子早睡觉，保证孩子睡眠时间。晚上 8:30 就应让孩子上床睡觉，最迟不应超过 9:10。早上按时上学不迟到，7:30 左右到校。上述要求请各位家长务必配合。

每个孩子都有一个家，家庭是孩子成长的第一所学校，父母是孩子的第一任老师。家庭环境的好坏，直接影响孩子能不能健康成长。好，并不是指富裕的家庭环境，而是指家风好。心理学家讲：如果孩子生活在批评中，便学会谴责；如果孩子生活在敌视中，便学会好斗；如果孩子生活在鼓励中，便学会自信；如果孩子生活在受欢迎的环境中，便学会喜欢别人；如果孩子生活在友谊中，会觉得生活在一个多么美好的世界。

家庭环境从孩子一出生就影响着他们的心理发展和品德的形成。好的环境使孩子健康成长。有些孩子存在这样或那样的毛病，如任性、易发脾气、激动、挑吃挑穿、不爱惜东西、生活自理能力差、不合群、不关心他人、妒忌心重，自我为中心、自卑等。最有效的解决办法是建立良好的家庭环境。家长的言行对孩子的影响非常大。

我非常理解家长的心情。家长们白天工作，晚上要担负起教育孩子的责任。好多家长晚上还有很多工作要做，非常辛苦。但是，大家再忙，也不能忘记对孩子的教育和辅导。看着孩子一点点地长大，一点点地进步，内心是会非常高兴的。

——摘自《汪亭2009年一年级家长会发言稿》

崇仁寄宿学校不少学生家长有身份、有地位、有高学历，还有的很富有。这些人在家长会上，面对这样一个清涩的年青女教师，从孩子的学习到生活，从心理到生理，从阅读到交往，古今中外，名言警句，信手拈来，声音是那样圆润，表情是那样丰富，有点于丹“风范”，不由得心生敬意。

汪老师在家长会上的讲话引起了家长的共鸣。在其后的家庭教育中，家长都积极配合，对孩子进行习惯教育。不少家长还写了习惯培养心得，在每月的家长开放日或学期家长会上分享、交流。

习惯培养心得

一（4）班张驰芊家长

孩子是父母最大的财富，而好的习惯又是孩子的最大财富，他将受益终生。儿子进入小学学习8个月了，在这8个月里，我们作为孩子的父母和孩子共同适应从幼儿园到小学的过渡，共同调整自己的心态适应小学的学习生活，和孩子共同进步。在这里，我们将这8个月的习惯培养心得与大家一起分享。

一、生活习惯和学习习惯共同培养

上小学前，父母都比较重视孩子生活习惯的培养；上小学后，又比较重视学习习惯的培养。其实，生活习惯和学习习惯就好比是孩子的左手和右手，它们是互相帮助、共同成长的。在生活上培养他迅速、专注的好习惯，在学习上让他高效率地完成学习任务也就会变得顺理成章；在学习上培养他有计划的习惯，他在生活上也会变得有计划。比如，每个双休的早晨起床后，我们和儿子就一起计划今天应当完成的学习任务，并且一起计划剩余的时间怎样安排。

二、认真做好每一件事

在生活和学习上，我们经常和儿子一起讨论认真做好每一件事的重要性。比如，通过读报，知道有马虎医生将手术器械留在患者体内达十几年之久，造成患者十几年饱受痛苦，无法过上正常生活；再比如，某一次测试成绩不理想，就和他一起认真分析哪些是因为没有认真看题、认真答题、认真检查而扣的分。在和他总结的时候，他也会告诉我们，其实老师也给他们编了答题技巧的顺口溜，这时就会和孩子一起温故体会。

三、懂得付出才有回报的道理

在生活上和学习中经常创造一些机会，与孩子一起体会付出才有回报的道理。比如：运动员夺冠，奏响国歌；听郎朗在对外交流活动中弹钢琴……我就会跟他讲，他们平时付出了怎样的努力。又比如，儿子刚上学时，经常会问我们，为什么某某同学总是得满分，我们就会告诉他那是因为这个同学在学校认真学，在家里认真复习和预习，付出了自己辛勤的劳动才得来的。当他在学习上也体会到付出后有回报的喜悦时，他会很认真地告诉我们，你们说的是对的。

四、尊重老师，热爱班级

孩子在学校里只有认真听老师讲课，认真完成老师布置的作业，他才有可能高效率地完成学习任务，所以树立老师的绝对权威，让孩子能够跟着老师的“步调”学习至关重要。当儿子在家里跟我们表达一些想法，或者把不同的老师进行比较时，我们都会告诉他，老师只有分工不同、教学方法不同、性格不同，全身心地教你们，让每个孩子学好，健康成长的心情和愿望是相同的。让儿子学会尊重每一位老师，爱每一位老师。

如果孩子有良好的同学关系，能够和伙伴们友好相处，那么他上学的每一天都将是快乐的，这对孩子的健康成长起着不可替代的作用。每当儿子告诉我们班上同学发生的事情时，我们都会不断地告诉他，班上的每个同学身上都有优点，多学习他们的长处；与小朋友要和睦相处，作为男孩子要大度，多关心和帮助其他同学。现在儿子会告诉我们，班上的同学各种各样，和他们在一起真开心。有时候生病一天半天没见到同学，他会说我好想他们。他已经爱上他的同学，爱上他的班集体。

以上只是我们在培养孩子习惯过程中的一些心得体会，并不代表我们做得很好，相信每一个家庭和每一位家长都会有好的经验和做法。我们将自己的感受写出来，希望能为大家培养孩子习惯提供一些参考，为培养好我们的下一代尽一分力量。

——摘自张驰芊父亲家长会感言

习惯养成教育校校都在抓，人人都在做，但效果却不尽如人意。汪亭老师的习惯养成教育最终能够在学生身上看到良好的成效，主要在于她把握了习惯的本质并遵循了习惯形成的规律。

我们已有的经验对习惯本质的解释是不全面的。脑科学新近的研究成果提示了习惯的奥秘。其一，习惯是由人脑深处的基底核控制的，是一种经过多次重复之后形成的自动化的动作和稳定的行为方式，是人头脑中建立起来的一种条件反射；其二，好习惯的形成是学习的结果；其三，习惯由相关行为的“知识”、“技能”、“动机”构成；其四，培养学生习惯的有效方法是设计由“刺激”、“惯常行为”和“奖赏”构成的“回路”。

这四条很少有人同时做到，尤其是后两条，一般不为人所熟知。在我们传统的观念中，习惯就是一种自动化的行为，反复训练就可以了。反复训练的结果是，学生的行为只停留在“监管水平”，一旦监管消失了，评比活动不搞了，学生的行为就会出现反弹甚至还原的现象，这就形成了我们所说的“反复抓、抓反复”。这里的“反复”是说明效果不好，自动化的行为，诸如“上下楼梯向右行”、“正确的握笔姿势”等基本的习惯，在日常状态下始终是难得一见。

从汪亭老师入学教育四节课的教案及其在班级所开展的习惯评比活动来看，她同时做到这四条，尤其是后两条做得好。

习惯教育要按照习惯的构成“三要素”来设计训练内容。“知识”告诉你“做什么”，决定行为的方向；“技能”告诉你“怎么做”，决定行为的方法；“动机”决定着“想要做”，决定行为的情感动力。习惯是“知”、“情”、“行”的统一。要做好这个“统一”，关键是要设计好由“刺激→惯常行为→奖励”构成的“回路”。例如，汪亭师让学生喊上课“十字口令”，就是学习行为的刺激信号，它提醒学生要上课了，要做好学习准备。惯常行为就是每一次按要求去做，保持不变，形成常规。崇仁寄宿学校的“十字”行为习惯持续训练一学期，汪亭老师的“十字”上课口令喊了六年，就是一种惯常行为。至于奖励，汪亭老师开展的系列好习惯评比活动所用的习惯票、奖状、喜报、荣誉证、好习惯标兵、好习惯进步星等，解决学生行为动机的问题，是学生最喜欢的奖励物。

对于个体来说，习惯是一种行为；对于群体来说，习惯是一种文化。从文化的意义上去认识习惯，我们才能解读汪亭老师的六（4）班学生行为的群体特征①。

汪亭老师习惯养成教育能够取得成效，除了把握了习惯的本质之外，还遵循了习惯养成的四大规律。规律之一，好习惯用“加法”，坏习惯用“减法”；规律之二，从细节抓起；规律之三，持之以恒。做到要求保持不变，时间上不间断；规律之四，保持家庭教育与学校教育的一致性，形成教育合力。这四条规律人尽皆知，但能遵循规律坚持去做的却不是很多。

二、表现力教育课程

六（4）班学生在课堂展示中所表现出的自信大方、活泼开朗的个人气质，旁征博引、信手拈来的广博见闻以及口齿流利、有条不紊的语言品质，呈现出一种“集体人格”，笔者（李红路）称之为“表现力”，这是现代社会公民在集体活动中必备的素养②。

六（4）班学生的表现力让人折服，我们很少看到同龄的学生有如此优秀的表现。这种综合素质的形成，除了在语文教学中有计划地进行训练之外，汪老师还开发了“表现性活动”的课程，如“新闻播报”、“张嘴就来”、“自主班会”等，培养学生“抓住要点简洁表达”、“编辑语言理趣表达”、“展示才艺个性表达”，最后形成融见闻、才艺、语言、气质于一体的表现力。

---

① 李红路. 引领学生经历学习“回路”——学习习惯养成教育的新思路[DB/OL]. http://www6.upwebflash.cn/index275-img/showlog.php? id=181266.

② 表现力培养是当今国际教育的一个前瞻性的课题，国外已有“表现性目标”理论和“表现性课堂”理论，其核心理念是“学以致表”。

（一）新闻播报

“新闻播报”是汪老师在四年级时开发的培养学生口头表达能力的活动课程。“新闻播报”每周一次，利用晨会时间进行，它要求学生两人一组，把与自己学习、生活相关的，国际国内的，也包括发生在身边的新闻，用PPT以图文并茂的方式进行呈现，辅之以视频或者音乐，由学生两人或多人以简洁、生动的语言向全班同学播报。这项活动对于培养学生关心时事，收集信息、加工信息的能力，以及抓住要点、简洁表达的能力，有很大的帮助。

汪老师是怎么想到开展“新闻播报”活动的？这一活动在培养学生的表现力上发挥什么样的功能？

低年级我主要训练学生流利朗读和大声说话，到了中年级再训练他们怎么把话说得简洁，说得有层次。在课堂上发言时，很多同学都有“就是……就是……”、“然后……然后……”、“接着……接着……”等语病，并且表现出胆怯、结巴、不自信。

有一段时间，我让学生统计课堂发言中的语病，记录每个发言的同学说了多少个“就是”，说了多少个“然后”，说了多少个“接着”。当你有意识地训练他们，告诉他们这些其实都是废话，他就知道站起来不要说“就是……”、“然后……”，说了就马上把嘴巴一捂，知道了自己的语病问题。训练学生规范表达，在说话的时候不要说“这个……”、“就是……”、“然后……”，告诉他们说话的时候要记住重要的观点放在前头先说，然后再展开，用要点法“第一……第二……第三……”，或者用关联词“首先……接着……其次……然后……最后……”的方式把你的观点陈述清楚。这个训练除了在课堂进行，我也开发了另外的训练方法来配合。低段是读故事、讲故事。

中段就关注时事新闻，采用新闻播报的方式去训练他们。找同学跟你搭档，一个二个三个都行，你们在一起先搜集最近的信息，然后在讲台前进行新闻播报。（汪老师模仿学生）“大家好，我是新闻主播黄安琪，今天给大家播报这样几件事……”她就像电视台的小主持人一样。她站在台上形象怎么样呀？说话的时候声音是不是响亮？大家根据她的表现，进行评价。有的同学听说的能力具备了，我们还要关注他站起来发言的那种仪态美，有些同学站起来总是低着头，或者目光游移、东张西望，这是不自信的表现。我会告诉他自信的人眼睛总是看前面，甚至有互动，你还可以跟某个同学有点手势或表情上的交流，这样就显得非常真诚。越自信的人越往前台站，你会发现一个非常奇特的现象，比如说请学生当小老师，很多孩子一上台，喜欢紧靠黑板站，显得不自信；稍微自信的，就往中间站；最自信的人，他一定站在讲台最前面。

我对他们说，老师上课站在哪儿？是站在二组和三组中间的位置。希望你们上台发言时，尽量不要贴着墙站，大胆往前走。还要关注一些细节，不仅要把话说清楚，还要说得有层次；与人交流时，眼睛要望着对方，尊重别人，传递自信与阳光。慢慢地，孩子们在新闻播报活动中自己做一些道具，如女孩拿着仙女棒、男孩拿着台本（写着新闻要点的专用本子），他们有很多有创意的东西在新闻主播里去展示。每次播完，下面的同学及时地给他们点评，点评也是在训练他们说话。例如，首先站起来表达自己的观点，播报得怎么样？“我觉得很好”，好在哪里？一是声音非常响亮，二是他们很自信，三是他们能脱稿说，四是他们自己做 PPT。后来新闻播报的要求又上升一个层次，学生像电视台的主持人一样：“接下来请看一段视频（或动画）……”

高段是写小组日志，并定期开展“日志分享”活动，可以看作是“新闻播报”的延伸。所不同的是，“日志分享”活动所分享的是班上新闻，日志内容是合作组成员轮流创作的，对学生表达能力的要求更高一些。以前学生举手才能点评，现在自己抢夺话语权。有些同学一听完日志，就想发言，可能一下子站起来四五个，争先恐后地说“我觉得怎么怎么样……”

为了让“日志分享”活动更好地开展下去，我告诉学生，发言时声音越响亮的人你抢夺的机会就越高，并规定，要学会了谦让，当别人已经站起来发言时，自己要自觉地坐下去。女生和男生站在一起，当然是女生优先，男孩子就自觉地坐下去。在这个分享的时间段里，由学生自己当主持人，包括开场白、中间的过渡语、同学之间的穿插点评，都是由学生自主完成，我就只在一边提醒一下，维持一下秩序，关注一下学生表达的情况。活动开展到今天，我发现学生说话非常有思想、有深度，有时会引经据典，有时会联系生活实际，他们可以把我们语文课学到的一切说话的方法用在“日志分享”这个舞台上，淋漓尽致地体现自己的风采。

我告诉学生，在这个活动中，你要学着赚“三百万”——“自信大方，不紧张，这是第一个一百万；选择有意义的、适合同学们听的新闻，这是第二个一百万；和台下同学真诚的沟通交流，吸引大家，这是第三个一百万。”

谁都想当百万富翁，可赚钱并非是件容易的事。我常常在想：作为班主任，要为孩子们未来的成功人生奠定基础。现在，我能做什么？我要提供“舞台”，让他们发现自我、展示自我、超越自我。我以“三百万”作比方，是想形象地告诉学生，以下三点的重要性：

●自信大方的人更受欢迎；

●选择比努力更重要；

●与人真诚的沟通合作很关键。

通过这样的引导和激励，学生选择的“新闻”内容更有针对性，更符合同学们的口味。他们巧妙地串词，让播报不再枯燥，更显生趣。关注台风，让他们更从容自信地面对同学。

现在的“新闻播报”成了大家每日关注的焦点，也让同学之间的合作变得更加愉快！

——摘自《汪亭老师 2014-03-18 访谈实录》

汪亭老师的目的达到了没有？学生对“新闻播报”活动有什么感受？

生$_1$：我是四年级下学期转过来的，发现这个班有个新闻播报活动，汪老师开始训练我们说话，怎样把一个很长的新闻缩短，用简洁的语言表述出来，让我们有更自信，也就是那时开始培养自信心，现在起来发言不会胆怯。

生$_2$：我们以前上课时会怯场，起来发言没有条理，文不对题，然后又结结巴巴，没有一点层次性。汪老师就一点一点、慢慢地训练我们，从课堂发言到新闻播报，让我们敢说、大胆地说，要我们把精髓（要点）背下来，再用自己的语言表达。我们敢说了，但有时说不清楚。汪老师说，一段话不能出现过多的错误（语病），并用一节课的时间专门训练我们这点（纠正语病），让我们能够说出一段流利的话，然后还要学会有情感地说。

——摘自《2014-04-18 学生访谈实录》

（二）张嘴就来

“出口成章、信手拈来、现编现演”是汪老师的学生在“六（4）班的一天”活动中表现出的风采，这一点迥异同年级其他班的学生，更是其他学校同龄的孩子所不及的。这种口头表达能力是如何练就的？

我经常对学生说，你们即将步入中学，相当于“出口产品”，我希望你们以最优的表现走出去。“张嘴就来”活动，每周一个主题，训练学生即兴表达、自信表达。第一周，主题是“梦想”，我给全班一分钟的时间思考，每个人用一句话来说说你心中的梦想，结果那天的情形真是令人震撼，很多孩子结合自身实际，加上与“梦想”有关的好词句，真情表达，真是精彩极了。第二周，主题是“时间都去哪了”。最近这首歌很火，孩子们以合作组的方式自己编排，利用班会课表演。这个活动点燃了孩子们的激情，他们创作诗、采访、表演小品，用各种各样的文艺形式来表现“时间都去哪儿了”这个主题，很让我感到震撼。第三周，以“三八妇女节”为主题。因为只有半天准备时间，因此那次打破常规，不按小组，孩子们自选伙伴、自由组合。其中，有七位女生集体创作了一首诗，在我走进教室，一阵掌声过后，她们便朗诵起来：“一年级，汪老师牵着我们的小手将我们带进课堂，告诉我们好习惯是穿在人身上最漂亮的衣服，那时的您是多么的温柔、美丽；二年级……”一直写到六年级，我记不得了。她们把师生一起六年的日子，和她们的成长变化用诗的形式表现出来，让我震撼。还有 2 位男生组合，现场编小品，没有稿子，却引来大家笑声一片，更让我震撼。学生即兴创作，真情表达，这就是我理想中“张嘴就来”的样子。

——摘自《汪亭老师 2014-03-18 访谈实录》

汪老师在接受访谈，回忆学生在“张嘴就来”活动中的情形时，一连用了四个“震撼”。在“六（4）班的一天”活动系列活动“谈梦想”中，我们见证了学生“张嘴就来”的口才！

“张嘴就来”谈梦想实录

第一组

黄骏泽：梦想，像是一个方向，也像是一把利刃。在这追求梦想的同时，你一定会遇到许多荆棘、困难，但是你却不会放弃，因为心有所想，心有所念。所以，梦想，不能失去！

刘潇：梦想的大门是为有准备的人打开的，希望大家在那儿开拓出属于自己的一片天空。

何鸿基：梦想是我努力中的指明灯，如果没有了指明灯的照明，那么努力的方向也就没了。

陈千黛：种瓜得瓜，种豆得豆。种了什么你就会得到什么。在梦想的道路上我们就必须勤奋认真，才能收获更多。

刘贝莉：当我们用积极阳光的心态去面对，用坚持不懈的努力去奋斗，用无所畏惧的精神去挑战，梦想离我们也只不过一步之遥。

第二组

田婉茹：我希望我这学期能够认识自己，改变自己，超越自己，考上一个理想的初中！

方桢：我的梦想是祝大家梦想成真！

王骏飞：我的梦想是大家没有遗憾地毕业。

陈泽奥：梦是用脚走出来的。

潘天乐：有梦就必须追梦，否则就是空话。

第三组

康子怡：为了我们的梦想，努力吧！

肖云骐：梦想离我们并不远，只要努力，就只有一步之遥。

杨政：梦想像一盏明灯，指引我们走上正确的方向，照亮前方的路。

王浩然：梦想是用汗水和锲而不舍的努力换来的，冲刺吧！

胡嘉明：我希望这一学期能够品学兼优，表现得更加优秀。

第四组

徐钲岂：我的梦想是考上十一中，既然已经有了梦想，那就让我们一起努力吧！

张驰芊：我的梦想是努力学习，考上香港大学。

胡嘉怡：以前的我总是扭扭捏捏不敢上课发言，在这学期，我一定要变得自信！上课积极举手发言！

李佳欣：以前，我总是沉迷于漫画，对其他一切事情不管不问；现在，我知道人要有“梦想”。所以，我一定要把心思都放在学习上，获得更大的进步！

张卓然：我的梦想是考上理想的中学，所以，我一定要认真学习！

第五组

高远志：唯披荆斩棘，克服困难，不停地追逐梦想，才能展翅翱翔。

江琳艺：不管未来怎样，都不要忘了自己最初的梦想。

简纯爱：梦想是太阳，有梦想的人，他的世界是火热的、美丽的、光明的，是最美好的。

朱子灵：让大家的梦想都实现，这就是我的梦想。

李佳俊：有梦想的人，即使他现在再苦难，最后也会幸福的。

第六组

杨博云：在追梦的道路上，充满着荆棘与挫折，它们阻碍着你前进，但是，它们却是你成功道路上不可缺少的一部分……有一种成功叫坚持，只有坚持不懈，不放弃自己内心的坚持，你才可能实现梦想……

郭雯静：梦想是一双翅膀，带领我们飞翔知识的海洋；梦想是海上的小船，带领我们走向胜利的曙光；梦想是路上的明灯，带领我们走向希望。

付滨冰：梦想是一条铺满坎坷的路，只有把坎坷当作垫脚石的人，才能通过这条路。总之，唯有经历风雨，才能见到美丽的彩虹。

陈文皓：每个人都有一个梦想，让我们带着各自的梦想，一起坐上梦的飞船，向远方航行吧！

第七组

陈星睿：追逐梦想的道路上，有不少的困难，只有不断的努力，才能收获成功，收获快乐，收获友情，才能实现梦想！

徐梓豪：人生有许许多多的坎坷，只有努力向上，才能走向成功，我的梦想是考上音乐学院，我坚信，只要好好学习定能考上，加油吧！

第八组

宗弘睿：1.02的365次方≈13377.4；0.98的365次方≈0.0006。只比你努力一点的人，其实已经甩你很远了。

曾琳晰：有了梦想就要为之奋斗，否则永远是空想。我们只有不断地去追梦、圆梦，才能不断地进步。

王雅萱：怀揣着梦想勇往直前，让梦想化作力量，鼓舞我前行。

陈笃一：成功在你实现之前是空虚的，但通过自己的努力让它成功。

第九组

安炫怿：要考上一个好的大学，就要考上一个好的高中；要考上一个好的高中，就要考上一个好的初中；要考上一个好的初中，就要努力再努力！

黄思晴：向前冲吧！为梦想冲刺，千万不要停下！或许会有很多岔口，选择自己正确的路，向前，向前！

傅玥瑶：我们都在追逐梦想，在路上奔波，都会迷茫，但……我们会清醒过来，这时我们会发现：梦想……就在你眼前！

李润阳：梦想就像“酷跑”（一款轻松好玩、简单时尚的跑酷类手机游戏）中的那只宝箱，追到它，就能获得奖励，实现自己的梦想；但是，在路上有各种各样的困难需要我们来克服，这个过程是十分艰难的，道路是曲折的。

杨万哲熙：No dream is too big，no dreamer is too small.（梦想再大，也不嫌大。追梦人再小，也不嫌小）

第十组

黄安琪：梦想说远不远，说近不近，但是凭空的脑想是白日梦，必须用行动去努力才能好梦成真。

龙昱承：我的梦想是考上外校，梦想就在眼前，只有不停地努力，在一次次失败后吸取教训，才能成功！

张博城：我的梦想是成为一名律师、一名心理医生或一名“程序猿”（程序员）：在法庭上保护当事人的权利，为他人抚平心理上的伤口，开发出像Office一样受人欢迎的电脑程序，成立像微软一样的公司！

黄科浩：我的梦想是凭自己的能力考入理想的初中，在每次考试中取得优异的成绩！

范晨宇：我希望以后可以当律师，成为口才好的人！

第十一组

许霖乐：每个人都可以拥有梦想，但更重要的是用行动努力去实现。

王涵：如果梦想不曾坠落悬崖，千钧一发，又怎会晓得执着的人拥有隐形翅膀？只有经历过坎坷，并执着地坚持，才能有一双“翅膀”，飞向成功。

李乐文：马上就“小升初”了，我们心中都有奋斗的目标。梦想再大，也要脚踏实地，才能梦想成真！希望六（4）班全部同学都能考上好初中！

吕盛：梦想，是注定孤独的旅行，路上少不了质疑和嘲笑，但那又怎样？都要勇敢、努力地站起来。

肖瑶：每个人心中都有自己的梦想，在追求梦想的道路上，困难与坎坷是所有人的必经之路，所以不要害怕，因为这些会让你的梦想更加灿烂、辉煌！

（三）自主班会

“自主班会”是六（4）班学生的最爱，因为它既有明确的主题，又可以综合多种当下流行的文艺节目的表现形式，既为学生所喜闻乐见，又能让学生的才艺得到充分体现。“自主班会”受学生喜欢一个重要的原因还在于汪老师的“零参与”，完全放手由学生策划，让学生强烈的表现愿望得到满足。

每周开班会，汪老师只给我们一个题目（主题），有时候连题目都不给，由我们自己出。题目确定后，她就撒手不管了，全部交给我们，让我们自己主持节目报名、写作、串场、排练，有点像做导演。除了准备节目外，还要分工，找班上的同学做节目展示的PPT，包括音乐啊、图片啊，有时候还要做手工，画画剪剪，做一些头饰、道具之类的。一次自主班会，要调动全班的力量，把每个人的特长都用上，可不是那么容易的，但是挺有意思。自主班会展示的时候，汪老师总是坐在教室后面看，可能是我们表演得太投入，也太高兴，有时候根本没有想到（意识到）有汪老师在场。班会开完了，汪老师做一个简单的点评，主要是表扬我们，也有时候讲一些道理或者提出一些要求。

——摘自《2014-03-18 学生访谈实录》

六（4）班开过的自主班会的主题有"学习雷锋好榜样"、"保护环境"、"保卫地球"、"食品安全"、"班级好声音"、"责任"、"一站到底"、"感恩教师"、"劳动最光荣"、"元旦好习惯节"、"六一庆祝会"、"三八妇女节"、"珍惜时间"、"感恩的心"。

以下呈现的是2014年4月16日"六（4）班的一天"个案研究活动中的自主班会"时间都去哪儿了"的现场实录。班会主持人是张驰芊和张誉两位同学。

时间都去哪儿了？

张驰芊：唉……

张誉：咦？你叹什么气呀？

张驰芊：时间过得真快啊！转眼，我们已经快毕业了，要离开这熟悉而又美丽的校园了，可戴上红领巾，还仿佛是前不久的事情。

张誉：对啊，那时间都去哪儿了呢？

张驰芊：让我们先采访一下"数学学霸"潘天乐吧！潘天乐，你觉得时间都去哪儿了？

潘天乐：一天我们要在学校内待上九个半小时，这九个半小时里有六个多小时在上课，一个小时在吃饭，一个小时在午休，一个小时下课休息，那另外十几分钟就是我们所说的碎时间。所以我们要珍惜时间，利用碎时间，做时间的主人。

张驰芊：不愧是数学科代表，讲得就是精彩呀！

张誉："小哲学家"，你怎么看？

王骏飞：我们不是只有所谓七秒钟记忆的鱼儿。古今中外，多少人追寻过时间，到头来，多少人又是两手空空一无所获。时间都去哪儿了？在我们追问时，时间已经流逝了。

张誉：哇！王骏飞说得真精彩啊！

张驰芊：是啊，好像让我明白了很多人生的哲理。

张驰芊：那我问问你，你的时间是怎样过的？

张誉：有一段时间我迷上了听歌，连做作业都在听歌。一次，老师要背诵朱自清的《荷塘月色》，可我脱口而出："我像只鱼儿在你的荷塘，只为和你守候那皎白月光……"

张驰芊：Oh my god！这都是"神马"（注："神马"，网络语言，即"什么"）啊？

张誉：惭愧啊！别看我不行，我们班可有一群了不起的小诗人！有请"七仙女"为我们朗诵一首原创诗。

一、诗朗诵《时光匆匆》

表演者：七仙女组合（杨博云、刘贝莉、许霖乐、江琳艺、郭雯静、王雅萱、刘潇）

（PPT播放学生六年学习、生活情景，配乐）

一年级时，她牵着我们的小手，把我们带进这个美丽的校园，为我们佩戴上鲜艳的红领巾。她是那么年轻、那么温柔。

二年级时，她握着我们的小手，一笔一画教我们认真写好每一个汉字。她是那么认真、那么勤劳。

三年级时，她培养了我们一个又一个的好习惯，让我们明白了，好习惯是穿在人身上最漂亮的一件衣服。她是那么聪慧、那么亲切。

四年级时，她带着我们开展了一次又一次的活动，她是那么热情、那么明智，让我们体会到了一份又一份的快乐。

五年级时，我们班开展了合作组，她教会了我们什么叫作分享，什么叫作融合，什么叫作合作的快乐。她是那么耐心、那么尽职。

六年级时，她为我们颁发了一张又一张奖状，让我们体会到了成功的喜悦。她是那么开心、那么自豪。

她就是我们的汪老师，她让我们收获了知识，让我们养成了习惯，让我们战胜了困难，让我们体会了快乐，让我们懂得了合作，让我们取得了成功！

六年时光匆匆而过，但对您的情永远不变！

在此，千言万语汇成一句话：汪老师，我们爱您！（结束）

张誉：一首诗颂不完我们对老师的感谢，一句话道不尽我们对老师的尊敬。

张驰芊：六年来，老师为我们付出了很多。在此，我们想对所有老师说一句：谢谢您！您辛苦了！（大家一起说）

张誉：正是因为老师和学校给了我们很多机会展示自我，所以我们班才涌现出一群身怀绝技的达人们，现在就让我们浓缩精华，一起走进六（4）班"班级达人秀"！

二、班级达人秀

击鼓表演：杨万哲熙　蔡骏洋

独轮车表演：方桢　傅玥瑶

武术和跆拳道表演：江琳艺　张博城

溜溜球表演：陈泽奥

舞蹈表演：田婉茹　肖瑶

吉他演唱：吕盛　曾琳晰

相声：朱子灵　高远志

我的写作梦：黄思晴　许霖乐

喜剧表演：黄安琪

地图秀：杨政

张驰芊：正在打鼓的正是我们的鼓手杨万哲熙和蔡骏洋。

张驰芊：正在骑独轮车的是我们的独轮车高手方桢、傅玥瑶。

张驰芊：接下来是我们的武术高手江琳艺和跆拳道高手张博城。

张誉：这是我们的车模达人——胡嘉明。

张誉：再是我们的溜溜球达人——陈泽奥！

张誉：有请我们的舞蹈高手田婉茹、肖瑶为我们表演《不要不要》

张驰芊：下面有请我们班的"百灵鸟"——曾琳晰！

张驰芊：有请我们的吉他手——吕盛！

张驰芊：有请朱子灵和高远志为我们表演对口相声！

朱：我爸爸说，女人就会花钱，每天就开着“小火车”逛吃，逛吃……

高：呵呵，看你爸这逻辑，女人就没一点好了？

朱：那倒不是，女性是伟大的。

高：这不，还为她们办了一个节日，“三八”……

朱：唉，你小子还骂人！

高：才不是，3月8日妇女节，这是全世界女性过的节日。

朱：哦！对对对，还有一个片子就是拍这个的。

高：什么片子？

朱：神探妇女节！

高：这是什么乱七八糟的，人家叫狄仁杰，有你这么糟蹋人的！

朱：对喽！

高：明儿啊，就三八妇女节啦，你准备为你的妈妈准备些什么啊？

朱：我呀，准备给我妈买一套高级化妆品。

高：你有钱？交个土豪朋友？

朱：没有。

高：那你说个啥呀？

朱：咳咳，言归正传，祝全世界妇女年轻十岁！

高：上班不累。

朱：化妆免费。

高：海吃不肥。

朱：身材完美。

高：帅哥排队。

高：节日过得有滋有味。不仅如此，我们还想对现场的汪老师说声节日快乐！

合：祝我们的母亲、老师以及全世界的女性同志们，节日快乐！

张誉：下面有请“写作高手”为大家分享他们的写作梦！

黄思晴：我是个一米二五的小女孩儿，在六年级四班里，我得到了很多人的关心，有人帮我背书包、有人帮我竖板凳，但老师常常告诉我，以后我要和大家一样一起竞争。于是我也有自己的梦想，就是成为一名作家，这是我创作的一些书。

许霖乐：我和黄思晴一样，也是有一个热爱写作的女孩。我已经在《现代少年报》和《中国校园文学》上发表了两篇文章。我还在小组日志上写了班级最佳篇。有最佳男子汉——陈星睿，有最佳女汉子——江琳艺，还有最佳搭档——宗弘睿和徐钲岂，我的目标是在这学期结束以后，全班的每一位同学都能成为我笔下的主角。

张驰芊：接下来，有请“喜剧大王”——黄安琪！

黄安琪：我爸糊涂了一辈子，现在才知道学文化的重要性，晚啦。只好在我身上往回捞了。这话怎么说呢，说我爸没上学吧，屈心。说我爸读过书吧，又亏心。爷爷叫我爸上过两年学，可我爸病了一年半，剩半年，我爸又请了五个月的假，剩一个月，还逃了29天学，剩一天，还赶上星期天休息。中国的汉字难学啊，有很多的字读一个音。比如，数目之首的这个“一”就有很多的字全念“一”，比如衣服的衣、医生的医、大写的壹、不依不饶的依，您说有多少？中国字，不但一个音有很多字，而且一个字有双音。就是传说中的多音字，同是一个字，搁这里一个音，放那里又一个音。您就拿自行车的车说吧，自行车、手推车、马车、汽车、火车、三轮车，全读车。同是这个字，换个地方它又不念车。象棋比赛得读车（jū），当头炮、跳马、出车（jū），不能说当头炮、跳马、出车（chē）。说起多音字，我就急。那天爸爸一读完，把我这个优秀的小学生惹急了。那段话是：张会（kuài）计，今天我参加大会（huì），求你点事，把你的自行（xíng）车（chē）借我骑骑，我到人民银行（háng），找行（háng）长办点事，行不行？张会（kuài）计说：“行，行，行。”而爸爸读的是：张会（huì）计，今天我参加大会（kuài），求你点事，把你的自行（háng）车（jū）借我骑骑，我到人民银行（xíng），找行（xíng）长（cháng）办点事，行（háng）不行（háng）？

黄安琪：小粽子，上！

黄：人人都有一双手，人人都有手指头。

宗：废话，谁没有手指头。

黄：指头有长有短，有大有小。

宗：没错，这是睁眼说实话。

黄：可是我越看越喜欢它（竖大拇指），越恨它（竖食指）。

宗：五指一握才成拳，怎么能说爱哪个恨哪个呢？

黄：唉，你是不知道，在我家“大拇指”是我爸，“食指”是我妈。

宗：怎么越说我越不明白了？

黄：举例说吧，有一天，我在幼儿园受到了老师的表扬，可真高兴！

宗：是该高兴。

黄：我一蹦一跳地回到家，高兴地喊了声“妈”。

宗：那你妈肯定也很高兴。

黄：可谁知，话音刚落，“食指”就来了。

宗：怎么？你家还有客人？

黄：（伸食指）“食指”是我妈。“你怎么搞的，衣服脏成这样，又跑哪儿撒野去了？”

宗：唉，你妈可真厉害。

黄：我口渴了刚想拿苹果吃，“食指”又来了。

宗：又怎么了？

黄：（伸食指）“你怎么就知道吃，快点写字，写不完不能吃！”

宗：吃都不让了？

黄：我刚坐下写了两个字，就想尿尿。

宗：唉，这尿也不争气。

黄：哎呀，憋不住了！

宗：那就快去吧。

黄：不行啊，“食指”又来了，（伸食指）“你这孩子，真是懒驴上磨屎尿多，快做作业！”

宗：唉！

黄：就这样，“食指”的屡次出现使我做作业都没了精神。

宗：换了谁都不会有精神。

黄：越没精神就越出错，越出错我妈就越批评我。

宗：这叫“恶性循环”。

黄：你说我能不恨它吗？（伸食指）

宗：“食指”在你家也真没趣，那“拇指”呢？

黄：“拇指”就不同了，Good！Good！Good！棒！棒！棒！你真棒！

宗：看！一说就来精神了。

黄：这不，我作业刚做完，老爸就回来了。一推门就这样满脸堆笑，赞赏地说（竖大拇指）“儿子，你真棒！回家就知道学习。”一句话说得我怪不好意思。

宗：看，一句表扬，就像一缕阳光。

黄：为了回报老爸，我去给老爸拿拖鞋，取报纸，开电视。

宗：看，给点阳光，他就会灿烂。

黄：结果，老爸又表扬我了（竖大拇指）。“我女儿真乖，就是知道体贴人。我说么，我的女儿是最棒的！”我听了，甭提有多高兴了！

宗：瞧她美的！

黄：你说我能不喜欢它吗？（竖大拇指）

宗：是该喜欢，连我都羡慕你家的“大拇指”了。

黄：“大拇指”表示的是赞美，“食指”表示的是批评。

宗：天下哪个孩子不喜欢表扬？

黄：所以，以后我要有了儿子，我就多用这个（竖大拇指）！

宗：唉，那还早着呢。

黄：你说，他们能一样吗？

宗：是不一样，连表情都不一样，“大拇指”是这样的（笑脸），“食指”是这样的（凶相）。

黄：我多么希望我妈妈也是这个呀！（竖大拇指）

宗：你妈会的，诺，她来了！

黄：啊（吓跑）?!

宗：唉，看她吓的！

张驰芊：这是我们的杨政同学在之前画好的一份地图，请他来讲解一下！

杨政：通过这份地图，我是想证明钓鱼岛是中国的。地图的右上角是日本，在日本的南边有一个琉球群岛。海南岛和台湾岛就像鸡的爪子，在台湾岛的北边一点是钓鱼群岛，因为那一块天然气丰富，所以日本要抢岛。通过这，我想证明钓鱼岛是中国的。

张誉：这六年来，我们举行了许多有趣的活动。“新闻播报”，锻炼了我们的口才；“自主班会”，锻炼了我们分工合作的能力；“一战到底”考验了我们课外知识的积累。下面是这次班会最精彩的部分。

合：“一站到底”PK！

张驰芊：有请上一届“战神”——胡嘉明上场！再有请后面的一位同学来和他PK！

三、“战神”PK

1. 我们打电话不用听筒，而用扬声器接听，应该按电话机上的什么键？（免提）

2. 在元旦、春节期间上映的电影被统称为什么片？（贺岁片）

3. 民间谚语“病从口入，寒从哪起”？（脚）

4. 山东山西的“山”是指？（太行山）

5. 小鸡是由鸡蛋的什么发育来的？（蛋黄）

6. 多吃酱油皮肤会变黑吗？（不会）

7. 牛、马的“年轮”长在什么地方？（牙齿上）

8. 卡拉OK是哪国人发明的？（日本）

9. 世界杯足球比赛几年一次？（4年）

10. 石锅拌饭是流行整个东亚的美食，它来源于哪个国家？（韩国）

10. 肯德基的创始人是什么军衔？（上校）

12. 歇后语“黄鼠狼给鸡拜年”的下一句是什么？（没安好心）

13. 歇后语“十五个吊桶打水”的下一句是什么？（七上八下）

14. 世界上现存最大的两栖动物，因叫声很像幼儿哭声，又叫什么鱼？（娃娃鱼）

15. 在灯光下用兽皮刻制的人物剪影表演故事的民间戏剧形式叫什么？（皮影戏）

16. 麻婆豆腐是我国哪个菜系的传统名菜？（川菜）

17. 我国家庭电路的电压统一使用为多少伏？（220伏）

18. 著名卡通形象米老鼠有几根手指？（4根）

19. 我国古代时传统婚礼的拜天地有三拜，一拜天地，二拜什么？（高堂）

20. 中国和朝鲜两国的界河叫作什么江？（鸭绿江）

21. “明月几时有，把酒问青天”出自宋朝哪位词人之手？（苏轼）

22. 《三国演义》中蜀国的五虎大将里被称为常胜将军的是谁？（赵子龙）

23. 汉字中只有一笔的字有几个？（3个）

24. 在我国，卫星发射的最佳时间是什么时候？（19点～21点）

25. 仙人掌是依靠什么进行光合作用的？（叶）

26. 人体具有解毒作用的内脏是什么？（肝脏）

27. 长枪与短枪哪个射出去的子弹打得远？（长枪）

28. 发生“日食”是由于什么挡在了什么与什么之间？（月亮挡在地球

与太阳之间）

29．演员佟丽娅在哪部电视剧中饰演了“沈冰”一角？（《北京爱情故事》）

30．中国面积最大的省份是哪一个？（新疆）

31．人类最早使用的工具，是什么材料的？（石头）

32．鱼有耳朵吗？（有）

33．“知天命”代指什么年纪？（50岁）

34．“1光年”是时间单位还是距离单位？（距离，约94605亿千米）

35．边缘比中央厚的透镜叫什么透镜？（凹透镜）

张驰芊：六年前，我们告别了幼年的无知，好奇地走进这座美丽而陌生的校园。

张誉：六年后，我们已变得自信与成熟，带着对未来的憧憬和梦想。

张驰芊：让我们永远记住这句话。

齐：梦用脑想，更用脚走，唯有脚踏实地，才能梦想成真！

“自主班会”向我们展现了六（4）班学生多才多艺，语言富于哲理情趣的另一个侧面。“自主班会”是一个综合性的活动，至少要有三种能力：策划组织能力、写作创编能力和才艺表演能力。由于汪老师的“放养”，学生的组织策划能力和写作创编能力得到了锻炼。至于才艺表演能力，则得益于汪老师把班上所有的学生推荐到了学校二十几个学生社团，使他们的兴趣、爱好和特长得到了发展。

类似的活动还有“学生讲坛”、“读书分享”、“一战到底”等，也各有特色，我们一并称之为“表现力教育课程”。

表现力是六（4）班学生的又一个“群体特征”，这种群体特征的培养目标是什么？是如何分阶段实施的？与上述语文活动有什么关联？与语文课堂教学又有什么关系？这是我们解读汪亭老师伙伴课堂改革经验需要回答的问题。通过反复阅读访谈资料和实物材料，并与汪亭老师通过多次访谈，最终梳理出一个学生表现力阶段培养目标与活动的框架，如下表3-2-1所示：

表 2-2-1　年段培养目标及课程表

年段	培养目标	课程
低年段	培养学生正确、流利朗读，大声、自信说话。	读故事 讲故事 晒书会
中年段	在低年级的基础上，培养学生说话抓住要点，把话说简洁、有层次，适当注意说话时的仪表。	读书分享 新闻播报 读书小报 学生讲堂 学生社团
高年段	在中低年级的基础上，培养学生说话的理趣（哲理、情趣）、文采、创新思维与优雅的仪表。	日志分享 张嘴就来 自主班会 学生社团

汪老师反复强调，相对于上一届学生来说，在这一届学生的教育教学中，她做的是“减法”，这种减法既有数量上的减少——只保留了她在上一届学生教育活动中最基本的习惯养成教育活动以及读书活动，又有项目上“整合”，把德育活动的晨会、班会、节日庆典、社团活动等，整合为培养学生表现力的语文活动课程，并与语文教学相沟通。因此，汪亭老师的语文教学观是以学生表现力培养为中心的大语文教学观。表现力的形成，得法于语文教学，得力于语文活动，增益于课堂，推动了语文及其他学科教学的改革，使课堂别样精彩。在这个意义上，汪老师的语文教学，确切地说应该是语文教育——基于表现力培养的语文教育。

三、价值引领

（一）汪老师语录

笔者（李红路）在访谈六（4）班的学生时，发现学生经常用富有哲理性的语言来表达一些观点，并且都会冠以“我们汪老师说”。

汪老师对孩子们说了些什么？为什么汪老师的话能够像种子一样种在孩子们的心田里，在他们的学习和生活中扎根，成为他们做人、做事的准则？

汪老师在不同的时期，对我们有不同的要求，讲了很多这样的话。例如，在班上流传某同学喜欢某同学时，汪老师说“流言止于智者”，这些无聊的传话就停了；在合作组中出现矛盾，组员相互扯皮的时候，汪老师说“相互补台，好戏连台；相互拆台，都要垮台”。听了汪老师的话，大家就相互宽容了。这些话琢磨起来很有道理，又很好懂，所以我们都记得住。

——摘自《2014-04-18学生访谈实录》

我请一个名叫刘贝莉的女生负责，让她组织班上的同学以“接力”的方式写下汪老师说过的给你印象最深的一句话，称为“汪老师语录”。“汪老师语录”共18句，从励志、处世、做事三个方面对学生的学习和生活给予价值引领，成为六（4）班约定俗成的价值观念与不约而同的行为方式。

励志

1. 人要给自己机会，才能成功。

2. 你若美丽，蝴蝶自来；你若精彩，天自安排。

3. 梦用脑想，更用脚走。唯有脚踏实地地行动，才能梦想成真。

4. 困难是弹簧，你弱它就强。

5. 你们是珍珠，老师是线，线将珍珠串连起来，但真正闪亮夺目的是珍珠，而不是线。

处世

6. 流言止于智者。

7. 你若犯错，失望的是老师，对不起的是自己。

8. 好习惯是穿在人身上最漂亮的一件衣服。

9. 好习惯是一个可怕的实力。

10. 在学校，我就是你们的父母。

11. 不要当压死骆驼的最后一根稻草！

12. 退一步，海阔天空。

13. 只有自觉，才有自由！

做事

14. 有一种成功叫速度！

15. 学习是你自己的事。

16. 细节决定成败。

17. 浪费时间等于谋财害命！

18. 弯腰捡垃圾！

（二）汪老师语录解读

“汪老师语录”为什么能被学生耳熟能详并普遍遵从？汪亭老师又是在什么情境下说了这些话，从而拨动了孩子们的心弦，被孩子们遵从与铭记？

在汪老师的配合下，我们让孩子们撰写“汪老师语录”背后的故事，从这些故事中，我们可以解读语录的“言说者”与“聆听者”之间情与理的交融。

●人要给自己机会，才能成功！

这是汪老师在楚才作文比赛前对我说的，可是我还是没有去参加。后来评选区“三好学生”时，我想起了汪老师的那句话，加上有同学鼓励我去参加，我才鼓起勇气，六年来第一次参评。让人没有想到的是，我竟然评上了！从这句话，我深刻地感受到：只有给自己机会的人才会有机会成功，不给自己机会的人永远不会成功！

——陈星睿

●你若美丽，蝴蝶自来；你若精彩，天自安排。

评选区“三好学生”的时候，汪老师说过一句话：“你若美丽，蝴蝶自来；你若精彩，天自安排。”是金子总会发光，是钻石总会闪耀，是千里马总会有伯乐欣赏。或许你并不是最优秀的，或许你的成绩并不是最好的，但同学们的眼睛是雪亮的，你的一言一行都被他们看在眼里，你若有感染身边同学的人格魅力，评比的时候难道不能当选吗？如果没选上，也不要丧气，要相信，你若优秀，总有一天好运会眷顾你。

——许霖乐

●为者常成，行者常至！

一次上课时，我听到了老师说“为者常成，行者常至”。只有去做才能成功，不做就永远成功不了，走路不一定能到达目的地，但不走就绝对到不了。这时我也懂了，只有努力地去学才会成功！所以我也要努力了，好好学习，考上一个好初中，加油！向美好的未来展翅飞翔！

——徐梓豪

●梦用脑想，更用脚走，唯有脚踏实地地行动，才能梦想成真。

这句话是开学典礼汪老师给我们说的一句关于“梦想”的话，这句话给了我冲向梦想的源源不断的动力，也让我明白了梦想是用汗水和努力来实现的。

——王浩然

在每一次竞选时，我都会想起“梦用脑想，更用脚走，唯有脚踏实地地行动，才能梦想成真”这句话，我的成绩在班上不是很突出，但是每一次的竞选都会有我的身影，因为我要有脚踏实地的行动。

——田婉茹

这句话是汪老师在开学典礼上说的，汪老师告诉我们要努力付出。这句话说出了我的心声，我特别想追梦，可是从没有行动过。我要将梦想付诸行动，追上自己的梦，使梦想变成现实。

——胡嘉明

●什么时间做什么事。在学习之余还能发展兴趣特长，那是锦上添花；反之，学习任务没完成，就先玩，那是本末倒置。

这是一节自习课，汪老师又出现在窗口，正在看闲书的我听见了这句话，于是赶紧将闲书放进抽屉，拿出语文书复习。我经常在还没有学习的时候，去学习英文歌。妈妈总说我该去学习，但我说：“都是学知识，为什么非要去学语文、数学？”经汪老师这样一说，我经过反思，做了计划表，按计划执行每天的任务。

——曾琳晰

●困难是弹簧，你弱它就强。

这句话是汪老师在和我们谈梦想的时候说出来的。当我听到这句话时为之一振，并把这句话变成了我的QQ签名。把困难比作弹簧，多么恰当啊！你强大就可以把它压倒，你弱小就会被它弹飞！

——陈泽奥

●你们是珍珠，老师是线，线将珍珠串连起来成为项链，但真正闪亮夺目的是珍珠，而不是线。

一次公开课结束后，汪老师给予我们一些评价，转述学校领导和专家们的话，每个人都很优秀，每个人都深深印在她脑海里。汪老师调侃道：“别把我给忘了呀，我还要在课堂上说话的呢。”她即兴感慨道：“你们是珍珠，而我只是线，负责把你们串连起来，但最后，闪亮夺目的是珍珠而不是线。”

——王雅萱

●流言止于智者

曾经，只要有一点风言风语，就会传得沸沸扬扬。我也不例外。流言的威力很猛，它甚至能改变事情的原貌。直到那次许霖乐在QQ空间中发了一篇帖子，我也参与了评论。可这篇帖子具有很大的负面影响，文章中的当事人也觉得很委屈。中午，汪老师将我们三位同学叫到一起，教导我们身为班委要以身作则。传播流言是很不好的！流言止于智者！是啊！我们都不小了，已经拥有自己的思辨能力，我们都是智者啊！可像我们现在这样，传播着负面消息，岂不是自毁形象，变成了“愚者”吗？

——刘贝莉

在汪老师说过的话中，我最喜欢的一句还是“流言止于智者”。当时班级中总是流传着许许多多的流言蜚语，我也时常传播着这种谣言。“你知道吗？×××是个花心大萝卜，他……”我开始向一同学说一些造谣的话了。我明白这是造谣，但就是喜欢这样说着好玩。但这次谣造得太大了，许××把这件事发到了QQ空间上，使那位同学在班上被人指指点点，让这位同学很不高兴。当这件事被同学们传得沸沸扬扬时，老师也知道了，把发帖的许××叫去问话，自然也找到了我。听着老师对我的训导，其中这句“流言止于智者”深入我心田，有空暇时间去传这些不切实际的语言，不如脚踏实地地努力学习。

——刘潇

那段时间，男女同学之间交往就会被视为“天生一对”。什么“丈夫”、“老婆”在班上疯传，甚至出了“八卦小分队”。汪老师知道了说了一句话：“流言止于智者。流言蜚语到聪明人那就停止了，而在傻子那则疯传。”从此班上“八卦事件”越来越少。

——杨万哲熙

我一听到别人说什么无聊的话时，我都会告诉好朋友。后来汪老师告诉我们“流言止于智者”，当我再次听到“流言”时，就会想起那句话。

——田婉茹

●你若犯错，失望的是老师，对不起的是你自己。

有一次我语文作业没写，很害怕地走到汪老师面前说了声对不起，汪老师并没有生气，而是失望地对我说了那句话。

——郭雯静

●好习惯是穿在人身上最漂亮的一件衣服。

这句话是汪老师在一年级说的，老师说：“人身上有一件会隐形的衣服，这件衣服的名字叫好习惯。好习惯是穿在人身上最美丽的衣服。”这句话还印在好习惯金牌的反面，大家都想拥有它。

——简纯爱

一年级，我踏入这个班级时，汪老师这样说，坏习惯很快就可以养成，但好习惯却需要花成倍的时间来保持。所以，她希望我们可以拥有这件漂亮的“衣裳”。

——张誉

●望你能赚到“三百万”。“一百万”是大声说话，“一百万”是自信大方说话，“一百万”是选择说话的内容，让人爱听你说话。

以前，我们不管是上课回答问题，还是参加活动，说话都像蚊子一样嗡嗡，汪老师说这句话的目的是鼓励我们大声说话。

——杨政

在我们开展“新闻主播”活动的时候，汪老师对我们说了这句话。每当我们上台演讲时，都要用这个标准去严格要求自己，这让我们受益匪浅。长大以后，去公司应聘，老板一定会选那些能说的人，这样300万你就拿到手了。

——陈千黛

●坏习惯是一个可怕的势力！

养成坏习惯是很容易的，但是改掉坏习惯是很难的一件事。坏习惯真是一个可怕的势力。我曾经也这么想，因为我每次上课想发言时，又不敢说，怕说错了同学会笑我，所以我每次举了手又胆怯地放下了。有一次，我被老师点起来后，本来组织好的语言瞬间“破碎”了，“嗯，啊，这个，这个是……”我结结巴巴，不知说了些什么。老师见后，又点了另一个同学，他说得十分流利，就像永不停歇的水流一样，我很佩服。我想了想：我说话又结巴又小声，这不就是一个坏习惯吗？我曾想改掉，但是我却觉得好难。我突然想到了这一句话：“养成坏习惯很容易，但是想改掉坏习惯却很难，养成一个好习惯更难！”

——付冰滨

●在学校，我就是你们的父母。

同学未经老师同意，偷偷溜出校门。汪老师十分担心，在对我们训导时说出了这句话。于是，这句话烙在了我的脑海里。

——傅玥瑶

●不要当压死骆驼的最后一根稻草！

以前，因为我们组吕盛总是被扣很多分，所以，我们常常把自己不满的情绪发泄在他的身上。直到有一天，吕盛受不了，把这件事情告诉了汪老师。老师知道后十分生气，把我们5个人叫到了办公室，训导了一番：“一只骆驼已经不堪重负了，这个时候只要在它身上放一根稻草，就会压死它！现在吕盛同学的情绪发展已经到了临界点，再增加任何一点点的压力就会让他崩溃！你们难道还想当压死骆驼的最后一根稻草么？”听了汪老师的话，我们突然明白，如果我们再把责任推到吕盛同学身上的话，那么最后一根稻草很有可能就是我们……最后我们终于团结了起来，虽然没得第一，但我们很快乐，领悟到了合作的真谛！这句话会让我受益终生……

——肖瑶

●退一步，海阔天空！

班上起冲突时，汪老师就会告诉我们这句话。我和同学争吵时，就会想起这句话：“退一步，海阔天空。”

——田婉茹

●只有自觉，才有自由！

这句话一直在我耳畔回响。记得二年级的那个冬天，午睡起来，天空中下起了雪。于是，我便和几个同学在楼下忘乎所以地玩起了雪，结果却耽误了午写。下午，汪老师在班上对全班同学讲了这句话，这句话至今时刻鞭策着我。

——胡嘉怡

●有一种成功叫速度！

“有一种成功叫速度！”在做作业时，汪老师总会说这句话，我把它牢记在心里。每一次参加考试，我都会想起这句话，考试时，我都会尽量写快，尽量写好；做作业时，我也会在写好字的前提下，加快速度。因为，有一种成功叫速度！

——黄骏泽

每次在做作业之前，汪老师都会这么说。这句话让我十分受用。有一次，我做作业非常慢，快下课才给老师改，老师就对我说了这句话，我很不以为然，结果，在考试时，我基础做得很慢，作文没写完，草草结了个尾就上交了。后来，我开始重视速度。考试时，动作很快，作文少扣了许多分。这句话竟有这么大的魔力，从此我记住了这句话。

——李润阳

每一次老师让我们做作业，在写之前都要说：“有一种成功叫速度。”三年级时，我写作业的速度很慢，看着别人都把作业交给老师，而我才做完第一题。每次听到老师说这句话，慢慢地，我的速度也越来越快，效率也越来越高。

——龙昱承

那一次的语文作文考试中，汪老师要求我们在半小时内完成一篇习作，我们急得满头大汗，手写得都快要抽筋了，有的同学还急得哭了，汪老师就鼓励我们说：“有一种成功叫速度！”于是，这句话一直记在我的心中，时刻鼓励着我！

——杨博云

六年级上学期接近期末考试只有44天了，汪老师上课时经常说：“有种成功叫速度。”记得当时，考试很多，有些同学做卷子时速度十分慢，考试时间快结束了才做一半。做卷子没有速度就做不完，做不完分数就低，情绪也低落了，下次考试速度就更慢，形成了一个恶性循环。做任何事，都要有速度观，不然任何事情都做不好。

——宗弘睿

汪老师经常说：“有一种成功叫速度。”我觉得这句话真好。举个例子，在考试中，卷子做得快的已经做完了，检查了N遍，而那些动作慢的还没做完，只能干着急。我也有亲身的体验。有一次在家里做作业，第一天做晚了，第二天就起晚了，结果一上午头都是晕的。所以我觉得这话讲得真够精辟！

——张博城

●学习是你自己的事！

汪老师在期末复习时，布置的都是自主复习的作业。有些同学就随意写几句交给老师，骗了老师，骗了家长，也骗了自己。于是，汪老师就说了这样一句话。

——徐钲岂

●浪费时间等于谋财害命！

这句话是汪老师看我们在写练笔的时候讲话，浪费时间，对我们说的一句话。这句话让我明白了，要珍惜我们生命里的每一刻，不要把时间浪费在没有用的事上。

——王浩然

每次当我们在自习课上或午间讲话时，汪老师总会用这句话来教育我们。有一次自习课上，全班闹哄哄的。汪老师发现后，马上走进教室，第一句话就是“浪费时间等于谋财害命”。现在，每当我无缘无故浪费时间时，总会想起这句话。

——张卓然

●细节决定成败！

这句话是汪老师在批评一些粗心的同学时，对我们全班说的。我当时就觉得奇怪，细节怎么能决定成败呢？在周六的培优班上，老师突然发了一张语文试卷给我们做，我注意了每个细节，结果竟让我出乎意料——考了全班的第五名。从此以后，我把这句话作为我的座右铭，它让我知道了细节可以决定成败，细节可以改变我们的成绩，细节可以改变我们的习惯，细节可以让我们收获成功，收获快乐，收获表扬……

——黄安琪

班里的垃圾越来越多，垃圾桶都塞满了，有时同学不注意，就往地上扔垃圾，一次汪老师看见了，对我们说："你们知道垃圾有多脏吗？放在教室里到处传播细菌，万一生病了怎么办？"我们知道汪老师是为了我们好才这样说的。所以，每次上课，汪老师都会说："弯腰捡垃圾！"我们也都会认真地把地上的垃圾捡起来。

——黄科浩

教育是价值引领下学生的自主建构。价值引领的有效性在于满足学生精神发展需求，以及解决学生当下意识形态和行为方式中的问题，其要义在于焕发、启迪与指引，而绝不是灌输、强制与压迫。正如雅斯贝尔斯所说的，"是一棵树摇动另一棵树，一朵云拥抱另一朵云，一个灵魂唤醒另一个灵魂"。

"汪老师语录"是简约的、朴素的，也是隽永的，虽然并不是每句话都出自汪老师的原创，但她却能以一个教师的敏感性，针对学生的心里的困惑、观念的歧误和精神发展的需求，适时地把每句话"播种"到了孩子们心灵深处，为他们点亮了一盏盏"心灯"，使他们在当下及未来的人生的旅途上，有一个个坐标可以参照。

第三部分

汪亭的学习小组建设

学习小组是班级授课制下的基本的学习组织。小组成员有共同的愿景和价值取向、共同的规范和角色分工，所以学习小组也被称为“小组学习共同体”。作为学习共同体的学习小组，是现代课堂的“基因”。其一，它改变了课堂的空间结构，变背面而坐为对面而坐；其二，它改变了学生的参与方式，变个体参与为小组参与，保证了学习活动的连续性和完整性；其三，改变了课堂的互动结构，变师—生单向互动为师—生、生—生的多维互动；其四，改变了课堂学习文化，变单干、竞争学习为合作学习。学习小组的出现带来课堂教学的系列变革，它的诞生是课堂教学的一场深刻的革命，其重要性如班级授课制诞生一样。没有班级授课，就没有现代学校；没有学习小组，就没有现代课堂。

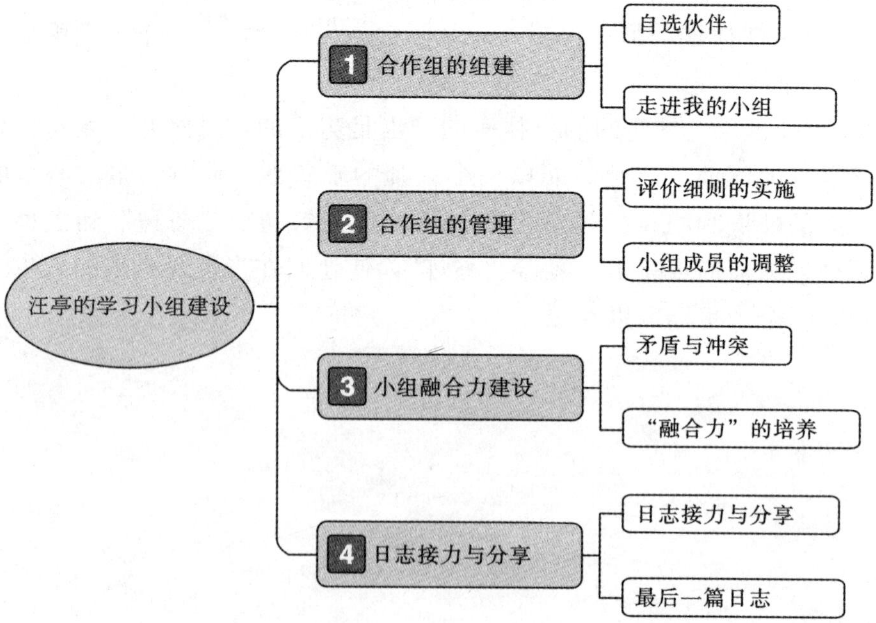

2012年9月，学校正式启动“伙伴课堂”实验，汪亭老师的五（4）班成为“伙伴课堂”研究的实验班级。

对于伙伴课堂，一开始我还是有点抵触的，因为要求学生座位由“秧田”变“围坐”，这就得重新摆桌椅、教规矩；除此之外，值日表、清洁表、考评表等都要跟着变，涉及的班主任工作很细碎、很复杂，我不想增加麻烦。但学校规定，实验班必须先动起来。不得不动了，我才动。我先以为很简单，在教室里拉来摆去，位置差不多就行，但人多教室小，拉了一节课的桌椅，还是搞不定，赶紧向数学老师“求救”。数学老师“灵光”，这里四张，那里再加一张侧着排，终于把孩子们都安排进去了。

——摘自《汪亭老师2014-03-18访谈实录》

一、合作组的组建

（一）自选伙伴

伙伴课堂实验是从组建合作组开始的。汪亭老师组建合作组的标准与方法有她的独特之处：组长老师任命，伙伴自己挑选。

我首先选了11个学习成绩好，尤其是品行比较优秀的学生担任组长，让他们各自邀请1个好朋友加入小组，接着让他们在班上挑选组员，要求他们组建小组时兼顾到性别和好伙伴。小组组建完成了之后，我让他们自己设计组名、组牌、合作宣言，确定小组内的分工，然后开展“走进我的小组”宣讲活动，要求各人小组用一周的时间做准备，向全班介绍自己的合作组，小组5个人，人人都要发言。有了这个任务，小组内部就开始分工了，每个人都说一遍，再由写作能力强的同学把5个人说的话写下来，讨论每个人怎么说，按什么顺序说，最后小组内进行排练，忙得不亦乐乎。

——摘自《汪亭老师2014-03-16座谈实录》

（二）走进我的小组

围绕“走进我的小组”这一宣讲活动，11 个小组沸腾起来了。一周内，除了上课外，小组成员几乎把所有的时间都用到了活动准备中，起一个时尚而且寓意深刻的组名是头等大事，小组口号（汪老师称为“合作宣言”）要响亮，小组名片和组牌设计也要别具一格，更要根据小组成员的特点进行分工与演练。一周以后，11 个小组在“走进我的小组”主题活动中展示了自己的风采。

1 号合作组

组名：向日之星

组长：刘贝莉

组员：郭雯静　蔡骏洋　陈千黛　黄骏泽

口号：太阳是一个充满阳光、朝气的美好事物。在这个美好事物的引领下，我们向着阳光、快乐奔跑。

在“沐浴阳光，健康成长”的口号下，我们对自身的外表及身心做了全方位的洗礼，让自己愈来愈阳光向上！

“接受磨砺，自信自强！”在生活中，我们勇于接受困难与挫折，勇敢地去面对挑战，让自己在跌落、爬起的过程中成长。渐渐变得自信！让个人的力量越来越强大！

虽然，我们每一个人都不是完美的，但我们坚信：没有完美的个人，只有完美的团队！

我们互相帮助、团结友爱。在这个小小的合作组中我们渐渐融合，让这个小小的合作组慢慢变成一个大大的家庭！

让我们做一个“心智卓越的强者”！更做一个“心智卓越的 1 号组”！

2 号合作组

组名：阳光组合

组长：陈泽奥（小奥奥）

组员：胡嘉怡（呆呆女）　黄思晴（小不点）　王浩然（胖浩浩）　潘天乐（奥数男）

口号：品德高尚是成功之本。会做人，别人喜欢你，愿意和你合作，才容易成事。能真诚地欣赏他人的优点，对人诚实、正直、公正、和善与宽容，用自己真诚的行动去感化他人、帮助他人——这才是阳光的真谛。

3号合作组

组名：王者战队

组长：胡嘉明

组员：安炫怿　肖云骐　傅玥瑶　陈文浩

口号：胜利不属于王者战队，还会属于谁?!

由五人组成的最强战队，有一个“战神”领导，再加上四个“站神”一样的队友，我们每个人都充满信心，因为我们都是战神，我们是一个团队！让我们一起创造辉煌吧！

4号合作组

组名：终极四组

组长：徐钲岜

组员：李润阳　田婉茹　李佳欣　张博城

口号：终极四组，团结友爱，互帮互助，幸福遍人间。幸福至上，快乐永恒，勇往直前，我做主！快乐满天下，快乐唯我独尊！快乐满屋，快乐充实！Go！Go！加油，书香满屋，走我们自己的路让别人说去吧！阳光之星，共同进步！

5号合作组

组名：银河之星

组长：江琳艺

组员：简纯爱　高远志　李佳俊　朱子灵

口号：让我们的梦想，飘在太空中！

晴朗的夜空下，当我们抬头仰望天空，我们不仅能看到无数闪闪发光的星星，还能看到一条淡淡的纱巾似的光带跨越整个天空，好像天空中的一条大河，那就是银河。

6 号合作组

组名：Highly Precarious

组长：许霖乐

组员：杨政　方桢　何弘基　刘潇

寓意：让快乐、欢笑、希望陪伴着我们6号组充实地度过剩下的美好时光。

7 号合作组

组名：Thinker（思想者）

组长：张誉

组员：陈星睿　王骏飞　范晨宇

寓意：让完美与梦想同行！

Thinker是思想家的意思。

我们希望做有思想的人。

同时，我们组也希望能够实现梦想，做有思想、“完美”的人！每个组都有一两块“短板”，我们组也不例外，但是，我们要帮助他，使他成为“进步之星”。

8 号合作组

组名：Dream Fly（梦想飞翔）

组长：王雅萱

组员：宗弘睿　曾琳晰　陈笃一　余林峰

口号：我们组人才丰富，百花齐放：科学上的天才——陈笃一，音乐里的金丝雀——曾琳晰，小组中的拯救大使——宗弘睿，还有我，能够带领各个“奇葩”的组长——王雅萱。

9 号合作组

组名：Avengengers

组长：杨博云

组员：杨万哲熙　兰冰茹　张卓然　康子怡

寓意：由5个人组成的完美团队。When people act with one mind，they can work wonders（人心齐，泰山移）。只要心往一处想，劲往一处使，一定能达成目标。

10号合作组

组名：黑马组合

组长：张驰芊

组员：龙昱承　黄安琪　徐梓豪

寓意：我们组的每一个成员都属马。黑马，希望我们组能像奔驰的骏马一样，冲到第一名的宝座；组合，我们组的每一个组员都要团结一心，互相合作，做到知己知彼。

11号合作组

组名：群星组合

组长：王雅萱

组员：李乐文　付冰滨　吕盛　肖瑶　王涵

寓意：11号小组像天空中闪烁的星星一般，闪亮而夺目，永远争取第一，给别人留下深刻的印象。我们这些人都不弱，都有各自的优点，希望我们团结一心，因为我们是一个团队！没有完美的个人，只有完美的团队！我们努力为小组加分，争取荣誉，也许现在我们并没有像2号小组和9号小组那样优秀，但我们相信总有一天会超越他们，因为我们在一天天地进步……

通过开展“走进我的小组”主题活动，小组的基本建制搭建起来了。活动的准备过程增强了小组的凝聚力，锻炼了小组组长的领导力以及小组成员的分工与合作意识。而浓墨重彩的宣讲仪式，增加了每个小组成员之间的互相信赖和荣誉感。

以前下课，总是去找平时要好的同学一起玩，有了秘密和好东西，例如电玩、书啊都跟他们分享。自从有了合作组以后，主要跟小组同学分享这些东西，因为我们宣过誓，要“有福同享、有难同当”，当然也跟以前的好朋友分享。在家里受了家长的气，就想着快点上学，到小组中跟小组同学诉苦，得到他们的帮助，至少我不觉得丢面子，还可以得到他们好言安慰，甚至给我支招怎么应对家长的“无理要求”。

——摘自《2014-08-23 学生访谈实录》

合作组的建立改变了学生班级生活的方式。“合作组”成为课堂学习和班级管理的“基本单位”，让教与学的方式在不知不觉中发生着变化，情谊如同藤蔓一样生长，慢慢把触须伸向每个小组成员的心灵，成为维系他们学习与生活的纽带。

二、合作组的管理

（一）评价细则的实施

合作组的运行也并非一帆风顺，其间也出现过不少的问题。在合作小组组建初期，实施小组自主管理制度，制订《小组评价细则》，开展小组内的管理与评价活动。《小组评价细则》包括“上课表现”、“眼保健操”和“小组日志”、“早读纪律”、“个人职责”五个项目，如表 3-2-1 所示。

表 3-2-1 评价项目与评价标准表

评价项目	评价标准
主科笑脸、哭脸分	本项由老师评定 1. 表扬的画☺，加 10 分。2. 批评画☹，不加不减。 3. 既不“表扬”也不“批评”的画😐，加 5 分。 4. 有人听课，个人发言加 2 分。
副科加减分	本项由助教汇报 1. 表扬加 2 分；特别表扬加 5～10 分。 2. 批评扣 2 分；特别批评扣 5 分。
小组日志评价积极	本项由记录员记录 1. 发言加 1 分。 2. 发言精彩加分。

续表

评价项目	评价标准
眼保健操	本项由记录员记录、管理员管理 1. 提醒3次扣分，普通批评扣3分。 2. 再提醒一次扣分，严重批评扣5分。 3. 再提醒两次扣分，严重批评扣10分。
早读纪律	本项由早读负责员评定 同“眼保健操”扣分标准。
个人职责	本项由记录员记录 包括“当家”、“擦黑板”等，忘记一次扣2分。
说明：两周考评一次，根据小组总分排名，优胜的小组优先选择座位。	

在运用《小组评价细则》进行评价的过程中，由于小组的总分排序决定着座位优先选择权，有些小组为了得高分而出现弄虚作假，甚至以权谋私的现象。

有这么一件事，以前我们组长为了得高分，在给小组同学记分的时候故意加分，如某某同学明明副科得表扬只加2分，组长却说是特别表扬，加10分，其实就是回答问题正确，普通表扬；还有，组长告诉组员，给别的小组多记扣分，这样就能保证自己小组排名靠前。我觉得这样做不好，心里总觉得有鬼似的，就告诉了汪老师，把这件事情给戳穿了。我们小组取名“向日之星”，我希望组员都积极向上，像向日葵一样面对阳光，不是为了分数而分数。这个情况其他组也有，小组之间因为这样的事变得关系非常紧张，一些原来的好朋友之间也不讲话了。

汪老师把我举报的情况在班上讲了，表扬了我的诚实行为，还给我们小组加了特别诚信分。汪老师告诉大家，小组评价一定要诚信，诚信是做人的最基本素质，如果说谎话，就会被人轻视、看不起。汪老师告诉我们，有类似的情况可以写在小组日志上，也可以直接找她举报，小组日志可以反映小组的好人好事，也可以反映不良现象，这也是小组得分的一个类别（项目）。以后小组考评再没有出现这种事。

——摘自《2014-03-23学生访谈实录》

通过诚信教育，建立“日志举报”的监督机制，解决了小组评价中因为消极竞争而产生的弄虚作假、关系紧张等问题，使小组管理与评价正常运作。

（二）小组成员的调整

在访谈中，我们了解到六（4）班的合作组每学期要作1～2次微调。为什么要调整？又是怎么调整的？

每个学期，我要从两个方面对合作组进行微调一到两次。一是组长的调整，有三种情况。其一，是正常的调整。一些组长在一个小组的时间长了，换一个小组当组长，有利于提高工作能力。其二，有些组长身兼数职，是大队委，又是学习委员，还担任班上的其他工作，实在忙不过来，跟其谈话经本人同意后，免去组长职务，另在小组选拔优秀学生当组长，或从其他组调小组长过来。进行这类的任免，我总要在小组开一个会，向小组说明原因，请大家先把掌声送给前任组长，感谢他为小组所做的贡献，并支持新任组长的工作。再把掌声送给新任组长，希望他团结小组成员，把这个小组带得更好。这样，新旧组长之间、小组同学之间相处就融洽了。其三，有些小组长能力比较弱，所带的小组在一段时间的考评中呈现出弱势。遇到这种情况，我就会把这个小组的组长调到比较强的小组当组员，让他跟能力强的小组长学习一段时间，再调回原来的小组当组长。例如黄安琪以前就曾到“黑马”小组（第10合作组）跟张驰芊学习怎么开展小组管理，后来张驰芊调到第4合作组后，黄安琪就在第10合作组当组长，当得很好。二是对小组成员作一些调整，也有三种情况。第一种情况，小组成员之间有性格实在不相融，容易产生冲突的，要进行调整。第二种情况，小组中两个人之间爱讲话，经小组警告和老师批评不改的，要强行拆开。第三种情况，某个小组在一段时间中考评出现弱势时，除了调整组长外，小组成员也要调整。

——摘自《汪亭老师2014-04-30访谈实录》

从汪老师的叙述中，我们不难发现，对合作小组适时地调整，使小组之间保持着动态平衡，促进小组之间的良性互动。一方面，新的小组环境，有利于培养小组长适应不同环境的工作能力；另一方面，尽量减少小组在评价之中所暴露出来的差距，使小组成员始终保持蓬勃向上的氛围，也使小组之间保持你追我赶的良性竞争。在访谈中，汪老师再三强调，小组的调整，无论是调整小组长，还是调整组员，都要体现公正公平，使大家感觉到有安全感。

在老师看来，学习小组的调整不算是什么大事，但学生对此的反应却是强烈的、感受是深刻的。

在五年级的一个星期五，汪老师突然要我们五（4）班变成合作组。我很荣幸地被汪老师选任为 7 号组的组长，我的成员有肖瑶、陈笃一、肖云骐。

我们安全的过了几天，但是老师的一个决定打破了我们 7 号组的“宁静”，这个决定让我目瞪口呆——汪老师让肖云骐跟 6 号组的徐梓豪互换。徐梓豪是什么人物呀？在我们班，他和范晨宇两人在“第一”的宝座不分上下，互相争夺着“第一”的宝座，这样的话，我们组不就会……

我们的名次从前面变成了后面，我也绞尽脑汁想办法怎样能让我们组的名次到前面去。可是就在我稍微将名次提高的时候，汪老师的微调，将这个 7 号组彻彻底底地变成“第一”。她将运动健将陈星睿调到了我们组，从此以后，我的组员就变成了：肖瑶、陈星睿、徐梓豪。

我因不能较好地带动组员，让这个组不能融合到一块，（汪老师）将我这个不称职的组长换了下来。

随后，我被老师调到了优秀的 10 号组，传说的 10 号组在张驰芊的带领下，就连与徐梓豪一起竞争的范晨宇都可以跟着张驰芊去努力，10 号组的名次都是前几名，我非常开心来到了 10 号组，忘掉了被撤销组长的伤心。

真是一个带有魔力的组合呀，都可以让我忘掉自己的伤心。我同张驰芊、范晨宇、龙昱承一起向第一名冲刺，我终于知道了得第一名的荣耀感和兴奋感，从此以后，我更加努力，不为小组扣分，争取为小组得分！

在六年级上学期，一开学，汪老师又对合作组进行了大调换。我们 10 组的组长张驰芊被调到 4 组当组长，黄科浩从 11 组调到我们 10 组。汪老师让我担任 10 组组长，10 组的成员分别有：龙昱承、张博城、范晨宇、黄科浩……整个组，都在变化，我心里悬着的石头也终于落地了。

——摘自黄安琪《我和我的小组的故事》

生D：我以前在第1组，已经融合得非常好了，开学时换组，本来认为是别的组换，没有想到（老师）第一个点我，我感觉有点舍不得，感觉就像家人一样，兄弟姐妹一样，不想分开的那种感觉。

生R：我们组也换过，而且是三个同学全部都换了，三个都是很好的同学，就我和组长在，然后又换了新的一批同学，换小组时我们组长也哭了的。

生L：我们组的同学都十分随性，在这里面简直像在一个"小家庭"一样，甚至有时候我会认为，他们是我的兄弟姐妹；有时候，我看着他们打打闹闹，真的十分开心；有时候，看着我们相互补台的样子，真的就像是对待自己的兄弟姐妹一样！

每个月，汪老师都要开始调控其他组的组员，每到这个时候，我的心总是"扑通扑通"的跳着，生怕我们组的组员被换出去，还好，一直都没有换我们组。我相信相聚即是缘分。

生H：汪老师有一句话叫作"相互补台，好戏连台"。大家在一个小组中相处长了，都尝到了合作的甜头，彼此之间产生了相互信任和依赖，一天中小组里要是有谁请假没有来上学，大家都会觉得像少了些什么。放假的时间稍长一点，我们就会想快点回到小组。上学期，汪老师要调我们小组，组长调走了，我们都哭了。小组中平时不起眼的F同学放声大哭，边哭边说："我哪里都不去，我死也是第10小组的人。"

——摘自六（4）班学生撰写的《我和我的小组的故事》

《我和我的小组的故事》是我们在本个案研究过程中给学生布置的家庭作业。54个故事，触角不一样，感受不一样，包含着小组成长过程中的酸甜苦辣。54个故事大都讲到了"小组微调"的故事，饱含着这些即将小学毕业的孩子们在这纯真年华才特有的伙伴之情、同学之谊，纯得天真无邪，浓得化解不开。夜深人静时读着他们的故事，让人陶醉其中。细细品味这些故事，则让人感受到"小组微调"在维持班级"生态平衡"功能之外的教育意蕴：适度的调整小组成员，可以让小组成员充分体验同学之情，从而在新的小组中会更好地与人相处与融合；可以通过改变环境创造机会，让曾经“跌倒”的学生重新来过，这样，他（她）会懂得珍惜机会，从而在新的环境中会更加努力。

三、小组融合力建设

（一）矛盾与冲突

小组中有自己要好的伙伴，上课一起学，下课一起玩，有事晚上还通电话相互照应。这种全新的学习与生活方式，引起学生极大的兴趣，让他们兴奋了好长一段时间，甚至有些同学有点“得意忘形”。

但毕竟还是要用《小组考评规则》来进行管理与评价，时间一长，问题开始暴露，由于小组评价采取的是个人表现与小组评价捆绑，那些成绩不好的同学不能为小组加分，纪律不好的同学由于违纪常常被扣分，使小组的部分排名受影响，失去了选择座位的优先权；组长或组员调动之后，受到新的小组学生的排斥……在这些情形之下，矛盾开始产生，冲突开始升级。

“你们到底说不说？”她愤怒地瞪着我们。

无人应答……

那天，老师要求每个小组介绍自己的小组，她要求我们几个人背她准备的台词。

可她话音刚落，H张口就说“不背”。虽然我语言上保持沉默，但心里却暗暗赞同着H，根本不愿听从她的命令。

说实话，她每次都会安排好我们要做的事、要说的话，根本没有我们自己发挥的空间，仿佛她是主角，而我们只是可有可无的配角。

所以，我坚决不背。

“这次按组号来说！”老师的这句话就像闪电击中了我。

只有她一个人知道如何介绍，而我们呢？

我们很不情愿地上台了。全程只有她一人侃侃而谈，而我们四人却站在旁边呆若木鸡，像一个个摆设。

这种无聊的小组合作我已经厌倦透了！

我讨厌合作！更讨厌她——组长：L

——摘自陈千黛同学《我和我的小组的故事》

五年级我们实行了小组合作。在实行初期，汪老师做了一些简单的调整，我怀着喜悦的心情来到了3号组。

我在心里高兴地说，哈哈，我来了！可是迎接我的只有排斥、指责和同学的关系被挑拨。组里就像是有两派在互相争斗，做错了事就互相推诿，总是在小事上发生争吵。我懵了，这是什么，这不是我想要的3号组！结果我们组总是最后一名，在一次做清洁中，我们几个为了分工大吵了一架，之后汪老师只好介入调解。

——摘自肖云骐同学《我和我的小组的故事》

我一直在9号组。

记得刚成立小组时，我们组总有矛盾：

"张卓然！别拿我东西！"我一声怒吼。

"没有拿啊！"说完他晃了晃两只手，以证明他说的是真话，"你有病吧"。

我自然知道，他把东西藏在座位上了。当我走过去，他又把东西转交给别人——我们组的李乐文。

就这样，一个课间没了。

课上，他们也会这样闹。

还真是不得安宁呀！每天抢啊抢的！并且，我在某些课上，只要一回头，90%东西就会消失。

几天后，午间又成了舌战场。

"你看……"他们兴致勃勃说着我和朋友李佳欣。因为我们人缘不佳，便成了取笑对象。

"哈哈哈！"张卓然一阵狂笑。

我则气愤得不得了，举着"爪子"准备开动。"山椒凤爪"李乐文指着我的爪子说。

"哈哈哈……哈哈哈"！周围的人都笑了。

“9 号组！扣一分！”管理员听到笑声，立马为我们组扣分。

“黄思晴！”

她们用异样的目光看着我，意思是：我为组扣分了！

到头来，倒怪上我了！明明是他嘛！我不满地叫出了声。

有时，李佳欣过来时，他们会对我说什么她的坏话，并叫我和她绝交什么的！

我和她玩，惹谁了？

所以，每天多半是不开心的。有时候，甚至会哭。

——摘自黄思晴同学《我和我的小组的故事》

（二）“融合力”的培养

以上三个故事，向我们再现了合作组组建之初的情形。前文谈到汪亭老师之所以要对学习小结进行微调，这是一个重要的原因。面对合作组暴露出的种种“纠纷”，汪亭老师在班上进行了“融合力”教育。

又是一年新学期的开始，我在思考：这学期，班级工作如何开展？

中央电视台《开学第一课》、《美在你身边》中两个小故事，给我很大启示。

【故事一】于丹教授将社会比喻成一锅滚烫的沸水，任何东西投进去都会改变。比如说第一个锅里扔进去一个生鸡蛋，第二个锅里扔进去一根胡萝卜，第三个锅里扔进去一把干茶叶。她说：煮这三样东西你会看到三种结果：生鸡蛋在滚水里煮开了，煮老了，最后鸡蛋就会硬邦邦，从外到里都是硬的，这是被世界煎熬之后的一种人生状态。你会看到一批愤世嫉俗的人，怨天尤人，觉得整个世界都对不起他。你会觉得他的心不是柔软的、流动的。他已经没有梦想了，变得非常的僵硬，到处攻击人。这是第一种人。胡萝卜，原来是稚嫩、水灵的，但是在社会滚水里熬啊熬啊，最后软塌塌的没形了。这是第二种人，就是被生活改造了，他随遇而安，好好先生，谁说怎么着都行。一切都顺应外在，但迷失自己了。茶叶投入水里会是什么？你会看到每一片干的叶片都舒展开了，而那一锅水也变成了很甘美的甜茶水。

有的人像是鸡蛋，被社会煎熬的内心已变得坚硬；有的人像胡萝卜，被生活煮软了，失去自我，人云亦云；但有的人像是茶叶，获得真正有效的生命。

【故事二】2008年的北京，被誉为“黄金一代”的中国男子体操队勇夺男子体操团体冠军，当年的中国队拥有“全能王”杨威、“吊环王”陈一冰、“鞍马王”肖钦、双杠名将滕海滨、跳马名将李小鹏以及初出茅庐但单杠、自由体操实力不凡的邹凯。

四年后的伦敦，这时的中国队早已没有了当年的强大阵容，别了杨威，告了小鹏，失了肖钦，老了一冰。当年的“黄金一代”已不被人们所看好，连他们自己都戏称自己是“土豆一代”，但有哪个人甘愿做土豆？心中对胜利的渴望，那股霸气又怎会荡然无存？今天，在伦敦，一个离故土有七小时时差，几万余公里的异乡，他们证明了自己：中国，骄傲；中国人，自强！

夺得体操男团冠军的小伙子们流下了激动的泪水，赛后，队长陈一冰激动地说：“没有完美的个人，却有完美的团队！”

这两个故事深深触动了我和班级学生，利用班会，我们展开讨论，思考：这两个故事带给了我们什么启示？

同学们纷纷谈到，愿意在团队中做“茶叶”，舒展自我，芬芳他人；用“小我”去融合，用“大我”去成全。

还有同学表示，我们五（4）班的同学也应该相亲相爱，要像最近背诵的“志愿服务理念”那样，做到——学习雷锋，奉献他人，提升自己，加强成员间的融合，共创优秀班集体。

我也将学校“学习型组织”中的相关理念渗透进去，告诉学生：“没有完美的个人，却有完美的团队！”“相互补台，好戏连台；相互拆台，都要垮台。”学生个个激情澎湃，看来“团队融合力”这个词，已触动每个人的心弦。

接下来的一个星期，我将全班分成五个团队（按学号划分，十个为一组），自己选出团长、副团长，填写表格。表格上有清洁职责、当家人、新闻播报、安全监督，每个团队自己定人。

表格发下去，大家在团长带领下，认真填表，分配任务。我也及时将名单打印张贴在班级“全员管理角”，于是全新的团队合作机制运行起来。

在管理中，我特别关注“考评”，实行“每日一小评，每周一大评”。每天早上，头天的团队成员集体亮相，从五方面（清洁、安全、擦黑板、当家人等）进行汇报，评分（每项20分），每周进行小结，总评，评选优秀团队。

实行“团队考评制”以来，我发现同学们的积极性越来越高，主动服务意识变强，相互补台的人变多，课间疯闹的现象变少，因为大家都有一个目标——不为团队抹黑。

看，黑板总是干干净净，同学们每天放学后，自觉用清水抹洗，整理笔槽，干净得可以照见人影。

瞧，地板总是干干净净，每周五同学们自带小桶、刷子，将地面刷得亮亮的，那久违的白灰色水磨石终于“得见天日”。

听，校广播响了，“获得第三周清洁卫生流动红旗的班级是……五（4）班……”同学们欢呼雀跃，拍手鼓掌。

“团队融合力”的最佳体现，表现在这次秋季运动会上，大家协作努力，共同配合，夺得年级团体总分第三名的好成绩！

——摘自汪亭老师教育随笔《加强团队“融合力”，共创优秀班集体——谈谈我的班级文化建设》

早在2005年，崇仁寄宿学校进行学习型组织建设时，倡导“一个目标、一条心、一股劲、一家人”的团队精神。这一理念深入人心，成为崇仁“团结协作的团队精神”的思想内核。汪亭老师生活在这种文化氛围中，濡染至深。她在这篇随笔中所说的“融合力”实际上就是这种团队意识，即文中所说的“没有完美的个人，只有完美的团队”、“相互补台，好戏连台”、“像茶叶一样舒展自我，芬芳他人”、“用‘小我’去融合，用‘大我’去成全”。六（4）班团队意识或融合力的形成，除了价值引领之外，更得力于超越合作组的“团队考评制”的实施，它打破了个人和小组的“小我”局限，消解了合作组间由于竞争所导致的狭隘的“团体意识”甚至“团伙意识”，帮助学生逐步树立起“大我”的团队意识。这种从“小团体”到

“大团队”考评方式的转换，使合作组健康发展。

汪老师利用一切可以进行教育的契机，包括“日志分享”、“自主班会”、“新闻播报”等活动培养团队的融合力，并注重从细节抓起。

每次“新闻播报”后，都有三位同学起来点评。一开始，大家都爱说：“××同学，我给你提个意见……”

我引导学生讨论：“怎样说话，同学才会接受？”

大家发现：同样的话语，表达方式不同，说话语气不同，给人感觉就不一样。到底是说“意见”好？还是“建议”好？通过查字典，同学们又发现：

意见：指对人对事不满意的想法。

建议：通常是指针对一个人或一件事的客观存在，提出自己的见解或意见，使其具备一定的改革和改良的条件，使其向着更加良好的、积极的方面去完善和发展。

当然是用“建议”好。接下来的发言，学生站起来，自然就会说：“××同学，我给你提个建议……”

别小看这一个词的改变，点评时，运用它，交流更真诚，虚心接受更容易，班级氛围更和谐。

同学们还将这种语言表达法，带进了课堂。数学公开课上，大家相互欣赏，用掌声，用评价语“××同学说得很好，我补充一点……”或是激烈地争辩“我不同意××的想法”“我反驳……”

我想，因为我关注到这些“小细节”，加强班级“团队融合力”的培养，所以，班级呈现和谐、快乐、阳光、向上的氛围。

在这里，每个学生都能找到属于自己的位置，每个学生都能愉快地和同学合作交流，每个学生都能在集体中收获成功与快乐！

学生中，每天都有人主动到一年级去打扫卫生，因为他们懂得“助人为快乐之本也”。隔壁班同学忘记值勤，我们班的值勤队主动补上，因为他们懂得“相互补台，好戏连台”。门前的迎春花，怎么也不吐芽，孩子们急呀，每天浇水，细心照料，因为他们知道“学校是我家，人人都爱它”。更有学生跑到教导处，向德育主任提出安全隐患，向全校学生发出倡议，对于学校的大小事，他们总是以主人翁的姿态去积极关注，充满活力！

一个班级营造的文化氛围对一个学生的成长很重要。我希望我的班级：给生活正能量，做像“茶叶”一样的人，让每个学生在快乐的集体中自由舒展、丰盈、滋养，同时给周围的环境好的感染和影响。

——摘自汪亭老师教育随笔《加强团队“融合力”，共创优秀班集体——谈谈我的班级文化建设》

班级与小组融合力的建设迅速地改变学生个体和小组的心智模式，使合作组迅速走出“合而不作”的瓶颈。

如李佳欣脾气有点古怪，曾经一段时间沉迷于“动漫”，上课的时候老在下面画“动漫”，多次挨副科老师批评，小组也被扣了很多分，男生都不理她，没有任何人喜欢她，不让她参加小组的任何活动，小组内的好多事情都不跟她分享。我到了这个组当组长，给小组取了“企业号”这个名称，用来寓意我们组能团结一心，组员慢慢同意了我的看法，开始慢慢融合起来。我们对李佳欣说，你的“动漫”画得好，能不能负责给小组日志画插图，为小组争分啊？上课就不要画了，好吗？从那天开始，李嘉欣上课再也没有画“动漫”，也融入了我们合作组里，成为合作组中的一员。

——摘自《张驰芊同学 2014-03-18 访谈实录》

在我刚刚进 6 号组时，我一点儿都不习惯这儿。因为 11 号组管得没有 6 号组严，所以我经常不听组长的话，并且还有很多分歧，比如不服管，不听话，给以前遥遥领先的 6 号组抹上了一道黑印，永远也擦不掉，第一名的 6 号组瞬间成了倒数第三的 6 号组。

那一周，组长十分伤心，虽然组长没有把心情“写”在脸上，但她的心一定在流泪。她苦笑着说：“算了，下周再努力吧！”

我看得出组长十分伤心，并且也为我们操尽了心，可是我们却一点都不理解。

…………

周一，我来到学校，进了班后，看到组长是第一个交数学作业的，组长可真自觉呀！而组员们却爱交不交。我催了蔡骏洋后，他仍不紧不慢地说：“等一下啊，这题怎么做呀，借我看一下。”眼看 8:15 就要到了，蔡骏洋不仅来得晚，有时还不交作业。我生气了，说："你待会儿自己交去！"说完转头就走。这证明我刚到这个组时，还不太融合，对自己的组员不宽容，有时还发小脾气。

科学课上，我们不停地讲话，笑得不亦乐乎，几乎忘记了还在上课，笔记也不写，上课也不听讲，组长看了，猛拍了一下桌子，对我、郭雯静、陈文皓和蔡骏洋一声"斥责"："你们讲够了没啊？不停地讲，烦不烦啊！听讲啊！又扣了一大堆的分！"

"哦"，我们刚答应，可过了一会却又讲起来了，还说："我没讲！是他在讲！"

下课后，组长分外生气地找到了我们："你们怎么回事呀？能不能不要扣分了？你不听讲可以，不讲话行吗？"

说着，组长回到座位，趴在座位上伤心地哭了起来，眼泪顺着脸颊滑落下来。

我们一个个都愣住了，望着组长那伤心失望的样子，都觉得自己做错了。

我们心都一紧，一阵心酸涌上心头——我们到底还会给组长带来多少伤害，我什么时候才能从一个天真的小孩长大，成为一个懂事的孩子，为组里分担一些事情。

我们什么时候才能学会合作呀？

——摘自付冰滨同学《我和我的小组的故事》

我是8号组的组长，组员们都亲切地叫我"擎天柱"。以前，8号组总是最后一名，经常留下来罚做清洁，其实我们组的每一个成员都很优秀，只不过是不会融合罢了。

身为组长，自己也要深刻反思。渐渐地，我发现了问题。过去，自己总是摆一副管理者的姿态去命令他们，总会有人不服气，甚至偏要反着来。后来我改变了对他们的态度，像朋友似的与他们交流。我发现每个人都有自己的特长，每位组员都是那样可爱。慢慢地，他们也不调皮了，我们都冲着一个方向去努力，做到了真正的融合。

8号组的每个人都是"传奇"。曾琳晰，我们班公认的"百灵鸟"，是音乐界上的一颗闪耀之星；宗弘睿，个子很小，知识却不少，"沉思者"这个名字安在他身上再合适不过了，乐于分享、勇于创新；陈笃一，科学界中的一朵“奇葩”，他似乎探索了每个科学奥秘，每次的科学作品有了他的参与，我们组绝对能得到科学老师的大力赞赏。

正是因为我们组内的融合，每个人又都有特长，所以课堂上，总能看到我们的身影。每个成员在交流讨论时都非常积极，贡献自己的知识财富，我们都争着说，抢着说，最后再由我这位“心灵的编织者”来合理安排，分配排练。我们总能在最短的时间里做出最精彩的演讲。

不管一个人多么有才能，但是集体常常比他更聪明更有力。人不能孤独地生活，他需要社会。我们的组员不能孤独地活着，他们需要8号组！

——摘自王雅萱同学《我和我的小组的故事》

以上三个故事的主人翁都是合作组的组长，在六（4）班融合力建设的大背景下，以不同的方式做着小组的融合工作。张驰芊，这个被誉为“一个可以用人格魅力感染一切同学的人、一个可以让任何小组一飞冲天的人、一个可以让所有同学都懂得团结合作的人”，用美国航空母舰“企业号”来命名小组，用“进取”、“奋进”的精神引领小组，用“乾坤大挪移”的方法帮助了沉迷于“动漫”的李佳欣同学，并把她的缺点转化为小组的优势；第二个故事中那个总是以身示范的组长，用她的真情和眼泪作为融合剂，赢得了小组成员的理解与配合；自称“心灵纺织者”，被组员称为“擎天柱”的王雅萱，能够发现组内四个“传奇”人物的特长，打造了“速度与激情”第8号组，为8号组的成长付出大量心血。

记得我们8号合作组刚刚成立，就得了最后一名，听记录员报出最后一名的组号时，我还没有意识到下一秒会发生什么，我们都看着组长，组长低着头，一言不发。下课了，我在教室附近寻找着组长的身影，终于在阳台边看到组长，跑到她身边，我发现她的眼圈红红的，一定是认为我们的努力全白费了。我很想对她说些什么，却什么也说不出来。她坐到座位上，看到组员们一个个垂头丧气，突然她站了起来，擦干了眼泪，对我们说：“我们不要放弃，我们一直在努力。”她坚定的眼神给了我们信心和力量。是她，让我们齐心协力，不要放弃。

我们组的组员开始慢慢有了变化。自从五个人变成四个人后，我们组也一直没有放弃过。当我第一次和8号组成员站起来发言时，我说得结结巴巴，没能让老师给8号组留下好印象，组长并没有责怪我，只是对我微微一笑，一直鼓励着我。我慢慢有了信心，也对我们组慢慢产生了喜爱。我很开心，每天能跟他们在一起。

我慢慢融合在8号组里，不断地寻找给小组加分的机会，也更加喜欢八号组。

我们共同进步，从来没有放弃过。是你——组长，一直带领着我们，像太阳花一样，在阳光的道路上远足。

或许，我一直记着，感谢你们，永远的8号组——速度与激情……

加油！我们一直努力，我们没有放弃过。爱你们，亲爱的8号组！爱你们，永远的8号组……

——摘自曾琳晰同学《我和我的小组的故事》

在“融合力”的故事里，六（4）班的孩子们既有“情”的触发与激荡，也有“理”的感悟与追寻。他们在融合的过程中学会了融合，也在融合的过程中在不停地追问着合作与融合的最高境界到底是怎样的。

合作与融合

崇仁寄宿学校　六（4）班　刘潇

融合合作是什么？一听这个问题大家只会想到我们很会合作，而这是真的融合合作么？

合作融合的前提都是组长么？只有组长对组员言听计从，组员才会听话么？或者组长只能用“以德服人”的方式去管教组员么？

首先，你不能很好地听从组长的命令，你不能很好地融入这个组，组长再怎么苦口婆心地劝说，又有何用呢！其次组长对组员的话太信服，这样的组长威严何在呢？你还能有机会发表自己的观点吗？以后你说出来的话，又有谁会去听与服从呢？最后，你用“以德服人”来使组员听你的，但这样的听从，服从一定是短暂的，过不久他们便会反抗。

今天，6组组长杨博云来跟我诉苦，说6组组员都不团结，每当他提醒他们时，组员拿话当耳旁风，过去了，就过去了，根本就没放在心上。

我想问问6组组员，你们能体会一下组长的心情呢？她也只是为了让你们有一个靠前的位置，能让你们更清楚老师上课讲的内容。

合作与融合的最高境界到底是怎样的？

——摘自刘潇同学《我和我的小组的故事》

答案，留给他们在未来的人生中去寻找，也留给读者去思考。

四、日志接力与分享

（一）日志接力与分享

小组日志是合作组建设的一个重要的自我教育机制，是从五年级组建合作组开始实施的。

在五年级之前，我也让学生写《班级日志》，不过那只是少数学生的事。成立合作小组之后，我让小组每个学生都写，一天一人，一组共用一个本子。他们把写小组日志当作至高无上的荣誉和奖励。孩子们在家里把自己关在房里，写小组一天里发生的事情，表达自己的真实感受。有些家长告诉我，有时候他们看见孩子放学回家后关着房门，不放心，便推门进去看看究竟在做什么。孩子见家长进来，迅速合上《小组日志》，急切地说："别进来，别进来，我在写小组日志。"孩子把自己关在房间里写日志，不让家长打扰，更不给家长看，可见他们对写《小组日志》的重视。

我没有规定要写些什么和怎么写，写什么都可以，怎么写都行，对小组日志的内容和形式没有什么限制。这样，一些写作能力稍弱的学生就有用表格记录当天小组同学课堂上的表现，特好的打5星，好的打4星，一般的打3星，然后用三言两语提醒小组同学要注意的问题；而一些写作能力强的学生，会洋洋洒洒写下小组的故事，表达自己的观点，他们有写记叙文的，有写散文的，也有写诗歌的。

——摘自《汪亭老师2014-04-16座谈实录》

我每天都要抽时间认真看每个小组写的日志，对日志所反映的内容做简要的点评，给学生以价值引领，并根据内容和文笔对日志进行星级评价。评价从 10 颗星到 40 颗星不等，比较好的还写上“交流”，这被学生视为最高奖励。

——摘自《汪亭老师 2014-04-16 座谈实录》

所谓“交流”，就是利用晨会的时间，让学生读自己小组的日志，然后由学生进行自由点评。当然，能够在全班进行“交流”的小组日志，除了能够真实地反映小组或班级的一些情况之外，还要发表自己独到的看法。日志交流活动推动了小组建设，深受学生喜爱，渐渐发展为六（4）班每周一次的“日志分享”活动品牌，成为学生进行自我教育的一个重要的机制。

以下呈现的是 2014 年 4 月 16 日“六（4）班的一天”个案研究活动中“日志分享”现场实录。

徐钲岂：大家好。我是今天的“日志分享”的主持人。参加今天日志分享的共有五个小组，分享的话题都围绕“小组合作”。下面先请 9 号组的傅玥瑶同学来跟大家分享。

傅玥瑶：每一个狼群都有一匹头狼，每一匹头狼都是英明的骨干，支撑着整个群体让其得以生存。

头狼不是每匹狼都能当的。头狼能屹立巅峰，来自群体的服从和自身的强大。这头狼不就像一个合作组里的领袖吗？当领袖首先要得到组员的信任和认可，才能向前挺进。

每一场讨论就像狩猎，要盯紧目标，奋力奔突，进行正确的分工合作围捕猎物，直取咽喉！在讨论时，我们并没有像狩猎一样生死拼搏，但同样也要讲究分工合作，进行正确的方式，明确要讨论的题目和要达到的目标。找目标要准，不能盲目。一旦找到，一定要用简洁的话语说明。

我写这篇日志是因为我很喜欢看动物小说，所以我根据狼的合作把我们小组的成员融合在一起。谢谢大家！

徐钲岂：我们每个小组都像一群狼，我们只有团结一心，才能在这个竞争的世界中生存下来。下面请 7 号组兰冰茹跟大家分享。

兰冰茹：大家好！我跟大家分享的日志题目是《妈妈种花，我种草》。

妈妈总笑我，种什么不好，非种草。我却倔着性子说，我就种，怎么样？这两棵小草，不是野草，是在雪化后不久栽种过来的。说罢，也可怜，不到一两天就枯黄了，和小伙伴玩够了，本应该兴高采烈，但是一望那野草弯着腰，枯叶像它的手，搭在杯边上，软弱无力，脸上有道道褐色的痕迹。我心都碎了。

开学了。我被意外的换到了第七组，徐梓豪也在那里面，这像是一颗“定时炸弹”，落在手中，挥之不去。我强装高兴，回家，我又看到了我那亲爱的草，它的叶子掉了一地，哦！天！它该有多疼啊！我趴在了桌子上，拾着一片片叶子，不忍心将它丢进垃圾桶，便用纸包好，扔到窗外，让他们飞得高高的，心中的火点燃了，希望！希望！

他们总认为我管得严，我便任他们像没有缰绳的马，听歌的有，写作业的有，唱歌的有。他们快乐了，我就高兴，只管分数像潮水，退到顶点。

一连几天我的草一点都没有变，我好郁闷，好郁闷。他们不会睡着了吧，一定要记得醒来，莫忘。

“还要不要啊？我看，没救！”妈妈长叹了一口气。

“不，不，你不许扔。”我焦虑地放回原位。

我说，你们听得见我说话吗！我要让你们醒来，植物是醒还是睡，我不知道。

但我相信，我们组还是会醒的。

该松就松，该严就严。可把我这个初任组长吓坏了，又惊呆了，又开心了。改变他们的习惯，也神奇地抹掉自己浮躁的心。

最近陈星睿连作业都忘了做，却在做《品德与社会》课的PPT，虽然有些人说他做得太枯燥，但我心里像开了花，他太有荣誉感、责任感了！

前两天，徐梓豪又忘了写日志，张誉和我急得跺脚，整个组都坠入了深渊。

前一周，徐梓豪脸上越发的痒，嘿！他又想抓，我猛地把他的手握住，忍会儿，忍会儿，陈星睿、张誉关心地问了几句，他最后决定回家，但没想到，他还想听课，我又惊又喜。

前两三周左右，我们组在公开课上只发了两次言，而且徐梓豪不在，我们都流下了眼泪。我……不服！

我们哭过、笑过，伤心过，愤怒过……

我尝过好几次的酸、甜、苦、辣，感受到7组的进步，可是我们不像1号、6号那样总是名列第一、第二。

无法形容的滋味。

瞟一眼我的草们，那是什么？那是什么？它们瘦弱的枝干上吐出了绿芽，绿得让我心中美滋滋的，那把火烧得更旺了。

7号组，变了。

语文、数学……任何科目，都有那股激情的劲儿，坐哪儿都一样，最后一名也这样，受人批评还是这样！怎么？我们快乐，我们高兴。

我的草长得真好看，高高的，是那样茂盛。拉开窗帘一看，原来是春天到了。

妈，我的草长得太棒了，太给力了！

“无论如何，也只不过是草吗！”妈妈自豪地说：“我的花开得多美。”

我们也正如这样，痴痴地望着班级合作组前方艳丽的花朵，但他们不知道，我们有一颗宁静和坦然的心，这草也和他们那花一样美……

我写这篇日志是当时妈妈又说我种的草。那天回家时看到我种的草已经长到7厘米那么高了，联想到我们7号小组的最近发生的事，写下了这篇日志。

徐钲岂：兰冰茹，我想采访你一下，你用了拟人的方法，用草来代表你们7号组，请你说说为什么？

兰冰茹：我们努力了很久，但我们小组的分数还是靠后，我不服。后来一想，算了，只要大家快乐就行了。

徐钲岂：第7小组就像那根草一样，虽然没有前面的那些花开得艳丽，但也充满着活力。下面请3号组的肖云骐来与大家分享。

肖云骐：

日志啊！

它是什么呢？

是一个本子，

是一个写得满满的本子。

是载上了我们心灵的本子。
带我们远航，
也给我们留下回忆，它与我们一起，
经历失败，
经历成功，
体会快乐，
品味时光。
这三年来一本本的日志，
留下多少回忆，
有开启大门的钥匙，
有海中的岛，
有开阔的天空，
有……
嗯——
可它
又何曾不是我们最珍贵的
“彩虹色的棉花糖”呢？
记录下
我们的酸甜苦辣……

徐钲岂：一首小诗，说出了《小组日志》不是一个普通的本子，它通过我们认真的记录和真情的流露，变成了我们珍贵的回忆。下面有请4号组。

李佳欣：大家好，我代表小组跟大家分享的日志的题目是：对不起组长。“对不起”这张纸条是我写的。周五我哭了一场，脑海里不断浮现一句话：“你们组长无数次地包容你们，但你们又无数次地打破规定，顶撞他。”

对呀！我没有写作业时，组长在一旁说我，而我却大喊：“怎么了？怎么了？关你什么事？”但是组长却说：“因为我是你组长。”这一句话把我吓住了，他很有责任心。

小组因为我而被扣分时，组长并没有责骂我，而是说：“没关系，下次再努力！”

1～4年级，我常常被同学骂，当时觉得在这个世界上没有人需要我，没有人关爱我，我只是一个会浪费妈妈钱的“废物”。所以我关闭了心灵，借助“动漫”来忘记这一切。我开始沉迷于动漫，整天对人不理不睬，没有自信。

五年级，我的人生发生了变化。刚刚成立合作组的时候，我以为小组里的同学肯定会很讨厌我。但是结果却出乎我的意料。令我惊讶的是，王雅萱组长并没有不搭理我，而是主动地说：“我们一起为小组共同努力吧！”于是我努力为小组加分，最终得到第一。新学期，我换组了，组员们开始讨厌我，责骂我，于是汪老师又让我换了座位。4号组，这是我新的组。

起初，我和组员们相处得不是太好，但是张驰芊转来之后就好了。

我自信了，不再感受到被很多人骂得伤心了。现在我想说：“自信是与生俱来的吗？不是，是来自内心的，只有内心自信，才是真正的自信。相信自己、认可自己、坚信自己，我就是天幕中最闪耀的那颗明星。那些嘲笑我的人，羞辱我的人，都会被我折服！”

来吧，深吸一口气，向美好的未来展翅飞翔吧！

徐钰岂：听了李佳欣同学写的小组日志，我想到汪老师给我们讲的一个故事《压死骆驼的最后一根稻草》，李佳欣同学在成立合作组以前是没有自信没有快乐的。自从成立合作组以后，她身上的“稻草”被我们一根一根地拿下来，重拾自信、重拾快乐。下面请2号组方桢与大家分享。

方桢：今天晚上，我把爸爸送我的星光投影仪拿了出来，一按按钮，五颜六色的星星便投射在我房间的各个角落，我看着星星想起了很多人，执着的胖浩浩，傻乎乎的呆呆女，爱玩植物大战僵尸的小奥奥，解奥数的奥数男，矮矮的小不点，可爱的兰冰茹，看，中间的那颗最闪烁的星，不就是组长吗？

有五颗星星快速地闪闪发光，我眼前仿佛出现了我，兰冰茹、呆呆女、奥数男、小奥奥，在快速地完成“两勤一高”，而后快速跑向胡嘉明登名字。看到我们冲下楼吃饭的时光，想起了小奥奥吃饭得了第一名的骄傲。

一件件往事在我脑海浮现，我看到了无数的人，回想起现在……

徐钰岂：每个人都是天空中一颗闪耀的星星，只有团结在一起，才成为最亮的一颗。今天日志分享完毕，请大家自由点评。

张驰芊：我想点评李佳欣的日志，因为我是这个日志里的主角，也是她的组长，她在日志中把我写的像个神一样，我想声明一下：我也是一个人，一个普普通通的人，只不过使用一个更加广阔的心去包容他人，我只是一个让他人找回自信的人。

李润阳：我想点评一下肖云骐的日志，先不说他日志的内容，他有敢于上来分享的勇气，因为在上个学期，我也在3号组，当时，肖云骐非常不愿意写日志，都是早上来补，然后补一点点，得十几星，写一些无聊的内容。他今天能上台分享日志，这是一个很大的进步。他这次日志也写得非常好，写出了他们3号组的一些小故事，说明3号组变得团结了。

陈笃一：我想点评一下傅玥瑶的小组日志，你们组是狼群，我们组的领袖是擎天柱——王雅萱。我们就被分成了变形金刚里的各种人物，大家团结在一起才是最好的。

陈文皓：我想点评一下肖云骐的日志，当时我也在3号组，是小组组员的包容和鼓励使他有了很大的进步。

杨万哲熙：我想点评一下傅玥瑶的小组日志，一匹头狼是整个狼群的领袖，一个组的组长是整个组的领袖，带着自己的组员向第一冲刺，所以要从自己开始做起。

陈千黛：我想点评一下兰冰茹的日志，她说我们虽然没有获得第一，但是我们付出过，我们都是很快乐的。

2012年1月6日—2014年6月13日六（4）班学生以合作组为单位，坚持以“接力”的方式写小组日志，计80余万字，如表3-4-1所示：

表3-4-1　各小组日志字数统计表

小组	日志字数	小组	日志字数
1号组	83184	7号组	39688
2号组	53223	8号组	83456
3号组	47264	9号组	110604
4号组	83448	10号组	77689
5号组	75846	11号组	77520
6号组	98707	2014年6月13日全班	25229
合计：855858字			

这些日志记录了合作组成长的历程，给我们描绘了一幅幅童话世界的生活图景，是如此丰富多彩，诗意盎然：有家庭生活中与家长的冲突，有班级生活中同学之间的“轶事”，有课堂教学中合作学习精彩片段，有对小组同学的期许和勉励的话语，有一事一议所表达对世事和人生的感悟……真情实感、充盈着童稚，但不乏深刻，有的还充满着哲理。学生把他们在“日志分享”中呈现的“经典语言”收集起来，称之为《小组日志》学生语录：

当你真正融入课堂时，只有你和老师；当你没有融入进去时，只有你和同学以及你们的嬉笑。（余林峰）

你是浮躁的，周围的一切都会是浮躁的；你是安静的，周围的一切自然也会是安静的。（张驰芊）

静致远，静达慧。心静才能致远，心静才能到达另一个境界。（蔡骏洋）

在我跌入深渊绝望时，我总会想起——No dream is too big，no dreamer is too small。（梦想再大，也不嫌大；追梦再小，也不嫌小）（杨万哲熙）

不论谁做你的同桌，你都必须优秀，保持好成绩，如果同桌优秀，你就要共同学习；如果同桌不优秀，那么，你不能变得不优秀，反而要改变同桌。（胡嘉明）

骗的是老师，对不起的是自己。（李乐文）

强者不是没有眼泪，只是可以带着眼泪奔跑。（陈千黛）

不要把责任推给别人！（张誉）

自觉是成功的基本，自觉是成功的开端，如果你做到了，那么，你离成功还有多远呢？（杨博云）

不知道什么是忧伤，就不会真正感激幸福。（傅玥瑶）

空话、假话不是我们爱听的，哪怕少一句都好。一个人所付出的努力是用行动，而不是用语言表达的。（王骏飞）

信任是老师给的，但又是自己打破的。（刘潇）

《小组日志》是六（4）班伙伴课堂实验中进行合作组建设的一个重要

机制。这一机制的运作，产生了多重教育效应。

效应之一，实现自我教育。《小组日志》记录了11个学习小组成长的历程。通过对这一历程的追索，我们发现，这个历程是通过自我反思与同伴互助实现的，汪亭老师发挥的是价值作用。汪亭老师在这过程中实现了由“教师”向“导师”的角色转型。

效应之二，促进情智互动。小组日志的撰写与分享，在小组和班级中形成了情智的“接力”与“互动”效应，使小组的每个成员都能细致地观察、深刻地反思、真实地表达、真诚地分享，既促进了情感的交流，又锻炼了写作能力。

效应之三，创生班级文化。《小组日志》中的“学生语录”所体现的价值观念，成为班级文化的精神内核，通过“日志分享”、“自主班会”等活动，用故事传播文化，用文艺演绎文化，具有多重教育功能，促进了小组主流文化的形成。

（二）最后一篇日志

2014年6月13日，小学毕业考试的前一天，汪老师没有布置作业。2014年6月14日，小学毕业考试。这一天的早晨，六（4）班的学生却不约而同地用55篇日志，完成了小学6年的“情感接力”。

2014年6月13日 （高远志）

“风儿啊，请告诉我，你将把思绪送往何方；草儿啊，请提醒我，我们的回忆来自何方；人们啊，请指引我，迷茫中的光亮藏在何方？”

“这儿，友谊的桥梁；这儿，梦想的起航；这儿，是六年级四班，一个特别的班，一个永远铭刻与我心中的班，一个给予我人生的梦想，未来的方向，给予我友情，亲情，师生情……”

最后了，真的到最后了，时间仿佛还停留在一声“大家好”中。2008年9月3日，“大家好，我叫高远志……”稚嫩的童音似乎从未改变，但却在时间的流淌中变得深沉、粗犷。鸟瞰操场，忽又见一群朝阳般的孩子们，正背着书包，在跑道追逐、嬉戏。遥望远方，一阵阵粗犷、豪放的声音在一片白白绿绿中响起，回望教室，仿佛一片寂静与安宁，“空的”。

空的教室，空的心，都空了！

旧时的贺卡，泛着发黄的颜色，在静夜里滴滴答答的响起，单调的声音在耳边回响，心都要融了，往昔的照片，带着一点折痕，在晚风里照着日落的夕阳，双眼竟是一片旖旎的景象，这是我们的回忆，不会磨灭的印记……

空了吗？不会，请仰望天空，感受烈日的温度，沐浴暖风，让心灵变得坚强，呓语："这个夏日中，不会磨灭，里面，有你，有我……"

2014年6月13日 （张　誉）

致你们：

我们同欢乐，我们同悲伤，我们同在一个班。

我想起了"逸夫楼"，想起了声乐教室里传来的一串串音符，虽然并不算天籁之音，但那却是来自我们内心最真诚的声音。

我想起了"行政楼"，想起了寝室里曾经最讨厌午睡的我们，总是在里面嬉笑，打闹，弄得老师不安宁。

我想起了"操场"，想起了做广播操时极不认真的我们，和体育课上十分活跃的我们。

我想起了"教学楼"，想起了教室里有感情朗读的我们，和上课回答不出问题时着急的我们。

我想起了"你们"，一直陪伴我六年的伙伴们，开心时，眉开眼笑；伤心时，给予我鼓励。

我想起了"您"，一直培育我们六年的老师，当我获奖时，您为我鼓掌；迷茫时，您给我指引方向。

六年前，我们怀着好奇走进校园。

六年后，我们手拉着手走出校园，向着未来，前进！前进！

2014年6月13日 （许霖乐）

校园里的梧桐树依旧是那么青翠，走廊旁的花草还是那么充满活力，我呆呆地望着这一切，想把一切都印刻在脑海中……

明年，六（4）班又会坐满人，只不过不再是我们。

我叹了一口气，趴在课桌上，六年的记忆不断浮现……

还记得六年前那个脾气暴躁，总爱发火的胖小子吗？现在，他已经是班上的体育助教了，篮球、双摇、立定跳远样样精通，变成了一个帅气、阳光、宽容大度的大男生了。还记得六年前那个讨厌班级、讨厌同学的黑女孩吗？现在，她写起了小说，学起了漫画，变成了一个会微笑、会帮助同学的女生了。还记得六年前那个性格急躁，总是闯祸的小胖子吗？现在，他通晓历史，上课积极发言，变成了一个团结同学、学会理解他人的男孩了……

六年，太多的故事，太多的感情，太多的留恋……

六年后，我还会记得运动会时，我们一起奋力拼搏；六年后，我还会记得军训时我们同甘共苦；六年后，我还会记得毕业时，我们微笑流泪……

六年，是唯一，更是永恒。

“前世千百次轮回，才换来今生一次擦肩而过。”

我们相遇，相识，相知，本就是一种缘分。这六年来甜蜜的回忆，深厚的友谊，离别的伤感，都来自这样一段来之不易的缘。

这缘分是独一无二的，是无法取代的。

毕业，并不代表结束，反而是一个新的开始。

2014年6月13日

（曾琳晰）

我静静地坐在窗前，听着《长大》，梦想着什么时候可以长大，不禁笑起……

长大了，女孩不能再撒野，成熟了，该学着承受离别。

“我们有个约定，就是永远不分离！”

“拉钩上吊一百年不许变，变了就是小狗！”

小时候，我从来没有想过，好朋友分离是什么感觉，只是觉得，到那一天还很遥远，很远，很远……而我又总是期盼长大，因为，我可以和好朋友像大人那样去吃饭，去逛街，这是我7岁时最大的梦想！

一天，妈妈跟我说了一条新闻：几个女生出去玩，坐在出租车上，被一个很坏的司机带去了远方。妈妈是要我注意安全。而我却很害怕，如果有一天，我也被拐走了，我该怎么办？

慢慢地，六年级了，当老师说，总有一天是要分开的，我哭了，我和好朋友发誓，永远不分离。

我慢慢躲，我跟妈妈说能不能我一直在四班，不要走啊！不要走，谁知道，我多么不愿意分开？我明白了歌词的含义，这就是长大的宿命，长大，就是要承受离开，什么都是不可能一直存在的，不是吗？

我久久地望着窗外，或许这就是世界。这个世界上，我们不可以永远地在一起，因为，这就是长大，我们，也不能阻止成长的到来。在我们来到这个世界时，我们就已经开始成长了……

好好珍惜吧，珍惜吧……

如果，你现在微笑一下，也许会好受一些，记得在离别的时候，也要微笑着与你们说再见哦！

拿着镜子，照照自己的脸，笑得美吗？笑得够灿烂吗？

嘿，不会伤心，再见，可不是永别！在这个班里，我有亲切的哥哥，有可爱的弟弟，有懂事的姐姐，有乖巧的妹妹。是你们，让我明白了成长的意义！

长大了，女孩不能再撒野……

成熟了，该学着承受离别……

写完了，不等于没有了，因为再见，是再次相见的意思……

2014年6月13日

（胡嘉明）

这是最后一次写小组日志了，或许以后我们不会再写，但是我们对它的思念，却永远不会抹去。

回想起以前的一幕幕，发言时，学习时，上课时，展示时……我们就像一家人，各抒己见，我们就像一棵棵笔直的小树，认真听讲，老师提出的问题，过不了多久就迎刃而解，我们对合作组的思念，也永远不会忘记。

曾经，我们一起在走廊踢过瓶盖、操场踢过足球，我进了球，队友们欢呼；队友进了球，我冲过去拍拍他的肩。我们有着一份纯真的友谊，这种同学情，我也永远不会忘记。

同样，师生情……同样，对六年小学时光的思念，也是无比真切的。

思念是一种很玄的东西，思如泉涌，念念不忘！虽然我们最终会分离，但我们的心却永远在一起！

毕业

马上要毕业了，
回忆过去，憧憬未来，
我们终于度过了人生中，
学习时间最长的一段。
我们个个怀着梦想，
纷纷去追梦，
我相信，只要努力，
一定可以成功！
有什么回忆，
一时说不清楚，
但仔细想想，
实际他早已印在我心里。
马上要毕业了，
分开后还能
一起写日志吗？
一起踢球吗？
一起欢笑吗？
一起合作吗？
未来又会是怎样，
我也不知道，
感谢每一个陪伴我的人！

2014年6月13日 （李佳欣）

有人计算过毕业后见到同学的概率只有3%～5%。但是，我们班一定不可能只有3%～5%的概率，因为我们团结。

团结，我们班似乎好久没有谈过这个话题。但是，你发现了吗？就算嘴上不说，大家还是很团结。因为我们最爱的人就是六（4）班的每一个人。

吵架？不不，虽然我们会吵架，但是我们并没有带着恶意地去吵。微笑！你看我们班个个都挂着微笑。快乐！你不觉得我们班到处都散发着香甜的气息吗？

外面的空气质量很糟糕，但是，请来到崇仁寄宿学校的六（4）班，这里清新无比，令人心旷神怡，每个人的脸上挂满了笑容，快乐的气息在你身旁围绕。

也许我有很多的坏习惯，但是我会改变；也许我不招人喜欢，但是我会努力让人喜欢我，跟我做朋友。我并不想被孤立起来，我不想要“踢猫效应”，小学被孤立，初中被孤立，高中被孤立。我庆幸，我是这个班的一分子；我感谢，是这个班改变了我，让我知道阳光照在身上是多么的舒服。我感谢阳光，让我充满自信！

以前我说过很多感谢的话，但是请注意这不是假的，不是虚伪的，而是真实的，非常非常真实的。以前不知道为什么大人总说童年好，为什么说时间太快了，为什么要唱《我不想长大》。但是现在我知道了……

我很高兴，在小学期间遇见了你们！

2014年6月13日

（徐钲岂）

“唉！徐钲岂！先别喝啊，中午我们喝‘酒’！”张驰芊一到学校就掏出了四瓶水，给了我一瓶。

我一知半解，但又很好奇，一直把水留到了中午。

吃完饭，一上楼，一瓶水，在我面前。

“唉！你的水！一口气喝完啊！”“千张”一脸“坏笑”地说。

我瞪大了眼睛，整整330毫升，一口气！要人命啊！老水牛也喝不完啊！何况我还是一个小学生。

“是不是兄弟！是兄弟就喝！这可是最后一天，这瓶‘离别酒’你必须得喝！”另外三个人鼓动起我来。

我深吸一口气，举起瓶子，狠狠咽了口口水，将瓶口慢慢地放在我的嘴边。

喝！

“咕，咕，咕……”

一瓶水就这样下肚了。

“粽子”、“皮蛋”、“千张”、“李大虫”四个小伙伴都是这样，喝完了，用一个完美的曲线将瓶子扔进垃圾筒，然后放声大笑。

旁人以为我们疯了，可我们觉得这是一杯情，满满的情。

四个小伙伴，四个空瓶，四声大笑，一份情……

2014年6月13日

（李润阳）

接到本子，百感交集，一时竟无从下笔，最后一篇日志，代表着什么呢？

离别，这个词，终归是悲伤的，想到写完小组日志 ，还有四个小时，就要离开朝夕相处六年的同学，心中总觉异样，这也许是不愿吧。

小学六年，带给我许多许多，2008年，妈妈带着我，到了崇仁路，来到了一楼右边倒数第二间教室，站在门口迎接我的是那个美得像仙女一样的汪老师，她带着我，走进了教室。认识了这位亲爱的汪老师，在她的带领下，我认识了这个四班，这个集体，这些同学。

二年级，我认识了教数学的舒老师，她让我进入了“数学加油站”，让我的短板数学变得好了许多，同时，也结交了第一个好朋友——高远志。

三年级，我和同学们开始闹别扭，天天哭哭啼啼的，觉得这个班级，甚至这个老师，都很坏，和动画片里的怪兽一样坏。可是，老师却一次次的告诉我，和人交往要学会宽容、忍耐。她使我知道了做人的道理，和同学们融合了。

四年级，同学们相互传着八卦，我也不例外，每天课间“谁谁喜欢谁”这种句式满天飞，就连空气里都是八卦的味道，我也加入了这支大军，每天下课都是八卦，可是，汪老师却告诉我们“流言止于智者”，让我们懂得了一条真真正正的道理。

五年级，我们开展了合作组，我被分到了十一组当组长，汪老师给了我这个机会，让我们进一步融合，让我懂得了何为责任，何为担当。

六年级，我被老师发掘，成为年级中的佼佼者，看着其他同学羡慕的目光，我知道了，六年的付出有了回报，六年和同学们经历的风雨，变成了阳光。我会记住老师，记住同学，记住永远的六（4）班。

2014年6月13日　　（黄思晴）

时光，流逝……

“啊！”一声惨叫。“哦！”又一声惨叫。

杀猪般的惨叫，一群人在玩叠罗汉。

石头剪刀布，又一个小手落了上去。我的手呢？在。天呀！杨万哲熙上！又会有惨叫了！我和他打成了“千古恨”了，他出手肯定比我重，吃亏呀！为什么这么倒霉！救命！

还好，我也有报仇的机会，但我并未报仇，想一个聪明的法子：你不打我，我不打你。

他同意了，我轻轻打他，他却“啪”打我。

“呀！”又出了一种惨叫法。

回忆完毕。

还有几天，离别，最后的一次回忆，也是回忆……

2014年6月13日　　（徐梓豪）

六年小学时光马上完结，在心里一定对六年的朋友恋恋不舍吧，再过一天就要分离了，心里难免也会伤心难过。之前的一本一本的日志本，一次又一次的分享，这六年的点点滴滴，这六年，分享时，合作时，学习时，展示时，我们多么快乐。

无聊时，可以和同学说说话，打打篮球，可如今呢？要分开了，再也听不到大家的笑声，再也不能合作学习，再也不能……

我失去的太多了，可为什么不会好好珍惜呢？为什么到最后才知道珍惜？

还记得以前，我们玩过“1＋1男不男”这个游戏，当时让我们多么快乐，一句“男不男”让我们回忆起了童年。

这六年，有快乐，有伤感，就算要离别，也要笑着分开。

让未来，我们再重逢。

2014年6月13日　（兰冰茹）

一翻日历，6月13日。考试前的最后一天。

一写“小组日志”这四个字，这是最后一篇小组日志。

一念“2014年6月13日，HW”，这是马老师布置的最后一次英语家庭作业。

这会不会是小学生涯里的最后一天？我会不会和我亲爱的52名好兄弟姐妹分离在这“六（4）班的地带”里？

小时候，我爱趴在床上看《格林童话》，倔倔地一个字、一个字地念。当我读到最后一篇故事《萬苣公主》的最后一个字——完，我激动得哭了起来。而在我的眼泪挥之而去，就只剩下再也不能翻页的书壳。于是上了小学，我曾经想过会不会也有句号在那断绝，完结了？

…………

没有什么值得炫耀的我，当老师交给我办黑板报的任务，我是那么快乐，因为我为我能画画而骄傲，在我一人默默办着并不美丽的黑板报时，我想到“天生我材必有用”这句话是真的。我这个平平凡凡，矮矮小小的女生心中有了几分自信，一个人蹦跳在不说话的黑板面前，任凭虫鸟在教室外叽叽喳喳吵个不停。

一个午间，大功告成，我静静期待。可是，从寝室中快步赶来的同学们，有些对黑板的变化视而不见，有些嬉笑道：“变丑了。”一时间，我无地自容，好好的畅快心情像花瓶一样被他们击了个粉碎，我曾想过，我也不过就是一个淹没在人群中的小学生罢了。

我常想，班上有那么多比我画得好的同学，老师为何偏偏选中我？我曾经也自暴自弃过，然而，在我失望万分时，我又想起了我的责任。心中像是有一颗沉睡千年的古果，在刹那间破土，爆青。我不断地去画，不断地给同学们看，惊讶地发现，我的画被欣赏了，被喜欢了。

又一次面对黑板，我发现那不是黑板，是我小学的生活照片。

从孤身一人到周围有付冰滨、高远志、简纯爱与我齐刷刷的合作，一些女生也来凑热闹，我们在一起办板报，像一幅清淡、热闹、安静的油画，再也不是老旧的黑白照片。

六年前全班第三矮，甚至可以忽略掉的小女孩，开始绽放她的光彩，因为她心中有一朵彩色的花正向着太阳绽放。

正是有了同学们对我的批评、鼓励、宽容、安慰，让心中的青苗历经风风雨雨终于绽放出多彩的花，得到了她的快乐，她有点像莴苣公主那样，想在高塔上与美丽的鸟雀、洁白的云朵、五彩的蝴蝶一起过美好的生活。同欢，同乐，同风，同雨。

但故事终翻到了最后一页。《格林童话》终会被看完。公主总会掉下高塔，我终会离开学校。

泪水，已流成河……

可是呢？即使，我们会被分开，但是《格林童话》还可以重读。心总是连在一起的。

那就让最后一刻光照教室，光照母校，光照未来，让泪水永不滴落。

最后！最后！

2014年6月13日

（陈千黛）

这真的是最后一次写小组日志了。

以前，我多么希望小组日志能够快点结束，每天都要费尽心思去想；可真到了最后一次，却发现自己是那么不舍！哭泣！

我真的是太爱太爱班上的每个人了，无比的爱，在我的心中没人会比你们更重要。

我永远忘不了……

永远忘不了你们的读书声，永远忘不了你们的讨论声，永远忘不了你们的哭声，笑声。永远忘不了发言时你们认真的表情，永远忘不了八卦时你们傻傻的表情，永远忘不了你们的面孔，声音。

还记得吗？

还记得我们上课讲话一起被老师批评吗？还记得我们一起奋斗，誓死一起考一百分吗？虽然，终将分离，但“崇仁寄宿学校六（4）班”同学们的心是永远不会分开的。

自己说服自己是一种成长的体验，自己打败自己是一种灵魂的升华，自己感动自己是一种人生的成熟！

六年级四班，都成熟了，长大了！

2014年6月13日 （江琳艺）

崇仁寄宿学校，六年级（4）班，给了我太多的第一次，当然，也给了我很多的最后一次。

还记得一年级时，我第一次踏进这个校门，被眼前新奇的景象完全吸引住了，呆呆地站在那里，感受着青春的气息；第一次戴上鲜艳的红领巾，自豪地走过走廊，恨不得让每一个人都看见我胸前的那条红领巾；第一次戴上一杠，就算睡觉了也不肯摘下；第一次在课堂上发言，同学们都看着我，我的心开始不停地狂跳；第一次被老师批评，我伤心地哭了起来，同学们不停安慰我，让我再次找到前进的方向。第一次……

每一件事，都会有开始，也会有结束。

今天是我最后一次和同学们吃饭，这餐饭，大家一句话也没有说，只是在那里默默地吃着；今天是我最后一次为大家讲课，同学们都全神贯注地听着，没有一丝不认真；今天是我最后一次参加小组讨论，每个人都把自己的想法表达出来，没有一点争吵；今天是我最后一次写小组日志……

回想过去的时光，我都会情不自禁地笑起来，可笑过以后只剩下悲伤。快要毕业了，我们将会和相处六年的老师分开，没有合作组，没有你们的陪伴，更没有那无忧无虑的欢声笑语……

2014年6月13日 （张驰芊）

很难想象，这是我最后一次写小组日志。动笔时，真不知写什么，但心里却像五味瓶一样，想写的东西太多了，但在这一瞬间，又不知从何下笔。

崇仁寄宿学校六年级四班，从一个连坐端正口号都说不清的班级，到现在全市闻名的实验班级。这其中老师们付出了多少的努力，挥洒了多少汗水，但我坚信这是值得的！

汪老师，我想您不知道，在我接受采访时，老师单独问我：“你作为汪老师的小助手，有没有什么建议给她呢?”

我一时间真不知怎么说才好。没有完美的个人，只有完美的团队。没有最好，只有更好。“没有。”也许这不是最好的答案，但我相信这是一个孩子最单纯，最美好的答案！

六年有太多美好的回忆，六年有说不尽的故事，六年……六年的小学生活快结束了，在我的心中有太多想说的，想做的，可我不得不停下笔，结束我的最后一篇小组日志。

我爱您，汪老师！我爱你，我的2008级六（4）班！我爱你，我的“黑马”小组！

2014年6月13日 （陈泽奥）

“a，o，e，i…”老师标准的发音吸引了我们的注意，我们齐刷刷地转过头，跟着老师一起念。那声音，云卷云舒，掺杂几分童真，更多的，却是一种快乐。

“Read the dialogue for me…”老师严肃地站在讲台前，说着流利的英语。讲台下的我们，时不时做着笔记。嘹亮的朗读声响起，那声音，大有几分开天辟地之势。余音缭绕之余，隐隐约约地听出，复杂的声音和着成熟，也和着无奈……

六年前，我们盼童年；六年后，我们致童年。时间过得真快，我所写的，已是最后一篇小组日志，多少有些不舍，多少有些不习惯，不习惯没了小组日志的日子，不习惯没了“阳光组合”的日子，不习惯没了伙伴的日子，更不习惯，没了以往的那些笑声。现在只有那无尽的分别与悲伤。

但，人总要成长的，总要离别的，既然我们要分开，那为什么要在一起？也许，这是上天开的一个启示，让我们知道，有离别就有相聚，有相聚就有离别。也许，这是命运的安排，让我们聚了又散，散了又聚，可还是相信，命运给你关上了门，但你自己要打开窗。也许，每一种巧合都是一种不完美吧！就像我和李佳俊有同样的衣服，却从来没有一起穿过；就像照毕业照，也有人不戴红领巾；就像你拼命地想抓蝴蝶，结果抓到的是一只蜻蜓。或许，每一种不完美都是一种巧合罢了。那既然这样，我们暂时的分离又何幸也？可又有谁说巧合就是必然？

罢了，罢了，人，是情感动物，也是理性动物，分离，也许就代表着聚合，聚合，又有谁说不是分离？消失的东西去哪了？化为虚无，也就是说，化为万物，世间的一切东西都充满了不确定性，所以，谁能决定结果？

谁都不能，只有你自己能。所以，面朝黑板，春暖花开。

毕业季，让我们快乐前行！

2014年6月13日 （杨 政）

二〇一二年十一月四日，一个难忘的日子，小组合作第十三天，汪老师宣布每晚每小组派出一人写小组日志，体裁不限，字数不限。

我被分到了11组，李润阳爱发脾气、爱打人；付冰滨，李润阳的出气筒；张誉，平凡；我，不咋地；吕盛，“扣分大王”。刚到小组，我觉得不适应，认为自己被限制，可是，不知怎的，我们小组的成绩直冲而上，我们小组的缺点就只剩下李润阳的怪脾气了，为此，我们想尽各种方法，准备下学期继续……

时间被我们用文字封存，翻开一页页小组日志，就像打开过去的时间，记忆深藏七十多本小组日志，八十多万的文字将两年的记忆封存，这是十分了不起的呀，毕竟我们还是孩子。

2014年6月13日 （田婉茹）

在毕业考试的前一天，也就是今天，我想，我想谢谢我的组员和组长。

一年前，我从4号组换到2号组，我特别思念4号组的成员，并告诉自己：我要回4号组。但是这里的一切一切让我感动……让我很快融入其中。

全新的2号组成员是这样的：组长：陈泽奥，组员：方桢、潘天乐、王骏飞和我。就我和王骏飞两个女生，我也知道，王骏飞是一个不爱说话的女生，所以在这个组我连一个朋友也没有。“那个，那个……”我吞吞吐吐地说，并拿着课堂作业，想问同座位潘天乐一个问题，“什么？”他问。“能教一下我这道数学题吗？”我说。没想到数学学霸竟然答应了，并耐心地教我；在语文课上，我不爱举手发言，组长陈泽奥鼓励我大胆一点，要我阳光向上，而且在最后的数学复习中每天为我出题；“哈哈……”又是方桢的笑声，他总在我烦恼时逗得我们哈哈大笑，他像一颗糖果，甜蜜他人……又是王骏飞在教我题，我非常佩服她，之前我以为她不爱说话，但融合了才知道，她不仅学习好，而且还爱讲冷笑话。

这一年来的相处，是我六年以来最美好的回忆。我们在一起笑，一起哭，一起学习，一起疯，我们有太多一起经历过的事。谢谢你，潘天乐、方桢、王骏飞，特别是组长陈泽奥给了我太多的鼓励，让我从一个胆小、内向的女生转变成一个会分享快乐的女生。要毕业了，我真的害怕我们会被分开，害怕看不见你们的日子，我害怕……真的很害怕，我想，这是最后一次对你们说了，谢谢你们，2 号组的成员，我爱你们。

2014 年 6 月 13 日 （张博城）

在人的一生中，有着联合与反目，有着相遇、追击和离别，有开始，也有结束。

在离合中，我们的情感也不断地变化着，李佳欣最先排斥这个集体，但逐渐在我们的关心下，接受了我们六（4）班这个集体，而蔡骏洋和李润阳曾因争抢座位打了起来，日后反而握手言和，手挽着手，成了挚友……

在 2008 年秋天，我们共同来到一（4）班，但是在六年后的 2014 年，我们即将小学毕业，升入初中，尽管我们互相关心，相互学习，也阻止不了这一切的发生。

不是所有的事情都有开始和终结。正如雷锋，正如一代大文豪鲁迅先生，尽管他们早已逝去，但他们仍在大家心里活着，而我们的情，是会永远连接在一起的。也许在十年后，也许在二十年后，我们会再次相聚。

在开始时，有人欢喜，有人快乐；但在结束时，有人忧伤，有人想念。

但无论如何，我们终将再次相遇！

念念不忘，始与终。

2014 年 6 月 13 日 （肖　瑶）

转眼间，六年了……

在这 6 年里，我们成立了合作小组，彼此之间如亲人一般。女生和女生之间有浓深的友情，很纯，很纯，像奶茶一般朴实、浓厚，那么珍贵，那么幸福。男生与女生之间，有了关心、爱护、帮助，男生勇于承担，懂得包容，多么美妙，多么难忘！

6 年后的今天，面对考试的我们，面对毕业的我们，面对即将分离的我们，是那么不舍。可惜，天下没有不散的筵席。我不敢面对毕业的那天，我害怕再也见不到组员们，我害怕自己再也不能和自己的好朋友在一起打闹，一起玩耍，我害怕自己再也听不见汪老师细心的教诲和帮助，我害怕离开六（4）班这个“大家庭”。这里有太多的事情值得我们去回忆，这里的一切都是那么真诚，那么珍贵！

马上就要给我们的小学生涯画上一个句号了，我不知道自己有没有勇气迈出这一步去面对这个事实。但是，我会在今天，这最后的一个日子，去慢慢感受，记住大家的脸，我一辈子也不会忘记这个“永远的4班”……

2014年6月13日 （蔡骏洋）

匆匆

时间之匆匆，不告而别；
一点痕迹也不留，让我怎么寻找他呢？
我在千万人中茫茫寻找，
世界之大，也不大，
世界之小，也太渺小，
老天安排我们相聚，却让我们伤感的离别。
为什么老天这么残忍，让我们相见又相识。
又让我们痛苦的分开，
这辈子是同学，也许下辈子是路人，
这辈子是朋友，也许下辈子是对手。
也许我们缘分未尽，缘分未尽，
我们还会见面，可缘分已尽，
在茫茫人海中，我到哪去找大家？
虽然我很喜欢这个班级，但我们迟早要分离，
一切会成为回忆，再也上不了公开课，
两天后，我们会回到各自的初中。
十年后，也许我们会擦肩而过，
请大家记住我，我叫蔡骏洋，有缘千里来相会。

2014年6月13日 （杨博云）

我是四年级下学期转来的，虽说，没能和大家完整当六年同学，但是我真的真的把这里的每一位同学，都当作自己的兄弟姐妹。我们在一起生活了那么久，我知足了……

一路走来，沙滩上大大小小的脚印见证了我们成长的历程；一路漂来，点点滴滴的浪花记录了我们的泪水；一路写来，一篇篇小组日志记录了我们的真情！我们曾经一起唱响过动人的音符；我们曾经一起幻想过美丽的季节；我们曾经一起……百万个巧合，我们相遇在崇仁；千万个巧合，我们成了朋友；亿万个巧合，我们变成了彼此的知心好友、闺蜜……

过了这个夏天，这里的桌椅还在，过了这个夏天，这里的电扇还在，过了这个夏天，这里的空调还在，只是没有了我们。我想要多一点时光，让我去好好回味，我们一起走过的日子；我想让时光慢点，让我再拥抱一次我的好友。我舍不得，我放不下。流泪，不是因为后悔，是因为我们的情，扎得太深，是因为我们舍不得，舍不得呀！

六年的回忆，就像是一道美味的菜肴，即使已经流入胃里，却依然温暖着五脏六腑；六年了，我收获了很多很多，我知足了……

相见时难别亦难，离别容易见更难。

知足了，望再见。

2014年6月13日 （刘贝莉）

我们总说毕业遥遥无期，如今却要各奔东西。

曾经的我们，纯真、善良、可爱……

我们相互挽着彼此的胳膊，漫步在操场上。金色的夕阳照映着你我的身影，我们走到树荫下。悄然回首，地上已印刻下一连串大大小小的脚印。那是我们六年来成长的印记。我们在树荫下许诺，要一直在一起，就算与时间为敌，就算与全世界背离。

如今的我们，来到了分叉的十字路口，我们始终朝着梦想奔驰在茫茫人海中。恍惚间，身旁便没了你我。

我畏惧，我害怕。我不知道自己今后的人生之路是怎么样的，我不知道自己会进入怎样的学校。我不知道我会遇到怎样的人。我不知道我所遇到的人还会不会像现在的你们一样善良、友好。

面临毕业，我们总是去安慰他人："虽然，我们分离了，但我们的心将永远在一起。我们会是永远的六（4）班！"可只有我们心里知道，再美好的回忆终归还是回忆，再真切的感情也会被时间的冲刷而淡去。

时间的沙粒已渐渐流尽，情感的水分也快要蒸干。或许，这将是另一个美好的开端。时间，不会因我们的顾虑而停下它的脚步，我们，更不能因光阴的蹉跎而缓慢你我的步伐。是的，我们的人生还要继续。

但愿，我们有缘再见！

2014年6月13日 （王雅萱）

年华里的一个笔记，即便没有意义，也长久的、永恒地存在着。

这是我们最后一篇小组日志，最后一个留下的足迹，至少，是最后一次真心想说的话。

六年来，每一分、每一秒我们都共同度过着，曾迎着风放飞梦想，也曾顶着雨倾吐忧伤，以前谈到"离别"这个词，我想也许就是分开的意思吧，但现在，"离别"是一个烙印，一个不容抹去的记忆。

四朵金花，这是一个"故事"，这是一个"传奇"，我从中成长，从中学习，图书馆的那堂课，我一生也不会忘记，它教给我了太多太多，也许现在我们还有所"小矛盾"，但这份情，没有什么可以比。手拉着手，我们在一开学就许下了承诺："我们说好永不分离，要一直一直在一起，就算与时间背离，也不要离我而去！"稚嫩的童声已变成成熟的声音，那个夏天，我们的手从来没有松开。

又是一阵花的芳香，杜鹃花开了，我本想着又要做暑假作业，可哪知，这一去还能再见吗？或许，多年之后，我们又能聚到一起，谈笑风生，说着童年的趣事。

我们在讲什么呢？蓝天下，一群群孩子，明亮的双眸，痴痴地凝视这高高的杜鹃花，口里欢快地哼着歌，还有小伙伴们手拉着手，互相分享着"四朵金花"的故事，指着太阳，大声喊道："我们不分离！"

2014年6月13日 （付冰滨）

今年夏天，它满怀热情地把我们拥进了它那火热的怀抱。

六年的时光匆忙而去，我曾问过同学，“毕业了，你做何感想”。有人说：“不知道。”有人说：“唉。我虽然不清楚他们内心真实的感受，但我却明了此时自己心中的万千感慨。记忆的闸门打开了……”

一年级时，我们走进校园，比赛谁先跑进班级，争当第一，当我们戴上鲜艳的红领巾时，我们的脸上洋溢着欢乐的笑容，无忧无虑，考试还远着呢。

二年级时，我们要上二楼才能到自己的班级，我们不能再争当第一了，但我们却能眺望远处，我们长大了……“考试”的脚步向我们渐渐走来。

三年级时，我们又要上一层楼了，我们又长大了，书包更重了，我们不知道，“毕业”是有多么可怕啊，那证明着我们要分别了，考试又离我近了一步。

四年级时，我们又上了一层楼，一层又一层，使我们背着“负担”一步一步艰难地往上走。四楼，是多么可怕，因为考试正等着我们呢，它从不留情，它不会因为我们伤心而退让。

五年级时，老师每天把调考往嘴边挂，雪白雪白的卷子像礼花一样从天而降，我们逐渐明白分离的脚步，离我们越来越近了。

现在，我越来越害怕毕业，每当想到毕业，我就心如刀绞，因为我害怕与大家分别，我害怕，我难受，我紧张，我伤心，我痛苦……我希望再多一年，再多一年，我不想与大家就此分别，想象是美好的，现实是残酷的。

明天就要毕业考了，我心里有种说不出的难受，那六年的时光与我们擦肩而过。我，忆着以前，忆着那美好而又短暂的六年。

2014年6月13日 （胡嘉怡）

一、平凡的我

起床，掀被窝，刷牙，换衣服，吃面包，穿鞋，上学……每天都是这样千篇一律地过着，平凡的我，做着平凡的事。我成绩平平，相貌平凡，将来，步入普通的初中，一般的高中，大众化的大学以及工作单位。

始终，平凡！注定，平凡！

可是，平凡的人为什么必须得做平凡的事呢？虽然我是一个平凡的小女生，但我可以为小小的班级做出最大的贡献呀！况且，身边还有这么多不平凡的同学呀。对，平凡的人也应该有强大的一面，我是独一无二的，世界上不是只有一个我吗？

每个人都有强大的一面，你，发现了吗？

二、离别情怀

明天，我们会毕业，我们不要哭，人生若有缘才会相见。

我们今天在一起是一种缘分，成了最好搭档，亲密朋友，舍不得你们。

愿你们考上好中学，虽然你们平凡，但你们也要展示出自己强大的一面。

2014年6月13日 （安炫怿）

一张、两张……同学录堆了一桌子……

它，只是一个小册子，却能勾起我对童年的无限回忆。

它，只是一张张彩色的纸，却能想起我的多少同学。

毕业，这个词我又爱又恨，爱的是我又长大了，恨的是分离后，只能靠同学录，勾起淡淡的回忆……

吃饭，是最后一次，吃了这次，再也不能经常吃学校香喷喷的饭菜。

听课，也是最后一次，听了这节课后，老师还会伴随我们吗？

不会，不会。同学们，我们分离了吗？没有，一定没有！

人分离了，但心一定没有！

不要流泪，要相信，不久后，一定会重逢！

2014年6月13日 （张卓然）

朋友

朋友，有聚有离；

朋友，有悲有喜；

朋友，对每个人都带来了许多美好的回忆。

但朋友，终会与你离开。

相见时，是突如其来的惊喜；
离别时，就变成了一串美好的回忆。
相见时，是灿烂的微笑；
离别时，确实一片热泪。
朋友，对每个人来说都是珍贵的，
对每个人来说也是最重要的。
小学的朋友们，再见了……

2014年6月13日　（简纯爱）

人生就似一局棋，与不同的人在不同的地方下棋都有不同的乐趣，而一颗棋子出现了错误，满盘皆输。

而现在，就是第一个关键的地方了，是成功还是失败，都得自己决定。这是最后一步了，抑或是第一步。这一步不仅是最重要的一步，更是危险的一步，是大道，也是荆棘、沼泽。

一步深渊，一步繁华。分析好局势，这局棋错综复杂，危险与机会同在，心中不要担心或害怕，不要过度的喜悦，不要分神，更不要放弃。

时间不多，时间不多，只有非常短暂的时间让你分析这局棋了，不同人眼中有不同的看法，不要模仿，那不是你的想法。

你不知道未来，你会失去什么，会拥有什么，但你知道现在的一切，不要犹豫，不要犹豫了，因为未来有太多不解，前方有太多未知，棋局才会有意思。

滴答，滴答，齿轮一直在旋转，从不会等待。

人生就是一局棋，这局棋的结果掌握在你的手中。

不要等待未来，未来从不是等待。

2014年6月13日　（范晨宇）

小学六年，是人学习中最长的，在这里，友情也是最多的。

一代又一代的离别，我大哥小学在这读的，毕业可没哭；我不知道我在这里留下了多少友情，一提到毕业，就哭了。

我本想，我们走出这所学校，应该笑，可是笑不出来，因为走出学校，还能遇见这么好的老师吗？这么负责的班长和这么好的组长、组员吗？

如果十年后又在一起，他们还能认识我吗？我不知道。我只能用大声哭泣来发泄心中的痛苦。

2014 年 6 月 13 日（黄科浩）

这是大家在一起写的最后一篇小组日志了，难免伤感，但饱含真情。

我虽然只和大家相处了一年，但真的，心中有一种说不出的幸福感。在家中，什么都要听父母的，而且许多事都不能做；可在学校里，有那么多朋友，上课一起讨论、争辩，下课一起说笑、玩闹。这是除了学校外的场合里办不到的事。说实话，六（4）班真的和别的班不一样，团结、友爱、向上，这些品质充满了整个班级。

学校里，班级里有许多故事，让人忘不掉。忘不掉的是学校美丽的风景，忘不掉的是老师的悉心教导，更忘不掉的是同学及师生间浓浓的情谊。

马上就要毕业了，马上就要告别了，马上就要分开了，十年后，大家还会记得吗？大家还能在一起，在一起上课，在一起欢笑吗？

离开是逃避不了的，但只要大家的心在一起，就不会分开，记住校园的美景吧！记住六（4）班这个名字吧！记住同学间的友谊与真情吧！

2014 年 6 月 13 日（宗弘睿）

这一年，我们就要分别，我将把这个班级永远记在心里。

可能某天，打开《成长足迹》，翻开照片的那一页，看看我们的曾经，我们六年的记忆。

或许，多年之后，我们聚在一起，谈笑风生，说来说去。

我们暂时分别，但我们的心，永远在一起。

2014 年 6 月 13 日（陈笃一）

做人要靠谱。

有人不靠谱，有买家不靠谱，有卖家不靠谱。

买卖的不靠谱。

说买卖不靠谱，法国人榜上有名。1982 年马岛之战，美国施压法国，法国冻结了战前的军售合同，扣押了交付阿根廷的飞鱼导弹，还把机密给了英军，阿根廷虽用仅有的5枚飞鱼击沉了“谢菲尔德号”和“大西洋征服者号”。

同样憋了一肚子火的还有日本。洛克希德·马丁公司在制造出F35后疯狂的表扬这款战斗机，日本要买此战机。洛克希德·马丁公司却说研发推迟，这对于想在东海急于取得对我国空中优势的日本来说是个重大的打击，因为洛克希德·马丁公司说要么立即交付，作战软件有问题的，要么就延迟交付。

买家也有不给力的。

2006年俄印（印指印度）两国签订了380亿的军事合同，包含了28架米格-29MT战机和6架米格-29UB战机。可从2007年5月印方不接受米格-29，原因是飞机部件不是质量低下，就是曾经用过的。2008年2月印方还把接收过的米格-29返还。无奈的俄罗斯只能打碎牙往肚子里咽，将这些米格-29改装后返还印方。

在学期的最后，我可能不能写太多，我就提示一下大家，做一个靠谱的人很重要。

2014年6月13日

（朱子灵）

明天，就在明天，我们将迎来最后一次考试——毕业考！时间过得太快，转眼间就过去了两年，但我依然记忆犹新。还记得五年级我刚转来的那一天，故意装成冷冰冰的样子不跟大家说话，而现在我完全融入了这个集体，我们一起哭，一起笑，一起走过两年，这些回忆，我不会忘记……

就要毕业了，大家都要各奔东西，天下没有不散的筵席，虽然舍不得，但我们的人生才刚开始，我们要向前看，前面是广阔的天地。

再也看不见陈星睿和潘天乐打闹，再也看不见女生围在一起聊天，再也看不见三五成群的小伙伴们，再也看不见汪老师在课间训导，现在，就连昔日的批评在我眼里也变得可爱极了。

我真的将大家当做了亲人，就比如说我深爱的5组，江琳艺是“奶奶”，高远志是“爸爸”，我是“哥哥”，李佳俊是“弟弟”，简纯爱是“姐姐”，我真的不舍得，舍不得。

大家再见！有缘再会！

2014年6月13日 （吕盛）

快要毕业了，这是临近小考的最后一天，我们都很激动。

想着我们以前调皮不懂事，想着上课时胡老师那严肃的表情，我的眼泪不禁流下。

那一年，班级举办“好声音”时，同学们一展歌喉；那一年，班级评比“三好生”，同学们一个个诚恳地鞠躬；那一年，我们童真的脸上充满了笑容。

六（4）班，这个铭刻在心里的名字，这个曾经生活着一群活泼开朗的孩子们。可是现在，该到分离的时候了，我们依依不舍，总是徘徊在自己的座位边。唉，脚是怎么了，还是不想走。

永远的六（4）班，让我们心心相印的班，让我们懂得融合的班，让我们在聚光灯下闪闪发光的班。

这就是六（4）班，记住，我们很有幸，生活在六（4）班。

2014年6月13日 （李佳俊）

当我写这最后一篇小组日志时，我知道我快要离开这美丽的校园，离开可爱的同学，离开教我们知识的老师了……

光阴似箭，日月如梭，早上睁开眼，发现距离考试只有一天时间了，仿佛昨天才是刚开学，无数张笑脸呈现在我眼前，又仿佛是一架摄像机把我人生的点点滴滴呈现出来。

四年级时，您牵着我的手，把我带进了校园，这个班级，让我认识了新同学；五年级时，我真正地融入这个班级，您还带领我们开展了合作组，让我们从中体会融合、团结的重要性；六年级时，您在我悲伤的时候给我温暖，教我懂得了人生的道理，带领我们一次一次走向成功。

无数的话语，不需多说，认真的保存好这点点滴滴的美好，不要让我们留着遗憾，留着泪水走出校园。

2014年6月13日 （何弘基）

我们要毕业了，在小学六年的时光，我们懂得了许多，也得到了许多。

在三年级时，汪老师告诉我们责任，从那时起，我们大家有了责任意识，四年级时，汪老师让我们学会谦让，五年级时，汪老师让我们学会了"流言止于智者"，不管什么坏事，传到有智慧的人的耳朵里，他就不会再传出去，六年级时，老师教会我们学会珍惜。

记得在我刚转来的时候，在英语课上，老师让我自我介绍，我胆怯地的走上台，胆小的说："大家好，我叫何弘基……"话音刚落，全班哄然大笑。下课后，大家都聚在我这，还不断地给我起外号，有一位同学对我说："我们班，起外号是好事，因为这样他们才会和你一起玩耍！"从此我也和他成了最好的朋友，每天贴在一起，一起笑，一起哭，一起学，一起玩。

现在想起三年级时，真是一段美好的回忆，现在想起，真想回到以前，珍惜每一分，每一秒和大家在一起的美好时光。

2014年6月13日 （王浩然）

六年时光匆匆而过，我们将要离开心爱的母校了，仿佛昨天，我才戴上鲜艳的红领巾，我不禁感叹道："时间过得可真快啊！"

六年中的每一天，都让我难以忘怀，可现在我还有说不尽的，道不完的话要对老师说。

小学6年，初中3年，高中3年，大学4年，也许，小学的时间是最长的了，回忆最深刻的就是我们的汪老师和52位同学，六年中，我们经历了各种各样的事，留下了满满的回忆。

在一次小组日志分享中，蔡骏洋说他想变成都教授，因为都教授可以让时间静止，我们就可以永远在一起快乐地生活了；他还说他想变成大雄，六年级读完了，坐时光机再读一次一年级。幻想总是美好的，而现实却是残酷的，我们不可能永远在一起。人，总是要离别，但是我们的心永远连在一起。

千言万语，汇成一句话："老师们、同学们，谢谢你们！让我明白了什么是合作，什么是快乐！我相信离别后，我们会再见面的！"

希望大家幸福地度过每一天！

2014年6月13日 （肖云骐）

六年时光匆匆而过，我们将要离开这里。

说不尽，道不完的话，全都存在心头。将来翻开落满灰尘的同学录，不知道还记不记得，又或许，找都找不到了。

毕业了，同学们都各奔东西。

说说笑笑地进了中学，挥挥手就向共度六年的同学说声再见。高中说不定还会再见。

五年级，跟要好的小伙伴吵起了架，互相针对，闹了不小的事，但我们又互相体谅，和好了，成了形影不离的好朋友。

我们面前的事，总是充满了可能，或许正因为如此，我们有了多彩的经历。

2014年6月13日 （陈文皓）

今天是我们最后一次写小组日志，而今天也是小学六年学习时光里最后一天。我要写一首诗，来表达我的心情。

明天，我们就要考试了，
马上就要离开亲爱的母校了。
以前，我总希望快一点离开母校，
而现在，我真希望时间再慢一点，慢一点。
考试完后，代表着离开。
领完毕业证后，
我们说不定再也相见不了。
时光总是在流逝，
我们这时能相识，
是现在的缘分，
但最后，我们总会离开。
最后，让我们高兴的离开。
最后，不要留下遗憾，
最后，让我们向前进步。
最后，让六年的记忆和我们前进。

2014年6月13日 （陈星睿）

我们的情谊，已没有什么可比拟的，
是那种，日积月累的情感。
从孩提时的幼稚天真，
到成熟后的自然而然。
无需言语，一个眼神，一个微笑。
彼此都会明了对方的心意，
你心中有我，我心中有你，
那份情早已无法割舍，
不似潭水，胜似海深。
我们的友谊，
比天高，比海深！

明年的今天，六年级四班依然会坐满人，但不是我们。

我们不能在一起上课，不能在一起罚站，不能在一起看小时候的照片，不能在吃一起吃薯片，不能回到一年级重新再来。

2014年6月13日 （王　涵）

马上就要毕业了。或许，8天后是我们最后一次相见；或许，8天后是我们最后一次看着对方流泪；或许，8天后是我们最后一次拥抱；或许……

指尖漏下的吉光片羽在大地上写下鲜甜清脆的句子，我的心，与这缕阳光一同起伏。疑问，在心中不断盘旋：我会忘却那所美丽的学校吗？我会忘却那个永远的六（4）班吗？我会忘却陪伴我六年的老师吗？我会忘却和我一起笑过、哭过、疯过、闹过的同学们吗？

或许？一定——我不会。

忘却岁月的流逝，我希望拍照的快门永远停留在这一刻，白天永远不会变成黑夜，时钟永远不会再前进一毫，是的，只在这一刻。

这个希望，似乎永远不会成真，游荡的气球终会飘出窗户，冰激凌终会化掉，但我们的友谊不会消失。

最后，借用吕盛的那句话——毕业时，让我笑着滚出去。

让我们忘却不愉快的时刻，记住那美好的每一瞬间。

毕业了，我不会忘却。

2014 年 6 月 13 日 （方　桢）

拿起笔，思绪万千，又放下，可又拿起笔写：

这个夏天，我们就要说再见了。我会好好地记得你，还有你那可爱的小名。某个夏天，静静的躲在房间里翻相片，想起你的生肖，想起你的爱好，还有你的理想。梦，还是一样甜，我们还是我们，睁开眼离别却在眼前。

在同一个校园，看着同一张脸，但，未来我们可能都会有改变，但是我？希望我们能通电话，还能用 QQ 密聊。时刻载着你心情的 BLOG，能收到一封长长的 E-mail。

2014 年 6 月 13 日 （康子怡）

六年过去了……

六年中，我们成长了，原本是一个天真、无知的小朋友，现在，变成了认真、负责，想为班级多多争光的少先队员。

时间就如小火车般速速驶来，仿佛比它还要快上几百倍，它发出“滴滴答答”的声响像是在告诉我们：“时间过去了，这六年来的时光将无法重来。”

毕业了，即将面对的是全新的学校，全新的班级，全新的老师，全新的同学。我不想毕业，不想离开这个学校，不想离开敬爱的老师们，当然更不想离开这么多可爱的同学们！

有时候，你想起一些事，嘴角就会挂着一抹不容易让人察觉的笑容，脸上会荡漾着幸福的微笑，那当你想起一些事，又会忍不住抽泣。

人不能在回忆往事中度过，努力向前看，这只是你人生的一个开始，之后还会经历更多的酸甜苦辣……

2014 年 6 月 13 日 （傅玥瑶）

我听见，铮铮狼骨作响；
我感到，滚滚热血喷发。

山那边的狼嚎阵阵，我向上，
侧耳吟听，这声音悠长而连绵。
我明白，这是狼群集结号呀！
它等待，我的到来。
我流泪，我欢笑，我长嚎。
回头望，少年狼，要启程，
记忆回放，痛苦快乐围绕。
这是一个开始，也是一个结束；
离巢之日，出征之时，同时来到！
这是用六年童年编织的故事；
它在留声机是缓缓流淌；
是时候，在草原追逐梦想。
我爱的与我的梦想，由我自己守护。
别把小狼不当猛兽！
曲终人散，人散痛断肠；
泪与汗的故事，
在纷飞的樱花雪中绽放。
爱是一种妥协，爱也是一种放手；
我们妥协于对梦的渴望，
我们的老师放手让我们追逐梦想的翅膀。
待成功之日，必将回巢报答！

2014年6月13日

（刘潇）

“毕业”一词对我而言，是那么陌生，而又那么熟悉……

最近，眼泪，无名地多了起来，同学告诉我，这是你健康的表现，真的吗？可能不只是健康吧！眼泪中多了一些不舍，难过，不单单是原来的委屈了。

看到同学们玩耍时的笑脸，脸上分明是笑着的，可眼泪却不受控制的掉下来，一旁的朋友，赶忙把扇子在我脸边摇，嘴里说着：“摇一摇，把眼泪扇干。”可那风，像催泪剂，把眼泪越扇越多。朋友忙着找纸，擦干了我的眼泪，拉着我的手，对我说：“毕业季，让我们笑着度过。”这是昨天。

而今天中午，操场上一只白色的蝴蝶，悄然飞过，朋友看了，喜出望外，追着蝴蝶绕着操场一圈圈跑着，我站在一旁看着她像一只小鸟，张开双臂去追捕一只白色的蝴蝶。太阳的光照在她身上，给她上了一层金色的光。

看着她的动作，笑容，是天真的剪影。可能六年级的毕业，也是给天真的童年画上的一个句点。

我们在这六年经历了太多第一次和最后一次。第一次和同学拉勾，许下誓言，做永远的好朋友；第一次和同学挽着手，形影不离；第一次受到一些人的关注；第一次改变。

这八天里，我们经历了许多最后一次，最后一次合作上课，最后一次所有同学吃一样的食物，乃至，最后一次写小组日志。

但这么多的结束，又包含着多少故事的开始呢？我们的相遇是因为我们前世的缘分，我想用今生所有缘分，来换来生我与你们的再一次同窗，可以吗？

毕业之所以陌生，是因为，它是我们的第一次；它又那么熟悉，是因为，它离我们那么近。

2014年6月13日 （王骏飞）

或许考试就是一剂止痛针，让我们暂时忘记即将要分离。然而，相见，就是撒下一粒种子，感情越深，根也就扎得越深，分离时也就越痛苦。

六年，两千多天；两千多天，不过只有六年，一晃而过，还有三个小时，小学生涯就结束了。

一年级四班，我们曾在那个最靠近楼梯口的地方相识，三年级四班，楼层的最东边，每天下课都会看到那棵摇晃着的大树，还有对面的老师办公室；四年级、五年级……多么希望还有一个六年，可惜意识只存在于现在的一秒，有一天，我们会不会忘了这一切？

有时，真妄想着自己突然醒过来，然后这一切都是一年级开学前的一个梦，可这世上毕竟只有一个梦是真的，那便是现实。

这些字迹只是前一秒的事了。前一秒，我们觉得小学六年是多么漫长，但没想到真正到这一步，这一天，又是那么的不舍，恐怕因为这一秒过去，就再也不能听到汪老师给我们讲课，再也不能写小组日志了，再也不能做眼保健操……再也见不到大家了。

当初，我们是仇人就好了，那样，就不会这么伤心了。但人只能做现在的自己，因为人永远活在现在，悲伤在现在，所以相聚在现在，努力在现在。

2014年6月13日 （潘天乐）

六年时光匆匆而过，“毕业”这个词语对我们来说，曾是那么陌生。

记得一年级的时候，我们在操场上快乐地嬉戏，但好像一眨眼的工夫，就到了六年级，“毕业”这个词好像又是那么的熟悉。

六年时光即将走向尽头，我是那么那么不舍，不舍这个学校，不舍这个班级，不舍这里的同学。舍不得的太多，尽管妈妈总是对我说：“友情不因远而疏，天下没有不散的筵席。”但是，我还是舍不得。

有人说：“小学时光，就像老师用粉笔，终究有一天会变成一摊白色的灰。”小时候，我认为时光有那么多，怎么可能用一根粉笔来做比喻呢？正所谓“明日复明日，明日何其多”。

我每天躺在床上回想起这六年的时光，怎么也睡不着，发现马上就要毕业了，眼泪就这么不争气地流了下来。

早上起来，没有什么其他的感觉，可低头看到了一个微带泪痕的枕头，我知道，我又想你们了！

2014年6月13日 （龙昱承）

还有一天就要参加最后小考了，大家都认真复习着。

时间一分一秒地过着，我们在这里交到了知心朋友，我们在这里，生活因此变得丰富多彩。

课上是那么美好，一双双小手高高举过头顶，大家一起辩论，说出自己的想法。只有静，才能争，只有安安静静的学习，才能和大家一起争执，辩论，才能让课堂变得丰富多彩。

人总有悲欢离合，珍惜这最美好的童年吧！童年总是那么美好，每个人脸上都挂满了笑容，大家都依依不舍，不愿离开，大家都像亲人一样，离别后，大家都应该会十分痛苦吧！

别哭……永远的六（4）班！最美好的六（4）班！

从此我们将不会再在一起，但是我们的心永远在一起！

再见了，六（4）班！

2014年6月13日

（黄安琪）

明天我们就毕业了，要离开母校，开启新的生活，这让我们满怀思念和憧憬。

记得开学时，我担任10号小组的组长，学期末了，我也来个大“盘点”，做个总结。

龙昱承：我的好助手，听我的话，认真完成每一次的任务！值得我们学习的是他的书法，钢笔字写得漂亮极了！刚开学时，那字真是惨不忍睹啊，现在竟比我们书写的还好，那是下了多大的功夫！佩服呀！临近毕业也不忘外校的复习，有了梦想，就努力付出，我相信龙昱承一定会考上外校的。

黄科浩：个子矮小，身材瘦小，皮肤黄黑，这就是他的外表。是我们班新转来的学生，不过适应能力非常强，不到一周就交到了好朋友。尽管是转学生，但在这个组里有非常大的贡献，积极为小组加分。毕业了，我们也希望他多喝牛奶，快快长高，多吃饭菜，快快长壮。毕业了，祝你身体健康，学习更棒！

张博城：班级里公认的天才儿童——不做作业照样考得高分，自学计算机、法律，跆拳道黑带2段哟！他虽然身体不好，只上半天学，但这困难打不垮他，流利的口才，棒极了的英语，广博的知识，还是个友爱的大哥哥。多么优秀呀，我也希望你考上外校，身体能够早日康复。

范晨宇：白白胖胖，爱吃肉和面条，但是有点爱偷懒，字也有点乱哦！加油，该减肥了，向新的起点进发，改掉坏习惯！努力，我们在后面力挺你！

全组成员经过一学期的变化，都有进步，作为组长，我也很欣慰。

毕业了，毕业了，人生中的第一次毕业，马上就要结束了！我希望毕业的泪水能够成为我们最好的回忆。

2014年6月13日　（黄骏泽）

小组日志完结篇。一个多么陌生的词。一年级步入校园，心想还有六年，时间过得真慢，可是随着年级不断升高，越来越感觉时间不多了，可是也从来没有想过，什么时候会分离。六年来，有太多我想说的事，可是，无从下笔，我思索着，想从我大脑深处，发掘出什么，可是，我一无所获，因为，太多的事情都令我感动。

因为，这是最后一天，也是最后一篇小组日志，所以，我看到了许多不同。平日里，热衷于嬉戏、打闹的范晨宇，此时也在埋头，奋笔疾书，平时，大大咧咧的朱子灵，也有了少见的严肃。

一年级的“男不男”；二年级的你追我打；三年级的第一起安全事故；四年级真正意义上的“八卦”；五年级时第一次小组合作，直到现在，六年级，才懂得什么叫思念，什么叫回忆。

思念，真的是一种很玄的东西，生生世世，念念不忘！前世千百次的回眸，才换来今生的一次擦肩而过，在一起六年，前世有缘，今生相见。今生，我们不仅是相见，而且相识，甚至相知，彼此都留下了不可磨灭的印记。

这是小组日志的完结篇，但不代表我们的友谊完结，我们可能缘分未尽，也有可能大家散落在天涯海北，只要心在一起，那我们还是永远的六（4）班。

2014年6月13日　（郭雯静）

刚上一年级时，
老师发给我们一条条红领巾，
我们是那样爱不释手。
第一次升旗，台上播放出响亮的国歌，
我唱得是那样慷慨激昂。
第一次考试，老师发给我们一张洁白的卷子，
我们写得是那样认真。

而这一切的一切，就要变为手中的毕业证，

变为离别的一句句，告别！

离别的一天，在这六年中，我们一起哭过、笑过、高兴过、失望过，一切的酸甜苦辣，我们都一起品尝。当再一次看到你们的笑容时，那一切的悲伤都被我丢在了脑后，因为你们的快乐也是我的快乐，就算我们要分开，但我相信，我们的心也是永远在一起的！

2014年6月13日 （李乐文）

这是最后一篇日志了，因为，马上就要毕业了。

记得，五年级时，妈妈跟我谈起初中，总会被我打断："你想那么远干吗？还有两年呢？"可现在，真的要上初中了。回想当初，我老打断聊天，可能是觉得无聊，更可能是还没有准备好。

谁都不想长大，但终究都会长大。

也许，我们还没准备好和同学们分开，还没准备好脱离纯真的友谊；还没准备好脱离"小学生"这个身份。

或许我们认为，现在，初中把我们分开是一种"罪恶"，或许我们认为无法承受初中学习的压力，但我们对同学、学校还有一份热爱，就算分开，这种热爱依旧还在。心还在，分开又何妨？

我们会承受不了初中分离的压力吗？不会，其实，我们都有一颗韧性十足的心，它远比我们想象中耐磨得多。

我们会承受不了初中分离的压力吗？不会，因为人散但心还在；因为人散但却依旧耐磨。

第四部分

汪亭课堂教学的探索

崇仁寄宿学校伙伴课堂的研究与变革，是在华中师范大学陈佑清博士的“学习活动”理论和“以学习为中心的课堂”教学理论指导下进行的。其要义是设计与组织丰富多样的学习活动，建构以学习为中心的课堂。汪亭老师的课堂教学改革，也正是在这一理论指导下，通过大量的课例研究，初步形成阅读教学学习活动的基本结构和“核心问题探究”的基本特征。在此基础上，建构“小学语文阅读课‘核心问题探究’教学模式”，并分文体进行典型课例解析和教学有效性研究，以确证模式的操作性。

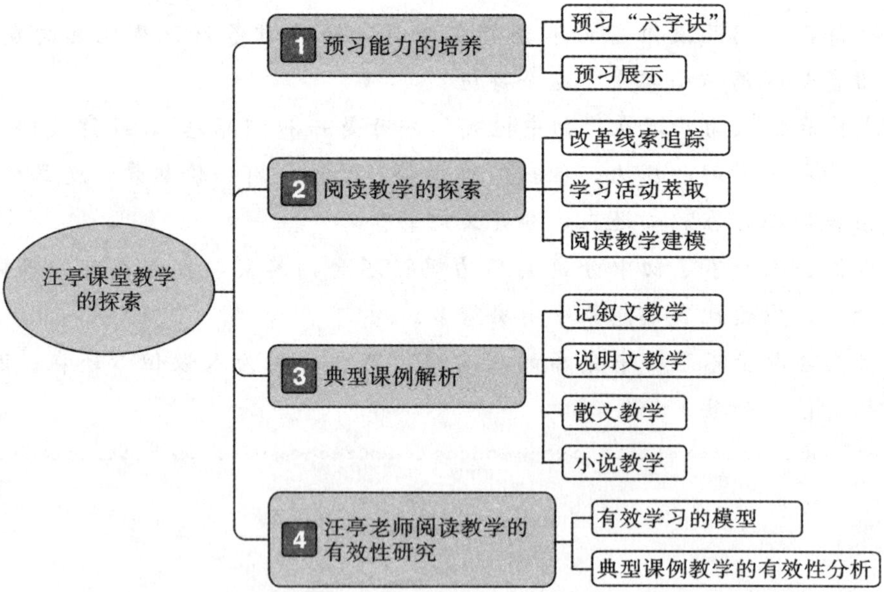

一、预习能力的培养

(一) 预习"六字诀"

六(4)班学生在课堂优异的表现，在一定程度上取决于他们课堂预习的充分和深度。而汪亭老师从二年级就开始重视培养学生的预习能力。

之所以如此，这里面有汪亭老师关于预习的一段心路历程。

一次看到侄儿的语文书，一片空白，我就怀疑他预习了吗？上课听讲了吗？为什么一篇课文学完了，还空白一片。不解！

学校开展"伙伴课堂"研究，我看见好多实验的语文老师都在进行"导学案"的设计，我一看，满满当当一张纸，这不又是做练习吗？不明白。

我在想：要想上好语文课，培养学生好习惯很重要，尤其是课前自主预习的习惯更重要。为何不好好用好一本书，就在书上做预习呢？

教这个班，从一年级起，我就训练学生在语文书上勾画。正式预习是从二年级开始，预习作业"标—读—圈—画—思—查"，六字要求分别是：标自然段；读课文三遍；圈出课后生字；画下词语；思考课后问题；查字典，写出部首和词意。

到了五年级，我将预习要求明确为六个字：标—读—思—找—写—查。

标：标自然段。

读：读书三遍；做到正确、流利、有感情。

思：思考课后习题；质疑问难，写在课题上方。

找：找好词圈起来，好句旁写批注。

写：生字表中易错字放大；形近字组词；多音字组词。

查：查词典理解意思；查资料补充；家长检查签字。

将预习作业写在书上，学生作业负担减轻，很多学生认真地超额完成，因为预习越充分，课堂上发言越积极。因此到了六年级，我们班的课堂，仍然是"小手如林、书声琅琅、议论纷纷"的状态。

——摘自《汪亭老师随笔》

（二）预习展示

到六（4）班听课，几乎可以看到每个学生的语文书上都有密密麻麻的批注以及荧光笔画的着重号，还贴彩色的写满补充材料的“即时贴”，可见学生个人独立预习十分充分。

而小组交流汇报预习的环节，各小组在组长的主持下迅速分工，各自进行演练，然后以十分默契的配合展示预习的成果。由于预习得充分，加之课堂上有5分钟的时间分工协作演练，预习汇报十分紧凑而精彩。

以下呈现的是“小桃树”一课预习汇报的教学片段（根据录像整理，标题是李红路加的）：

（一）分工演练

师：课前同学们都做了充分的自学，现在老师会给大家5分钟时间，在各组学习领袖的带领下交流预习所得，准备预习汇报，要求听懂了的同学点点头。计时员5分钟计时开始。

（二）预习展示

师：今天我们上第8课，我们请8号小组的同学为我们作交流。

8号组交流

生：下面我们小组来和大家交流本课的基础部分。

生：首先我在生字表中找到了2组形近字，现在请大家跟我一起读；晰（清晰）；淅（淅淅沥沥）；悔（后悔）；侮（欺侮）。

生：下面由我来为大家讲解难写的字，我在生字表中找到了这3个字：“瘦”、“葬”、“撑”（对易错笔画标红并讲解）。

生：下面由我来讲解课文中易读错的词，请大家跟着我一起读“淅淅沥沥”、“打着转”、“花骨朵”。

生：请大家跟我一起看书，我在第8课中找到一些表示时间的词，大家看第1自然段的开头就说了“今天……”，请大家看第2自然段的开头

“记得那是好多年前的秋天”，请大家看到第8自然段“如今”，这3个时间词我们可以知道这是一个插叙，第2自然段到第7自然段是插叙作者童年的一些事。

生：我们小组汇报完毕，请问其他小组还有什么补充?

9号组补充

生：通过预习，我们组还找到了2处表示小桃树的，第一是生命的顽强，第二是意志品质的坚强。

生：第5自然段“它长得不慢，一个春天长上两尺来高”。这里写出了桃树生命的顽强，小桃树虽然很弱，但一点点的向上长，我认为这里表现了小桃树生命的顽强。

生：第7自然段有一句话“它还在长着，弯弯的身子，努力撑着枝条，已经有一人高了”，这句话中“努力”用了拟人的修辞手法，突出了小树的意志，同时也暗示了“我”在成长中经历的一些风雨。

生：“努力”这个词也表明小桃树的自身条件也不好，但它靠自己也能取得一些收获。

生：请大家看第9自然段：“雨却这么大的下着，花瓣纷纷落下，我以为有了这场春雨，花会开得更艳，谁知它却这么命薄，片片付给风和雨?”这里有一个对比，美好的想象与残酷的现实的对比，说明小桃树身体上是非常脆弱的，有一点可怜，但精神是顽强的，有顽强的生命力。在它后面的这一句：“雨还在下着，我的小桃树千百次地俯下身去，又千百次地挣扎起来。”我从“千百次、又、挣扎”可以看出小桃树具有顽强的毅力，这是风吹雨打都摧不垮的。

生：最后由同学来解释小桃树的脆弱。

生：第1自然段“我关上门，靠窗坐下，看我的小桃树，枝条被风雨摇晃着，花一片片落了，大半陷在泥里，三点两点地在黄水里打着转儿”，从这里描写小桃树的样子，体现出了小桃树自身是十分可怜的。

生：作者运用一个“瘦、美丽完全消失”说明小桃树身体非常脆弱，也突出了小桃树非常可怜。我们小组交流完毕，请其他小组继续交流。

5号组补充

生：你们9号组主要理解的是它的精神，我们主要讨论的是小桃树生长中经历艰辛与磨难。首先由江琳艺来为我们介绍第一点。

生：第7自然段，首先朗读。

生：朗读："它长得不是地方，又不好看，曾想砍掉它，奶奶却不同意，常常保护着它，给它浇水。"

生：这句话说明了小桃树生长条件很艰苦，生长环境很差。

生：接下来由高远志来为我们介绍第二点。

生：朗读："我每次看着它，却发现从来没有一只蜜蜂、一只蝴蝶飞绕。"

生：从这句话我们可以看出没有一种昆虫来给它授粉，而我们知道没有授粉的小桃树是没有办法长得更加茁壮，更加好的，这点也看出了小桃树生长条件的艰苦。

生：我补充我们组的发言，在前面还有一点"它长得很委屈，瘦瘦的，黄黄的，似乎一碰立即会断"，从这里可以看出小桃树非常可怜，碰一碰就会断，很脆弱。

生：我来总结我们小组的发言，小桃树生长的艰辛共有三点：第一点长得十分委屈，很脆弱；第二点生长环境十分差；第三点没有昆虫来帮它授粉。我们小组发言完毕。

（三）教师评价

师：各小组都在交流自己的预习所得，8号组为我们梳理了这篇课文的脉络，发现这篇课文是按照时间为序，从"记得"这2个字可以看出来，这篇课文在写作中还运用了插叙的手法，这个分享非常有价值。刚才9号组和5号组都讲到了这篇课文留给他们印象深刻的就是小桃树，都说到了在作者眼中的小桃树给我们的第一感觉是可怜、顽强的，有着坚强的意志品质，这就是我们说的整体阅读抓要点。

从上述预习展示的片段来看，学生课前的预习很充分，课堂上小组展示前的分工协作的演练也十分熟练，预习展示中配合十分默契，体现了很强的自学能力，这是汪亭老师从低年级开始，长期坚持训练所致，是她在伙伴课堂研究中成功的经验之一。

二、阅读教学的探索

（一）改革线索追踪

从语文学科教学研究的角度而言，汪老师的伙伴课堂研究内容主要集中在阅读教学上，探索如何把自主学习、合作学习与语文教学的本体特征结合、统一起来。这是崇仁寄宿学校“十二五”课题“优质教育视角下学习活动的整体建构”子课题“课堂教学中的学习活动及其指导策略研究”的重要研究任务，具体由余国卿副校长领衔研究与实施。余国卿是湖北省语文特级教师，在语文教学上给予了汪亭老师很多的帮助与指导。

在访谈中，余国卿副校长给笔者提供了一条这样的线索：

2012 年 9 月，学校把工作的重心放到“伙伴课堂”的研究与改革上来。研究课展示交流活动非常频繁。近两年的时间，汪亭老师也上不了不少研究课，其中有三节课比较典型，能够体现学习活动（注：自主学习与合作学习）的多样性与语文教学的“语文味”之间结合、统一的过程。

“青海湖，梦幻般的湖”：解决第一课时学生怎样自学的问题；

“童年的小花狗”：解决第二课时学生怎样开展合作学习的问题；

“小桃树”：解决第一、二课时学习活动与内容整合问题。

——摘自《余国卿副校长 2014-04-21 访谈实录》

以上三节课，涉及阅读教学的“课时特征”、“文体特征”等本体性的问题，同时也贯穿着不同文体、不同课时教学中学习活动的问题。二者是怎样结合与统一的？

根据这一线索，带着这个问题，我们收集了汪亭老师这三节课的文本及音像资料，并对汪亭老师进行了深度访谈，以期对她的教学改革经验进行适度“萃取”，以便于学习、借鉴和寻找启示。

（二）学习活动萃取

1. 理论视角

研究汪亭老师阅读教学中的学习活动及其特征，首先要对学习活动进行界定，这必然涉及关于学习活动的理论视角问题。学习活动是哲学、心理学、教育社会学、学习科学、教学设计理论等多个学科共同关注问题，不同的学科对学习活动的理解、侧重点有所不同。

（1）对“学习活动”的界定

崇仁寄宿学校“十二五”课题“优质教育取向的小学生学习活动的整体建构”对学习活动的界定是：小学生的学习活动，是指小学生为促进身心发展而参与的身体的、心理的以及身心统一的各种活动。这种哲学和心理学层面的对学习活动界定，能较好地解释学习与发展的关系，为教学领域里学习活动的研究提供了哲学和心理学依据。但对于具体的教学而言，哲学和心理对学习活动的界定显得比较宽泛，要研究具体教学过程中的学习活动，尤其是要解决学习活动的设计问题，必须持教育学立场。为此，笔者在哲学和心理学关于学习活动理论的基础上，综合运用学习科学的“活动理论”和“以活动为中心的教学设计理论”，对课堂教学中的学习活动重新界定为：学习活动是为了完成学习任务而进行的教与学的行为的总和。学习活动是教学设计的基本单位，是以教学目标为导向，以学习任务为驱动的教与学的行为。

（2）“萃取学习活动”的方法

所谓“萃取学习活动”，就是基于上述“学习活动”的界定，以具体课例的教学设计与课堂实录为依据，根据教学目标和学习任务，把教学过程划分成几个相对独立的环节。萃取学习活动要综合考虑下面的三大要素：

目标导向。学习活动必须以明确的学习目标为导向，不能游离于教学目标之外。

任务驱动。学习活动必须围绕一定的学习任务展开。学习任务是学生要做的事，指向具体的教学内容，是学习活动的载体。

结构完整。一个学习活动是由个体自学、小组学习、全班交流、练习反馈等学与教的行为组合而成。组合的方式不一样，学习活动的结构不一样。

2. 课例分析

课例1 《青海湖，梦幻般的湖》

2013年3月1日，汪亭老师执教“伙伴课堂”《青海湖，梦中的湖》（第1课时）的研究课，听课的有学校课题组成员和驻校专家。遗憾的是这节课没有录像，笔者只能根据当时的听课记录进行“还原”。这节课主要研究两个问题：一是阅读教学第一课时教学内容，解决“学什么”的问题；二是阅读教学第一课时的学习活动结构，解决“怎么学”的问题，如表4-2-1所示。

表4-2-1 学习活动与学习内容表

学习活动	学习内容
活动1 任务单导学 学生根据任务单自学课文 任务单：读文—学词—交流—质疑—课听（在上一组派来的“学习领袖”指导下进行）。	朗读课文、学习生字词、理解课文内容，对文本语言做初步品析。
活动2 梳理核心问题 分类—比较—选择（在老师的指导下通过讨论确定）。	学生提出理解文本内容的“核心问题”。

《青海湖，梦中的湖》的教学所预设的两个学习活动，构成了第一课时的基本教学结构：任务单导学—梳理核心问题。

上述被“还原”的表格中有三个关键词，分别是“任务单”、“学习领袖”、“核心问题”。这三个关键词在学习活动与学习内容之间建立了连接。

“任务单”，就是把小组自学的“读文—学词—交流—质疑—课听”五步写在黑板上，便于学生小组自学和组内分工协作进行交流；“学习领袖”是在一节课的预习汇报中表现优秀的学生，由小组推荐产生。按照小组的编号，“学习领袖”一般被派往下一组（如从8号组派往9号组）指导、监督自学过程；“核心问题”是指向文本思想内容的，具有统领全文作用，它又是便于学生探究与交流的问题。

这些关键词是如何“诞生”，又是怎样进行操作的呢？

上《青海湖，梦幻般的湖》这节课的时候，合作组刚刚组建不久。上这节课主要想是通过第一课时教学，把自学环节搬到课堂上，教学生自主学习、合作展示。

第一课时的教学给足时间自主学习、合作展示。按照（导学单）1-2-3-4-5的顺序给每个人分配必选动作：第一个同学负责生字词的书写，纠正易错音；第二个同学负责课文内容概括，大家帮他完善；第三个同学关注不理解的生字词；第四个同学负责组内质疑梳理；第五个同学负责全盘组织调控。下一篇课文的教学按学号轮换承担不同的任务，每个人都可以当组长，承担不同的任务。这样做的好处是能够把自学的每一步落实到位。例如要求在组内读书，每个人一句或一段轮流读书、轮流点评。这是在合作之初把方法教给他们，主要是分工配合。小组里有时间规定 8～15 分钟。

完成自学任务后，每个小组交流汇报的时候先说读懂了什么，再交流不懂的问题。

最后一个环节是“学习领袖”在组内报听写，同时派一个同学把小组内不懂的问题写在黑板上。1～11 号组的问题都写在了黑板上，我指导他们对问题进行梳理。告诉学生，对于那些生字词的问题，以后就不要写在黑板上。要善于提出核心问题，就是指向课文思想内涵、写作方面的借鉴、重难点词句的含义等方面的问题。梳理核心问题这一教学环节，实质上是教给学生质疑的方法。

——摘自《汪亭老师 2013-05-01 电话访谈实录》

在这个初期阶段，关注了合作组内的分工，组内学生按照一定的次序，人人都要参与其中，然后“学习领袖”在小组中如何发挥组织作用，组长管一些事务性的工作，“学习领袖”管学科指导，一般都是派到下一组，既是指导下一组学习，也是一种监督。每个小组的成员的构成都是“一个外组的学习领袖＋四个本组小组成员”。

课例 2　《童年的小花狗》

2013 年 4 月 17 日，汪亭老师执教“伙伴课堂”研究课——《童年的小花狗》。这是继《青海湖，梦幻般的湖》第一课时教学研究之后，进行第二课时教学如何体现学习活动与学习内容结合与统一的探索。在第一课时教学中，汪亭老师用《青海湖，梦幻般的湖》第一课时的教学方法引导学生完成基础性学习，梳理出了第二课时探究的核心问题："三十年过去了，作者为什么一直把小花狗带在身边?"第二课时的教学任务主要是围绕这一核心问题组织学习活动。笔者根据课堂教学录像，还原了这节课的学习活动结构，如表 4-2-2 所示。

表 4-2-2 学习活动与学习内容表

学习活动	学习内容
活动 1 自学批注，组内交流 1. 围绕核心问题找关键词句进行批注。 2. 小组内交流自学所得。 要求：先用 2 分钟时间，请大家默读全文你认为从文中哪些语句理解这个问题，请在旁边做批注。2 分钟后再展示小组学习交流。听明白的请点头，计时员开始计时。	品词析句，探究核心问题："三十年过去了，作者为什么一直把小花狗带在身边?"体会文章的思想感情。
活动 2 互动展示，深化理解 1. 品析词句，练习朗读。 2. 展开想象，读中学写。 要求：以小组为单位，组内可派代表主说，其他人做补充，也可以采取"说一补"相间的方式。如果一个小组说完了，这个地方引起了你们小组共鸣，你可以接过去补充发言。听懂了的请举手。	

《童年的小花狗》第二课时教学中预设的两个学习活动，也构成了这节课的基本活动结构：小组自学—互动展示。这个结构指向"三十年过去了，作者为什么一直把小花狗带在身边"这一核心问题的探究，从教学效果来看，学生参与面广，思维十分活跃，情感体验非常深刻，想象、联想十分丰富。这两个学习活动是如何展示的？相对于《青海湖，梦幻般的湖》第一课时的教学，《童年的小花狗》第二课题教学在研究"统一"问题上有哪些突破?

《童年的小花狗》第二课时的教学上，学生有了一定的合作学习能力，加上前四年品词析句训练扎实，学习起来相对就比较轻松。《童年的小花狗》一课的核心问题是“为什么三十年过去了，我还把王大爷送的小花狗带在身边”，每个小组的学生以这个核心问题为抓手，自己寻找相关的点（词句）去说，学生都能够找到文本中的重点词句，联系生活和上下文，做得很好。

这节课成功之处是孩子们倾听的习惯非常好，其他小组站起来发言时没有重复上一组的内容，而是从不同的段落，或者从同一段落的不同角度去补充。《童年的小花狗》合作学习做得比较突出的是：他们学会了倾听、补充，说别人没有说过的，说别人说得不全的。

——摘自《汪亭老师 2013-05-01 电话访谈实录》

课例 3　《我的小桃树》

2014 年 3 月 12 号，汪亭老师执教“伙伴课堂”研究课《我的小桃树》，这节课尝试把前两次研究课第 1～2 课时的学习活动和学习内容进行整合，提高课堂教学的实效。

表 4-2-3 是笔者根据这节课的录像和课堂实录还原的学习结构和学习内容。

表 4-2-3　学习活动与学习内容表

学习活动	学习内容
活动 1　交流预习 进行汇报演练 要求： 1. 各合作组按照六步预习法的内容交流预习所得。 2. 小组分工，进行合作演练，为预习汇报做准备。	学习本课的生字、新词。
活动 2　强化字词，把握主要内容 （第一轮汇报） 要求： 1. 汇报生字词的学习。 2. 用“整体阅读抓重点”的方法把握文章的主要内容。 3. 你读懂了些什么？	把握文章的主要内容。

续表

学习活动	学习内容
活动 3　品词析句，探究核心问题 （第二轮汇报） 要求： 1．运用“局部品读析词句”的方法探究核心问题。 2．课堂练笔，深化理解“顽强”。	探究核心问题，感受小桃树的“可怜”与“顽强”。
活动 4　读中学写，揣摩表达方式 要求： 1．看看课文中“文章线索”、“修辞手法”、“构段方式”等方面的表达方式上，哪些值得我们借鉴？	学习作者的表达方式。

表中的四个学习活动，把前面两节研究课中第 1～2 课时的学习活动进行了整合，形成了阅读教学一个完整的“学习活动流程”（见图 4-2-1）：

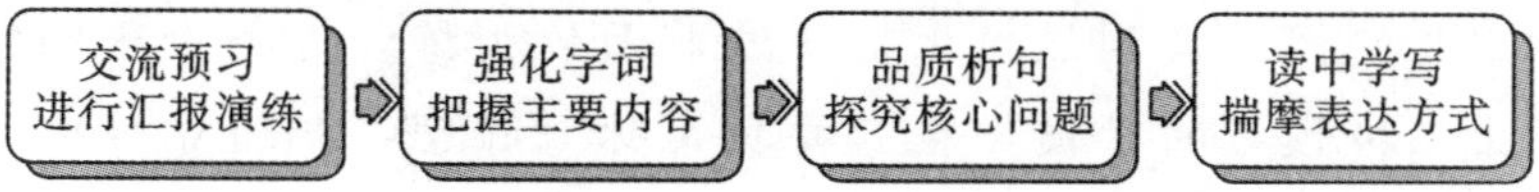

图 4-2-1　学习活动流程图

这个“学习活动流程”包括学生个体学习、组内交流讨论、组际互动展示、教师全班教学多种学习活动，体现了学习活动的完整性和多样性，高效地完成了“基础内容”（字词及文章主要内容）、“思想内容”（情感态度与价值观）和“写作内容”（表达方式）的学习，初步实现了“学习的多样性与语文教学的本体性的统一”。

是怎么想到把阅读教学第 1～2 课时的学习活动及内容进行整合的？阅读教学第 1 课时如此大容量的教学内容，怎么操作才能完成教学任务？

对此，汪亭老师做了如下的解释：

以前第一课时只能学习基本的生字词，梳理出核心问题就下课了，核心问题只能留到下节课学习。课堂上学生虽然动起来了，但 40 分钟学到的东西实在太少，学习的效率仍然不高。有了之前的合作学习的基础，我尝试在《我的小桃树》一课教学中，一个课时内让学生既学完生字词，又能对核心问题做一些较为深入的探究，提高教学效率，这需要从学习活动和学习内容两个方面同时进行整合。为了做到这一点，我做了很多的铺垫工作。

开学初我就把全册课文作一个自学习展示任务的分配，每两个小组分配一节课，共同准备做这节课的基础内容的交流。基础内容包括生字的易错音、易错字，难理解的词，课文文脉的梳理。小组按照六步预习要求做准备，再请一个学生“串场”主持基础内容的预习展示。因为课堂展示会对小组评价，并产生下一课的“学习领袖”，有了这样的驱动，小组就会分工合作，全力以赴准备这一课的预习展示了。现在，课文主题图的PPT都由学生自己做，我自己上课很少做课件。

核心问题的确定是完成第1课时大容量教学任务的一个关键因素。现在核心问题的确定不像以前一样仅仅来源于学生的质疑。核心问题的确定既可以是学生预习中的质疑，也可以是课后的问题，还可以由老师确定。也不再把小组的问题写到黑板上，通过前面的训练，这个阶段已经被超越了。课堂上汇报预习的时候学生只要把文脉一梳理，知道了什么？不知道什么？很快就把核心问题确定了。

核心问题的探究阶段，我不断训练他们“整体阅读抓要点，局部品读析词句”的阅读方法。到了高年段，培养学生概括课文的能力非常重要。拿到一篇课文，回答核心问题的时候，首先要进行整体阅读，找到几个要点，概括性地回答这个问题，然后再深入到文本里去找相关的重点词句，联系上下文来理解。前五年培养他们局部品读的能力，基础打得很牢，六年级要培养他们整体概括的能力。例如对《我的小桃树》的核心问题的理解，学生应该这样说：小桃树是一棵、可怜、顽强的树，然后再说从哪些方面可以看出它的可怜与顽强。

另外，学生在课堂展示中口头表达方式也决定着小组展示互动是否能深入和节约时间，同样也决定着在第一课时能否同时完成基础内容的学习和核心问题的探究。如果学生发言时拉拉杂杂、语无伦次、前后跳跃、重复他人，既会影响表达效果，也会浪费宝贵时间。因此，我每一节课都在训练学生如何说，怎样说最简洁，怎样说最有效果。例如，我最近又用这种方式上了研究课《奇妙的田螺》。这是一篇说明文。进入这一单元的时候，要关注整体阅读。我告诉学生第四单元的课文都是说明文，要注意三点：说明顺序、说明事物的特点、说明方法。学生按照单元导读的方法学习《奇妙的田螺》，很快把握了文本的内容与说明方法。

《奇妙的田螺》的教学，在合作学习上基本与《我的小桃树》教学一样，5分钟交流预习所得，然后进入核心问题“田螺到底奇妙在哪儿?”有了前段时间“整体阅读抓要点，局部品读析词句”阅读方法的训练，每个小组在概括的时候就做到了有序，他们知道每个组只需要围绕核心问题的某一个方面做全面、详细的介绍就可以了。比如说，这个小组介绍田螺的外形比较奇妙，那么他们重点介绍第3自然段就可以了。现在学生品析能力提高很快，他们不仅会从内容上抓重点词句去体会田螺的奇妙，还会抓住写作手法去揣摩，例如田螺的外形，他们抓住了“先分后总”的构段方式、作者细致的观察与描写的方法，交流的时候比较巧妙地把文本的内容与写作方法糅合在一起，使语文的学习达到了一个新的境界。

——摘自《汪亭老师2013-05-01电话访谈实录》

通过以上三个典型课例的分析，显现了汪亭老师阅读教学学习活动的基本结构和“核心问题探究”的基本特征，为后面的教学建模奠定了基础。

（三）阅读教学建模

2014年5月16日湖北省“健康课堂”展示活动之后，汪亭老师课改经验得到了广泛的认同，其社会影响不断扩大。2014年9月，汪亭老师新接手三（6）班，开始了她的第二轮课改。在2014年9月至2016年5月的近两年半的时间内，笔者深入三（6）班做田野研究，重点关注了汪亭老师的阅读教学，录制了大量的阅读课视频。通过对比发现，汪亭老师在小学三、四年级的阅读教学中，保留了原来“核心问题探究”的基本特征，但对围绕“核心问题探究”展开的学习活动的设计更加简约、灵活，因课文文体不同而出现了很多变式，这说明原来四个环节的学习活动流程还有进一步优化的可能。如何进行优化？2016年5月，笔者指导汪亭老师全面总结了近四年（2012—2016）阅读教学经验，申报武汉市2016年教师个人课题“小学语文阅读课‘核心问题探究’教学模式研究”，挑选了由汪亭老师执教的小学中、高年级的10节有代表性的成功课例，运用归纳法进行了教学建模。

1. 核心问题的内涵与特征

（1）“核心问题”的内涵

“核心问题”是驱动教学过程，指向文本核心知识，即直指文本思想内容和表达方法，聚焦课文“语言文字运用”（以下简称“语用”），能对文本的学习起到“牵一发而动全身”的问题。“核心问题”有两个要义：

① 指向“核心知识”。一篇课文中语文知识分为“语料知识”（语言材料，如字词）、“语义知识”、“语段知识”（构段方式）、“语篇知识”（布局谋篇）、“语辞知识”（修辞）。这些知识都是显性的、静态的。学生学习语文，主要是学习运用这些知识，即学习如何识字写字、如何阅读、如何进行口语交际、如何运用语文进行综合性学习，是学习“言语”，学习如何运用语言的程序性知识、策略性知识[①]。阅读教学中的核心知识，或者说课文中的核心知识，不是语义、语法、语辞知识，而是“语用”（如何运用语言）知识。学习语言文字运用既包含学习“理解”语言文字的运用，也包括学习“运用”语言文字。这一言语实践的过程，恰恰是语言和精神携手走向丰妙的过程。所谓对语言文字的正确正解，必然基于确切地把握具体独特的言语形式，而正确运用语言文字的能力，就是根据情境和需要尽可能完美地组织言语形式的能力[②]。

②驱动教学过程。所谓核心问题，是指能激发和推进学生主动活动、能整合现行教学中应该学习的重点内容和关键内容、能与学生生活实际和思维水平密切相关联、能贯穿整节课的客观问题或客观任务。核心问题，也是相对于课堂上随意的连问、简单的追问和习惯性的碎问而言的，就是从教学内容整体的角度或学生的整体参与性上引发思考、讨论、理解、探究的“牵一发而动全身”的重要问题。阅读教学中的核心问题要具备“三力”：吸引学生参与的牵引力、在教学过程方面形成一个教学板块的支撑力、在课堂活动方面让学生共同参与、广泛交流的凝聚力。核心问题的设

---

① 王荣生．语文课程与教学内容［M］．北京：教育科学出版社，2015：70．

② 叶小平．最初的心，永远的事：小学语用教学的实践与思考［M］．宁波：宁波出版社，2014：9．

计要新，要深，要能迅速提挈全篇的学习，要能奋力搅动学生的思维。核心问题探究，指的是阅读教学围绕一两个指向文本思维内容与表达方式，聚焦“语言文字运用”的大问题，组织学生通过个人自学、小组学习、互动展示等方式而开展的探究性学习。

（2）核心问题的特征

为了进一步研究核心问题的特征，汪亭老师结合已有的经验，对鄂教版小学语文 3～6 年级语文教材的 72 篇课文的核心问题进行了重新设计，并按照散文、小说、说明文、记叙文、童话、诗歌的文体进行分类，如表 4-2-4 所示。

表 4-2-4　72 篇课文的核心问题分类表

序号	课文	年级	文体	核心问题	核心问题指向
1	《中国的花》	六年级	散文	人们为什么最喜欢梅花和牡丹？	综合
2	《养花》	六年级		作者养花的乐趣体现在哪？	综合
3	《壶口瀑布》	六年级		作者是怎么写出壶口瀑布的壮阔、雄伟的气势的？	综合
4	《我的故乡在北京》	六年级		故乡北京什么地方最吸引你？	表达方法
5	《匆匆》	六年级		你从哪里感受到时光匆匆？	综合
6	《我的小桃树》	六年级		作者眼中的小桃树可怜和顽强体现在哪？	综合
7	《雪》	六年级		江南的雪和北方的雪各有什么特点？	内容理解
8	《井冈翠竹》	六年级		井冈翠竹为什么使人难忘？	综合
9	《青海湖，梦幻般的湖》	五年级		为什么说青海湖是梦幻般的湖？	综合
10	《我的老师》	五年级		蔡老师给“我”留下怎样的深刻印象？	内容理解

续表

序号	课文	年级	文体	核心问题	核心问题指向
11	《傻二哥》	五年级	散文	傻二哥“傻灵傻灵”的特点表现在哪？	内容理解
12	《隔窗看雀》	五年级		怎么理解“忙碌而不羞愧，平凡而不自卑”？	内容理解
13	《黄河源》	五年级		黄河源有哪些奇景令人迷恋？	综合
14	《藏北草原》	五年级		作者是怎样从草原之美和人之美两方面写出藏北草原的特点的？	综合
15	《索溪峪的“野”》	五年级		索溪峪的“野”体现在哪些方面？作者是怎么写出它的“野”的？	综合
16	《中国结》	四年级		为什么说中国结是民间艺人的杰作？	内容理解
17	《灰椋鸟》	四年级		你从哪儿感受到灰椋鸟归林时的壮观？	综合
18	《观潮》	四年级		你从哪儿感受到钱塘江大潮的壮观气势？	综合
19	《听泉》	四年级		入夜后的泉声有几种？各有什么特点？	综合
20	《自己的花是让别人看的》	四年级		如何理解文章的标题？	内容理解
21	《空城计》	六年级	小说	“空城计”能够成功的原因是什么？	内容理解
22	《鲁智深行侠桃花庄》	六年级		文中的鲁智深给你留下怎样的印象？	内容理解
23	《“诺曼底”号遇难记》	六年级		你如何评价哈尔威船长？	内容理解
24	《少年闰土》	六年级		说说闰土是个怎样的人。	内容理解
25	《爷爷的芦笛》	六年级		爷爷的芦笛在文中一共出现了几次？有何作用？	综合
26	《魅力》	六年级		文中的卡佳给你留下怎样深刻的印象？	内容理解

续表

序号	课文	年级	文体	核心问题	核心问题指向
27	《浮冰上》	六年级	小说	诺尼的心理发生了怎样的变化？为何会有这种变化？	内容理解
28	《刷子李》	五年级		文中哪些词句写出了刷子李粉刷技艺的高超？	综合
29	《小英雄雨来》	四年级		雨来是个怎样的孩子？	内容理解
30	《小萝卜头的故事》	四年级		小萝卜头给你留下怎样深刻的印象？	内容理解
31	《生态金字塔》	六年级	说明文	生态金字塔是怎么构成的？	综合
32	《美丽的晋祠》	六年级		晋祠究竟美在哪？	综合
33	《可爱的地球》	六年级		地球为什么如此可爱 ？	综合
34	《奇妙的田螺》	六年级		田螺奇妙在哪儿？	综合
35	《清明上河图》	六年级		《清明上河图》哪个部分给你留下了深刻的印象？	综合
36	《奇异的激光》	五年级		激光奇异在哪？	综合
37	《最后一只白鹭鸶》	五年级		最后一只白鹭鸶为什么飞走了？	综合
38	《神奇的机器人》	四年级		机器人的神奇体现在哪？	综合
39	《荷兰风车》	四年级		为什么说风车是荷兰最大的功臣？	综合
40	《变幻多彩的地球》	四年级		文中写了地球的哪几件衣服？这些衣服和人类有着怎样密切的关系？	内容理解
41	《梅花魂》	六年级	记叙文	“魂”有什么含义？	综合
42	《种一片太阳花》	六年级		太阳花美在哪？给你怎样的启示？	综合
43	《太阳路》	五年级		围绕太阳路，作者写了哪几件事？如何理解“太阳路”？	综合
44	《“我”终于回来了》	五年级		钱学森是怎样克服重重困难，终于回到祖国的？	综合

续表

序号	课文	年级	文体	核心问题	核心问题指向
45	《丰碑》	五年级	记叙文	你怎么理解课题“丰碑”？	综合
46	《健忘的教授》	五年级		你认为教授健忘还是不健忘？	内容理解
47	《友谊的航程》	五年级		从哪些地方感受到中国海军舰艇编队的来访赢得了美国人民的友谊？	综合
48	《迟到》	五年级		从文中哪些词句体会到父亲对“我”深深的爱？	综合
49	《万年牢》	四年级		文中几次提到“万年牢”？各是什么意思？	综合
50	《莫泊桑拜师》	四年级		莫泊桑拜师后是怎么做的？你从中获得怎样的启示？	综合
51	《倔强的小红军》	四年级		小红军的“倔强”体现在哪？	综合
52	《看戏》	四年级		哪个场面最吸引你？	综合
53	《吆喝》	四年级		文中哪种吆喝声给你留下深刻的印象？	综合
54	《为中华之崛起而读书》	四年级		少年周恩来为什么立志为中华之崛起而读书？	内容理解
55	《童年读〈水浒传〉》	四年级		你从课文中哪些词句体会到“我”十分爱看《水浒传》？	内容理解
56	《伯牙断琴》	四年级		你从哪些词句读出了钟子期是伯牙的知音？	综合
57	《军神》	四年级		为什么称刘伯承为“军神”？	综合
58	《父爱深深》	四年级		和父亲做音响的过程中，“我”心理发生了怎样的变化？	综合
59	《阳光洒下来》	四年级		妈妈为什么说“我”是一个好心肠的小姑娘？	内容理解

续表

序号	课文	年级	文体	核心问题	核心问题指向
60	《太阳请假的时候》	六年级	童话	太阳请假造成了哪些后果？	内容理解
61	《犟龟》	六年级		小乌龟的“犟”体现在哪里？	内容理解
62	《快乐王子》	五年级		快乐王子一共央求了小燕子几次？每次怎么说的？怎么做的？	内容理解
63	《小松树》	四年级		说说你对“只有长得越高，才能看得越远”这句话的理解。	内容理解
64	《小溪流的歌》	四年级		小溪流的歌，是一支怎样的歌？	内容理解
65	《巨人的花园》	四年级		巨人的花园前后有什么变化？	内容理解
66	《豆花庄的小家伙们》	四年级		从哪些地方看出这是一个美丽的村庄？	综合
67	《献给老师的花束》	六年级	诗歌	从哪些词句体会到老师对工作的热爱？	内容理解
68	《延安，我把你追寻》	六年级		为什么要追寻延安精神？	综合
69	《我的写作梦》	五年级		课文围绕“写作梦”写了哪些事？	内容理解
70	《我骄傲，我是中国人》	五年级		作者为祖国的哪些方面感到骄傲？	综合
71	《用目光倾听》	五年级		如何理解“用目光倾听”？	内容理解
72	《我站在铁索桥上》	四年级		诗人站在铁索桥上，看到了什么？想到了什么？	内容理解

通过对上述72篇课文的“核心问题”问题的比较和10个典型课例的实录中核心问题探究过程的分析，笔者归纳出阅读教学中的核心问题具有以下特征：

①知识的指向性。“核心问题”具有知识的指向性，即鲜明地指向文本的核心知识。不同文体的课文，其教学的核心价值不一样，核心问题的知识指向也不一样，有的侧重于内容理解，属于“理解取向”，重在训练学生的理解能力；有的侧重于表达方法的领悟与运用，属于“表达取向”；有的两者兼而有之，属于“综合取向”。

②重点的提挈性。核心问题揭示了整节课的关键和重点，通过它，帮助学生认识知识的本质；解决它，其他的问题都能迎刃而解。核心问题的表达简明扼要，直击“要害”；对于核心问题的探究，需要费一番周折；有核心问题的存在，学生学习的主线就清晰了。

③适当的开放性。“核心问题”的结构应具有适度的开放性。所谓“开放”亦即“不但一个问题之中多处呈现开放状态，而且解决路径和解决评价标准也往往是开放性的”。学生有足够的空间去凭借自己的知识经验，设计自己的解决路径，在一个宽松的环境里自由地展开思维，自觉地进行反思，积极地寻求突破。教师应尽可能多地从学生身上挖掘大量多样化的答案和思路。

④高度的整合性。“核心问题”具有高度的整合性。一是从核心问题与其他问题的关系上看，是“主辅”关系，即这节课中的其他问题都是从“核心问题”派生出来的。派生问题也是经过精心挑选并按一定序列整合起来的，是围绕着核心问题的解决而展开的；二是从文本与学生的关系上看，“核心问题”既关联到课文的知识点和能力点，又连接着学生的兴趣点和发展点，它的设计必须基于学生当前的发展水平和兴趣，能够激发和推进学生对课程目标的主动建构，将课堂的核心内容、核心目标与学生的发展高度地整合起来。

2. 模式的教学结构、教学策略和评价标准

（1）教学结构

教学过程是学习活动的展开，教学环节就是组织“学的活动”①，教学流程就是“学的活动”的充分展开②。一篇课文教学过程中学习活动的组

---

① 王荣生. 阅读教学设计要诀［M］. 北京：中国轻工业出版社，2014：122.

② 王荣生. 阅读教学设计要诀［M］. 北京：中国轻工业出版社，2014：135.

合，构成教学过程的基本结构。模式的教学结构，是教学设计的依据。

前文在三个课例基础上萃取的阅读课的四个学习活动，只是课堂上的学习活动。而随着田野研究的深入，笔者录制了汪亭老师执教的不同文体的多个典型课例（详见附录“典型课例课堂实录”）。通过比较发现，汪亭老师阅读教学中的学习活动设计在不断优化，主要体现在两个方面：其一，“预习交流展示”环节重视了质疑问难，强化了“核心问题”的梳理；其二，“核心问题探究”环节中，“读中学写”与“品词析句”两步既可以相对独立，也可以相互穿插，使得“核心问题探究”既指向文本思想内容，也指向文本的语言形式，让学生在核心问题探究环节，可以“在语言文字和内容之间走一个来回”（张志公语）。

而且，预习“六字诀”导学，是学生课前预习的重要环节。核心问题探究环节完成后，一般也要进行相关的读写拓展，以提高学生的阅读与习作能力，培养学生的语文素养。

基于以上对不同文体的典型课例梳理，笔者提炼出小学阅读教学核心问题探究教学模式的基本结构（见图 4-2-2）。

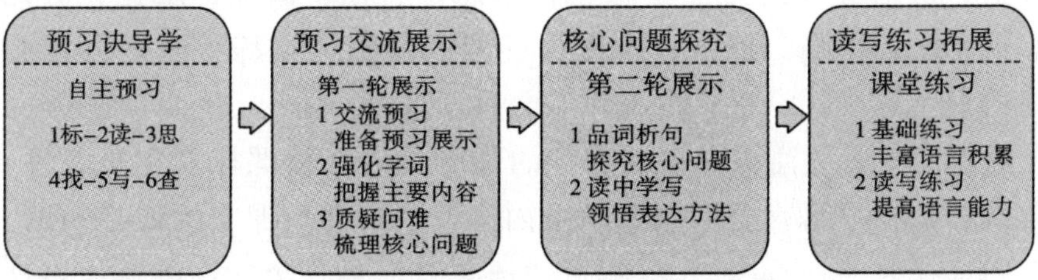

图 4-2-2　小学语文阅读教学核心问题探究的教学模式图

课前预习中的“思”，除了思考课后问题外，还包括“提出问题”，“预习交流展示”环节专门安排“质疑问难、梳理核心问题”。“课堂练习”环节除了基础性练习外，“读写练习”围绕核心知识进行设计，实现读、写方法的迁移。

上述模式的教学结构，在不同的文体课文的教学中是通用的。不同文体课文的教学的差异性，体现在教师对其教学价值的研判、核心知识的取向（理解/表达/综合）、核心问题的设计上，这一点在本章第三节“典型课例解析”中会进行具体阐述。

(2) 教学策略

仔细阅读汪亭老师的课例，我们不难发现，阅读教学要完成基础内容的学习和核心问题的探究，除了要有一个完整的学习活动结构之外，还要综合运用以下几个基本的操作策略：

① 教材文本解读。文本解读是为了萃取核心知识、确定教学内容。教师解读文本，要关注以下三个方面内容。

文体特征。不同的文体，在结构形式和语言表达上所呈现的具体样式不一样，具有不同的教学价值。阅读是一种文体思维，不同体式（文体），其阅读方式、阅读方法均有所不同。不同体式的阅读，有其相应的教学内容，以及相匹配的教学方法①。

语言特色。这里的“语言”指的是课文中那些关键的字、词、句甚至是标点。那些“精妙传神的词语”、“特别的句式表达”、“别出心裁的结构”，等等，是文章的“秘妙”，是“这一篇”区别于“那一篇”所在，也是“这一篇”教学的“核心价值”所在。

写法特点。小学语文课文采用了许多的写作方法，如叙述、描写、说明、抒情、议论等表达方法，想象、联想、类比、象征、烘托、对比、渲染等表现手法，比喻、拟人、排比、反问、夸张等修辞手法，也是需要我们关注的。

在解读文本，关注课文“三特”的基础上，根据课标及年段教学要求，结合学情，选择“语言点”作为教学内容，从而萃取课文的核心知识。“语言点”的选择要“三看”：一看哪个“语言点”最具个性，能够代表这篇课文的语言个性；二看哪个“语言点”最为核心，有统领全文的功能；三看哪个“语言点”最能迁移，能够在新的语境中运用。

②预习分工前置。预习前置有三个要义。一是在开学时将全册书的课文预习展示按小组进行分工。2～3 个小组共同展示一篇课文的预习；二是对具体课文的学习，每个小组的成员都要按照相关的要求做充分预习；三是预习汇报前，小组成员要进行预习交流，并根据交流情况进行分工演练，为小组互动展示做准备。

---

① 王荣生. 阅读教学设计要诀［M］. 北京：中国轻工业出版社，2014：165.

③梳理核心问题。从预习开始培养学生质疑的能力，在“预习交流展示”环节，安排学生质疑问难，指导学生提出有价值的问题，并梳理出“核心问题”。核心问题的确定，要“以学生的问题为起点”、“以课后习题为参照”、“以教师的问题为引领”，在不同年段，需要采用不同的方式，有时候用学生的问题，有时候用课后的问题，有时候用老师的问题。

④学习领袖互派。每篇课文上完第一课时，根据预习和展示情况，由学生推荐产生一名学生领袖，第二课时派往其他小组指导、督促核心问题探究。合作小组中，本组组长管理事务性工作，如纪律、评价、协调等；学生领袖是外派的，只负责指导问题探究。

⑤小组互动展示。在小组预习交流、分工协作演练之后，便是小组展示活动。小组展示是为了促进课堂多维互动，从而实现对知识的建构。因此，一个小组围绕核心问题展示汇报的内容应该相对集中一些，涉及的点不宜过多，有利于小组成员相互补充，达到对语言、思维、情感的深度挖掘与体验。

⑥训练倾听表达。在课堂展示中，汪老师一以贯之地要求展示小组“找、说、读”，其他小组“听、记、评”，重视对学生进行“倾听—表达”训练。具体的做法是，在预习汇报及核心问题探究汇报中，都要注意训练学生倾听的习惯和表达的方法。倾听要心静、抓要点，并做必要的记录。表达要简洁、有条理，力求有新意，不要重复别人说过的话。

⑦ 读写训练结合。阅读教学中要在理解思想内容的基础上揣摩作者的表达方式，找准读写结合的训练点，做到读中学读，读中学写。

“读”的训练结合核心问题探究进行，基本的方法是“整体阅读抓要点，局部品读析词句”和“画句—圈词—写批注”。这些阅读方法的训练随处可见，详见附录“典型课例实录”，兹不赘述。

“写”的训练分两种情况：一是结合文体的特征进行表达方法的迁移训练。例如说明文《荷兰的风车》一课的教学，让学生模仿作者“先概括后具体的方法”写武汉的热干面；二是结合文章的情节内容进行合理想象补充。例如散文《童年的小花狗》一课的教学，在文章情节的省略处（课文：“第二天，王大爷走时，我去上学，没能见到他。等我放学回到家，一眼看见桌上放着一只小花狗，脖子上系着红绸子，绸子上挂着小铃铛……我的眼泪一下子涌了出来。”)，要求学生站在作者的角度，把“我”此时复杂的感情写出来；再如散文《我的小桃树》一课的教学，在文本的空白处，教师安排学生展开丰富想象，并进行细节描写：“千百次地俯下身去又千百次地挣扎起来，依然与风雨做着顽强的斗争，那是一幅怎样的场景？现在我想请同学们拿出笔，就在这幅插图边想象风雨中小桃树俯身挣扎的样子，用细节描写来突出它的顽强。”

⑧教师串联点睛。课堂教学的环节与环节之间的过渡，对学生学习方法与学习状态的评价，对学习重难点的强化等，都需要教师以精练的语言进行“串联”，并做到过渡自然、启发思考、激励情感、引发创新，真正起到画龙点睛的作用。汪亭老师的教学“串联语”极其丰富与精当，教学课堂实录中俯拾皆是，兹不赘述。

(3) 评价标准

汪亭老师的“小学阅读课核心问题探究教学模式”，是在“核心素养”教育理念背景下建构的，基本的价值取向是培养学生的“学习素养”和“学科素养”。因此，我们用“学习素养”和“语文素养”两个一级指标作为基本的评价项目，确定相应的二级指标，研制本模式教学的评价标准，如表 4-2-5 所示。

表 4-2-5　项目评价具体要求及评价等级表

评价项目	具体要求	评价等级		
		A	B	C
学习素养	1. 学会自学　2. 学会提问 3. 学会合作　4. 学会展示			
语文素养	1. 语言积累丰　2. 内容理解透 3. 情感体验深　3. 读写训练实			

三、典型课例解析

不同年级、不同文体的课文教学，如何实施“小学语文阅读课‘核心问题探究’教学模式”？它涉及对文本教学价值的研判、核心问题确立以及探究活动的设计与组织。概言之，要确定适宜的教学内容、设计有效的学习活动。

“适宜的教学内容”，是基于课程标准要求，确定切合课文的文体特征、文章主旨和学情的“知识点”，包括字、词、句、段、点（标点）；所谓“设计有效的学习活动”，就是在“知识点”的基础上，确定教学的核心问题，围绕核心问题设计与组织学习活动。

我们从汪亭老师执教的众多课例中，选择3～6年级不同文体课文的教学课例进行解析。

（一）记叙文教学

◇理论链接

能复述叙事性作品的大意，初步感受作品中生动的形象和优美的语言，关心作品中人物的命运和喜怒哀乐，与他人交流自己的阅读感受。

——《义务教育全日制语文课程标准（2011年版）》

◇典型课例：三年级语文课《山茶花》

1. 文本解读

（1）确定文本主旨

《山茶花》是鄂教版语文三年级上册第七组的一篇课文。本单元的主题是“坚韧、顽强”。该文用抒情笔法描绘了山茶花的美、娇、艳，并使人感悟到“山茶花骨朵有股特别的劲儿”，山茶花的美丽源于花骨朵一个月又一个月，一季又一季的准备，赞扬了花骨朵坚韧、顽强的品格。

（2）把握语言特色

《山茶花》一课，语言特色有三：其一，多处运用设问句、反问句、感叹句，表达了强烈的情感；其二，大量的比喻句的运用，语言生动形象，描写逼真，将人能置身于茶花烂漫，芬芳四溢的花海之中，令人流连忘返，美不胜收；其三，两处省略号，让人对山茶花的颜色和花形产生无限的想象。

（3）研判教学价值

李（李红路的简称）：从《山茶花》这篇课文的文体特征、语言特色以及写作特点来看，你觉得这篇课文最值得教给学生的是什么？

汪（汪亭的简称）：这篇课文虽然是一篇状物的记叙文，但语言的文学性很强，只适合学读，不适合学写。所以《山茶花》一课教学的核心价值在于教授学生阅读理解的方法：通过品味语言、想象画面、朗读体会感受山茶花的美。

李：状物类课文的教学，一般都会把归纳事物的特点作为教学的重点例如这节课，老师们都会问作者从哪些方面写了山茶花，是怎么写的？你怎么看？

汪：严格来说，这篇课文并不是典型意义上状物的记叙文，有学者把它定义为文学性散文。这一点我也是认同的。我之所以把它定位为状物的记叙文，是尊重了编者的意图。《山茶花》一课所在的单元是记叙文单元，前两篇课文《微笑着面对一切》、《一次著名的冲刺》，分别是写人、写事的记叙文，编者的意图很明显，把《山茶花》这篇文章作为状物的记叙文放到本单元，与其他课文一起承担“坚韧、顽强”这一人文主题的教育任务。

李：课文文体有时候是由教科书的编者决定，服务于特定的教学单元主题。但有时候编者对课文文体的确认是错位的，例如把《山茶花》一课定位于记叙文，有些牵强。在编者的意图和课文的核心教学价值之间，如何进行取舍？

汪：遇到这种情况，以课文的语言特色与写作特点，以及学情为参照确定课文的核心价值，适当兼顾编者意图。以《山茶花》这一篇课文为例，要强化它的文学性因素的教学，弱化它的文章性因素的教学。具体来说，就是把理解山茶花的美作为主要教学内容，而把归纳文章的主要内容以及山茶花的特点作为次要内容。在教学中是这样处理的，在预习展示环节，让学生交流预习中“读懂了什么”，指导学生用关联词“不仅……还”归纳课文主要内容：这篇课文不仅写了山茶花很美，还写了山茶花骨朵有一股特别劲儿。然后很自然地把教学内容切换到核心问题探究：山茶花的美究竟体现在哪里？作者又是怎样把它的美写出来的呢？这样，归纳课文主要内容就成了铺垫性的内容，理解山茶花的美就成为主要内容，课文的核心教学价值就凸显出来了。

2. 核心问题探究

表 4-3-1 《山茶花》核心问题探究表

学习活动	设计意图
核心问题：山茶花的美究竟体现在哪里？作者又是怎样把它的美写出来的呢？ 小组自学提示：【PPT 出示】1. 边读边勾画描写山茶花美的词语或句子；2. 边读边想象画面。 小组展示要求：展示小组“找—说—读”，大家的任务是“听—记—评”。	强化学生个体阅读理解的方法和小组展示的方法。
1. 抓描写山茶花颜色、花形的句子朗读、想象、体会 （1）省略号。品读、想象，感受山茶花之美。理解词语“那真叫绝”。 （2）比喻句，品读、想象，感受山茶花之美。 三种颜色的花，把……比作…… （3）构段。第 2 自然段总分结构，用“总起—分述”写山茶花之美。 （4）指导感情朗读，朗读展示。 2. 小结 作者在第二自然段运用了总分的方式，第三自然段运用了比喻的修辞手法，把山茶花的美写得特别具体、生动。	围绕核心问题，选择“省略号”、“比喻句”、“总分段”三个语言点作为主要教学内容，进行读的方法的训练。
3. 练习拓展 学完这篇课文前三个自然段，你觉得我们可以布置一个怎样的作业？	设计开放性练习，学生可以有选择性地对课文的优美词句和表达方法进行积累和运用。

（二）说明文教学

◈理论链接

1. 说明文是以说明为主要表达方式来解说事物和说明事理的文章体裁，一般介绍事物的形状、特点、可以直截了当，不描写、不夸张，称为平实性说明文；该类说明文语言平实、周密，科学性强，言而有序；也可用文艺小品、文艺形式说明，称文艺性说明文。该类说明文生动活泼，通俗易懂，用比喻、拟人化描写手法。

一般说明方法有：举例子、列数字、作比较、列图表等。

说明顺序一般有：时间顺序、空间顺序、逻辑顺序等。

说明文有多种育人价值：

(1) 培养学生捕捉读物信息的能力。学习说明文，要培养学生把握说明文结构特点、语言特点，从而准确、迅速提取文章的主要信息。

(2) 培养学生观察的兴趣、习惯，严密的思维方式和逻辑性，培养学生热爱科学精神。

(3) 培养学生学习用举例子、列数字、作比较、列图表等常用说明方法把事物说具体、说明白。

——吴玉如的《中小学生语文能力培养实践》

2. 阅读说明文，能够抓住要点，了解文章的基本说明方法。

——《义务教育全日制语文课程标准（2011 年版）》

典型课例：四年级语文课《荷兰风车》

1. 文本解读

（1）确定文本主旨

《荷兰风车》是鄂教版语文四年级下册第五组的一篇课文。课文主要写风车在荷兰人生活中的重要作用，表达了荷兰人对风车的深厚情感。

（2）把握语言特色

《荷兰风车》是一篇文艺性说明文。文章以“总—分”的形式布局谋篇，体现了说明文的基本特征。课文以“风车已经成为荷兰的标志了”总起，用拟人的手法写风车排水、做家庭琐事，写风车是荷兰最大的功臣、是荷兰人最忠实的朋友，最后写随着时代的发展风车虽然“退休”，但人们依然把风车当作自己家庭的一分子，表达了荷兰人对风车的深厚情感。

荷兰人对风车的深厚情感，来自文本内部逻辑：

地理位置——地势低，受大海威胁

风车排水——把荷兰变成陆地——发展生产——举世闻名

通过这一逻辑，让我们感觉到风车在荷兰不只是一处风景，一个器物，而是风情，是一个民族的文化符号，是流淌在荷兰人血液中的文化基因。

文本的这一内部逻辑，让这篇说明文有了“温度”，从而让我们理解荷兰人说“上帝创造了海洋、荷兰人创造了陆地”这句话时的自豪感。

（3）研判教学价值

这篇课文的核心教学价值，是让学生学习作者抓住事物的功能特点，用拟人化手法进行说明的方法，并运用联系上下文化的方式体会荷兰人对风车的深厚感情。

让学生按照说明文学习方法——说明对象及特征、说明方法、构段方法，整体感知课文内容，理清课文脉络。

2. 核心问题探究（第一课时）

表 4-3-2 《荷兰风车》核心问题探究表

学习活动	设计意图
核心问题：为什么说风车是荷兰人最大的功臣？这个部分，有哪些好的写作方法值得大家借鉴？ 小组自学提示：①自由朗读或默读 2～3 自然段；②边读边勾画相关的词语或句子。	从“内容”和“表达”两方面思考，有效教学。
1. 抓描写“风车是最大的功臣”的相关句子朗读、体会。 （1）关联词。“不管……还是……总是……”、“虽然……但是”体会风车任劳任怨、无私奉献，为荷兰的发展做出了巨大贡献。 （2）说明方法。举例子、打比方的说明方法，体会到风车的作用。 （3）资料补充。PPT 出示荷兰地形图，让学生直观感受荷兰特殊的地形，为下文写风车是功臣做了有力铺垫。 （4）指导学生有感情地朗读，朗读展示。	围绕核心问题，选择关联词、说明方法、资料补充三个语言点作为主要教学内容，进行训练。
2. 小结。 刚才同学们通过抓重点词、关联词，联系上下文，查找资料、感情朗读，感受到风车是荷兰最大的功臣。现在想想，这两个自然段，从构段上有什么值得你借鉴的写作方法？ 3. 口头练说。 全班开火车接力，口头作文《武汉的热干面》。	运用本节课学到的总分构段法，让学生即兴口头作文，推荐家乡的特产。既激发兴趣，又进行了语文文字的积累和运用。

（三）散文教学

◇理论链接

1. 散文有“形散神不散”的特点，“神”即文章的主题。教学散文就要通过“形”，准确地把握“神”，以“神”贯穿教学的全过程。

——《义务教育全日制语文课程标准（2011 年版）》

2. 通常意义的“散文”，具有两栖性：它既具有文章的特性，又体现着文学的特性。具有文章的特性，主要指它的写实性，有“外在的言说对象”；散文体现着文学的特性，根由在“语言所营造的世界”，即高度个人化的言说对象和言说方式。散文阅读教学，实质是建立学生的已有经验与“这一篇”散文所传达的作者独特经验的链接，要关注作者独特的情感认识，细读、体味作者精准的语言表达所蕴含的意味，体味语言的滋味和作者的情调。

——王荣生的《散文教学教什么》

◇典型课例：六年级语文课《我的小桃树》

1. 文本解读

（1）确定文本主旨

本文的写作背景是：1976 年，为期十年的“文化大革命”终于结束，在这十年期间，无数被时代耽误年华和奋斗机会的青年人开始反思，开始奋斗。作家贾平凹在这个大的时代背景下，托物言志，以“小桃树”的形象来象征“文革”中成长起来的青年一代。通过对它坎坷的出生、成长到迷茫和看到希望的描述，反映了青年一代在迷茫和探索中成长的真实历程。

《我的小桃树》是鄂教版第十二册第三组的课文，单元的主题是“梦想与追求”。这篇课文是当代著名作家贾平凹写的一篇托物言志的散文，借一棵小桃树的顽强生长，抒写自己的理想和情志。作者笔下的小桃树瘦弱而顽强，但却寄予着深刻的含义，作者明写小桃树，实际上暗写自己，作者对小桃树顽强生命力的赞美，反映了自己对美好未来，对人生理想的执着追求。

文章题目“我的小桃树”，“我的”一词，揭示小桃树与我之间的亲密关系，小桃树是我“童年的梦”、“成长的影”、“理想的灯”。

（2）把握语言特色

《我的小桃树》一文托物言志，作者把自己几十年来的痛心、惋惜、自责、憧憬、追求、失落、哀怨、奋斗等情感，倾注在小桃树身上，运用比喻、象征、拟人的修辞手法，把复杂的情怀、曲折的经历、形象的感受、含蓄的情感巧妙地表达出来，收到“借物引怀、反复唱吧、隐跃欲传，其言浅，其情深也”的艺术效果（沈德潜《说诗晬语》）。

文章叙述具有“谈话风”的色彩，语言浅近，在一种轻松舒缓的氛围中，将情感的点滴渗透给读者。如“我却怎么也睡不着，想起这甜甜的梦是做不成了，又不甘心，就爬起来，将桃核埋在院子角落里，想让它在那儿存着我的梦”；对小桃树的描写，情景交融，含蓄细腻，充满诗情画意。如：“雨仍旧这么大地下着，花瓣纷纷落下。我以为有了这场春雨，花会开得更鲜艳，谁知它却这么薄命，片片付给风和雨了”，俨然一首诗。“我关上门，靠窗坐下，看我的小桃树，枝条被风雨摇晃着，花一片片落了，大半陷在泥里，三点两点地在黄水里打着转”，俨然一幅画面。

从课文结构上看，贯穿全文的两条线索，小桃树的成长经历与作者的成长过程，一明一暗互相交错：一条是明线，一条是暗线。明线写小桃树，描写小桃树的瘦、弱小、孤单、顽强生命力和结果。暗线写的是作者的生活经历和感情变化。从“现实—过去—现实”的思路上看，作者的感情变化是怜惜、无奈、哀怨悲苦、期待美好。

（3）研判教学价值

李：如何从文体特征、语言特色、写作特点和单元主题出发，确定《我的小桃树》一课的核心教学价值？

汪：写法决定教法。《我的小桃树》是一篇托物言志的散文，主要用了描写、叙述和抒情的手法。所以，我认为这篇文章的核心教学价值是体味作者描写性语言表达所蕴含的意味和叙述性语言所表达的感情，初步掌握“托物言志”类散文的阅读方法。这篇课文原本是一篇初中二年级的课文，选排到六年级的课本之中，全文篇幅较长，内涵深邃，学生理解上有一定的难度，因此，要适当分解难度。第一课时，让学生整体感知这是一棵怎样的小桃树。通过抓住拟人、对比、夸张等修辞手法的关键句子以及重点词语感悟小桃树瘦弱、顽强，并有意识地将重点放在能集中反映小桃树顽强的品质上，因势利导，作者为什么要感激小桃树？感激小桃树的什么？为第二课时，学习作者的成长经历和小桃树之间相似之处做铺垫。

2. 核心问题探究

表 4-3-3 《我的小桃树》核心问题探究表

学习活动	设计意图
核心问题：小桃树是怎样的可怜，又是怎样的顽强？ 小组自学提示：1. 给大家2分钟时间，拿出笔快速浏览，默读、勾画、找到有关描写小桃树可怜和顽强的句子；2. 抓住重点词并写下你的感受，简单在旁边做下批注。 小组展示提示：抓住一点说清楚，说全面，说简洁；补充别人小组没有说到的，或说不全的。	自学是合作的基础，让学生运用局部品读析词句的方法去学习。
1. 抓描写小桃树“可怜”的相关句子朗读、体会。 （1）自身先天不足。“它长得很委屈，瘦瘦的，黄黄的，似乎一碰便立即会断。”运用拟人、叠词手法，更加形象生动地写出了小桃树的柔弱。 （2）生长环境的恶劣。这棵小桃树最初长在院子角落里，无人欣赏，无人照顾。 （3）旁人对它的嘲笑。反衬出小桃树的可怜。 2. 抓描写小桃树“顽强”的相关句子朗读、体会。 （1）拟人。 “它还在长着，弯弯的身子，努力撑着枝条，已经有一人高了。” （2）对比。 “如今的它，虽然长得弱小，可一夜之间竟开满了花呢！” “就在那俯地的刹那，我突然看见树的顶端，高高的一枝上，竟还保留着一个欲绽的花骨朵。” （3）夸张。 “雨还在下着，我的小桃树千百次地俯下身去，又千百次地挣扎起来。”	围绕核心问题，分别从“可怜”和“顽强”两方面抓语言点进行训练。
（4）指导学生感情地朗读，朗读展示。 3. 课堂练笔 小桃树千百次地俯下身去又千百次地挣扎起来，依然与风雨做着顽强的斗争，那是一幅怎样的场景？现在我想请同学们拿出笔，就在这幅插图边想象风雨中小桃树俯身挣扎的样子，用细节描写来突出它的顽强。	“千百次俯身挣扎”的小桃树的形象，让学生细描再现，有助于理解其“顽强”的品质。

(四) 小说教学

理论链接

1. 小说就是讲故事，故事是小说的基本面，是一切小说不可或缺的最高要素。一本小说必须有个故事做骨干。所谓故事就是对一些时间顺序排列的叙述；情节是小说的逻辑 。与故事（按时间顺序）不同，情节也要叙述事件，但它特别强调因果关系；场景是小说最小的构成因素，小说是由一个又一个场景连缀而成的，是场面描写和风景描写的合称。

——王荣生的《阅读教学设计要诀》

2. “第三学段的目标”中明确指出：“在阅读中了解文章的表达顺序，体会作者的思想感情，初步领悟文章的基本表达方法。”“阅读叙事性作品，了解事件梗概，能简单描述自己印象最深的场景、人物、细节，说出自己的喜欢、憎恶、崇敬、向往、同情等感受。”

——《义务教育全日制语文课程标准（2011 年版）》

典型课例：六年级语文课《少年闰土》

1. 文本解读

（1）确定文本主旨

《少年闰土》是鄂教版语文第十二册第八单元的文章，本组文章以“走进鲁迅”为主题。本文节选自鲁迅的短篇小说《故乡》，课文通过“我”的回忆，刻画了一个见识丰富而又活泼可爱、聪明能干的农村少年——闰土的形象，反映了“我”与他短暂而又真挚的友谊以及对他的怀念之情。

（2）把握语言特色

这篇课文以其丰富、独特的语言表达而成全为小学语文中的“定篇”。课文按照“回忆—初识—相处—分别”的顺序展开了记叙和描写。

白描。这是鲁迅作品最擅长的叙事手法。用寥寥数笔，通过环境、外貌、动作、语言，传神刻画闰土形象。如描摹景物“蓝蓝的天空中挂着一轮金黄的圆月，下面是海边的沙地，都种着一望无际的碧绿的西瓜”，刻画人物“紫色的圆脸，头戴一顶小毡帽，颈上套一个明晃晃的银项圈”。

对话。课文中闰土的四件事“雪地捕鸟”、“海边拾贝”、“看瓜刺猹”、“看跳鱼儿”都是采用对话的形式描述的，四件事叙述下来，前后粘连、拿捏有度，详略分明。独白、对话、叙述、抒情共同推进着情节，刻画了一个见识丰富而又活泼可爱、聪明能干的农村少年——闰土的形象。事件与事件之间的过渡自然，不露痕迹，可谓炉火纯青。

插叙。在写闰土对作者讲述乡村生活事件的过程中，作者还写了“我”的插话、说明与内心情感。这些插叙，从行文的角度说，真实地再现了当时的情景；从内容上看，则表现了“我”当时的内心感受和情感。文中的插叙共有 5 处，它们层次递进地表现了当时的“我”由无知、好奇到渴望乡村生活和不满自己当下生活的情感历程。

复沓。文中写我的“无知”，用了复沓的手法，“我那时并不知道这所谓猹的是怎么一件东西——便是现在也没有知道”、“我素不知道天下有这许多新鲜事……”、“闰土的心里有无穷无尽的稀奇的事，都是我往常的朋友所不知道的”、“他们不知道一些事，闰土在海边时，他们都和我一样只看见院子里高墙上的四角的天空”。如此不惜笔墨复沓，纺织出作者当时面对着闰土的滔滔不绝，侃侃而谈所产生的巨大的失落和沉重的无奈，他不满枯燥乏味的少年生活，他感慨自己没有像闰土那样自由自在充满冒险刺激的经历，他多么向往拥有那些美好的天高地阔的乡村生活。

省略号密集使用。课文中在叙述四件事的过程中，密集地使用了四个省略中，构成文本的空白，使人不由自主地想象乡村生活，产生无限的向往之情，并以此不断丰富和补充着文本。

（3）研判教学价值

李：鲁迅的文学作品是中小学语文教学绕不过的一个话题。小学语文六年级下册教材安排了一个鲁迅作品的单元，单元主题是“走近鲁迅”。《少年闰土》是其中的一篇，节选自小说《故乡》。虽说是节选，但《少年闰土》从行文上看完全可以独立成篇，语言文字真切婉转，篇章结构精巧独特，都是不可多得的，浸润着作者对童年生活、童年玩伴的无限怀念。特殊的主题、特殊的作者、特殊的文体，丰富与匠心的语言表达，《少年闰土》一课的核心教学价值是什么？

汪：课文写的是少年时代闰土的事情，和学生容易产生共鸣。小说中闰土的特点，作者抓住典型事例，通过对人物的外貌、语言、动作的描写，将人物刻画得十分传神。所以，文本的核心教学价值（核心知识）是品味环境、外貌、动作的语言，感受闰土见识丰富而又活泼可爱、聪明能干的农村少年形象，和少年鲁迅对自由生活的向往，初步学习阅读小说的方法。

2. 核心问题探究

表 4-3-4 《少年闰土》核心问题探究表

学习活动	设计意图
核心问题：鲁迅先生是怎样来凸显闰土的特点的？ 小组自学提示：在预习的基础上再给大家 2 分钟时间快速整理一下自己的自学笔记，再次勾画批注，学会快速浏览，只抓重点，写批注时要简洁，抓核心词。 小组展示提示：抓住一点说清楚，说全面，说简洁；补充别人小组没有说到的，或说不全的。	自学是合作的基础，让学生运用局部品读析词句的方法去学习。
1. 抓描写闰土特点的相关句子朗读、体会。 （1）环境描写。天空的蓝、圆月的黄、沙地的黄、西瓜的绿，就在这样一片瓜地里，闰土出场了。 （2）外貌描写。“其间有一个十一二岁的少年，项带银圈，手捏一柄钢叉，向一匹猹尽力地刺去。”阳光、健康、机智、勇敢的少年闰土形象跃然上纸。 （3）动作描写。看瓜刺猹、雪地捕鸟，一系列动作描写展现少年闰土娴熟的生活技巧。 2. 体会对比修辞手法的表达效果。 鲁迅“只看见院子里高墙上的四角的天空”，“我素不知道天下有这许多新鲜事：海边有如许五色的贝壳；西瓜有这样危险的经历，我先前单知道它在水果店里出卖罢了”。强烈的对比，流露出对少年闰土的敬佩以及对农村丰富多彩生活的向往，也把自己的知识面不广与少年闰土的见多识广作对比。 3. 小结 通过典型的事例，作者用对比、对话以及外貌、动作、心理的描写展现少年闰土机智勇敢、健康、可爱、见多识广的特点。	围绕核心问题，抓典型事例，运用多种描写来突出人物特点。

四、汪亭老师阅读教学的有效性研究

教学改革，就是要促进学生有效学习。有效学习，是现代学习心理学和学习科学理论共同关注的问题：人在什么样的环境下会学得更好？这涉及知识、学习活动、学习共同体、教师的作用等一系列因素。充分认识这些因素的作用，在教学中统整这些因素，并做到优化组合，才能促进学生有效学习。

（一）有效学习的模型

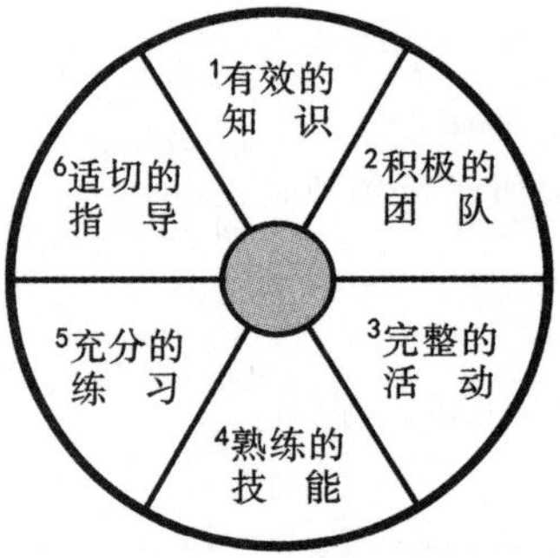

图 4-4-1　学习基本要素图

现代学习理论认为，学习具有知识依赖和群体依赖，学习是通过活动进行的。因而，“有效的知识”、“积极的团队”、“完整的活动”是有效学习的基本要素。学习科学认为，学习在达到一定的熟练程度，必须掌握一定的技能。知识的学习只能通过充分的练习，才能得到巩固并转化为技能；在教师的指导下，学生能够学到更多。因此，“熟练的技能”、“充分的练习”、“适切的指导”也是有效学习的必要条件。根据现代学习理论和学习科学的原理，我们建构如图 4-4-1 所示的有效学习模型，作为分析一节课教学有效性的依据。

1. 有效的知识

就一篇课文而言，有效的知识包含两个方面的意思：其一，能够体现文体特征、文章主旨，培养学生读、写能力的知识，即核心知识；其二，核心知识与其他知识的有机联系，即其他知识为核心知识作铺垫。

2. 积极的团队

在学习中，小组成员分工协作、相互配合、积极互信，形成伙伴关系。

3. 完整的活动

对于一个知识点的学习，学生必亲历个人自学、小组学习和全班教学三个环节。完整的活动要求学习有时间保障，并在学习中与小组成员、教师和其他小组成员进行多维互动，实现知识的意义社会建构。

4. 熟练的技能

主要指课前预习、课堂自学、合作学习的技能以及使用学习工具的技能。

5. 充分的练习

在教学过程中围绕基本知识和核心知识，相机组织听、说、读、写练习，时间充分，形式多样。

6. 适切的指导

在教学过程中，教师的主要作用是组织与评价学习活动，并根据实际情况给予学生个体和小组以必要的指导。教师的指导必须有针对性，在时间上要控制在必要的范围内。

（二）典型课例教学的有效性分析

课例：阅读课《小萝卜头的故事》

教材：鄂教版小学语文四年级（上）

文体：小说

时长：30 分钟

背景：2015 年 12 月 26 日武汉市“十二五”课题结题现场会展示课

（一）有效的知识

资料链接 1　小说的特点及其教学

小学是以刻画人和形象为中心来反映社会生活的一处文学体裁。其主要的特点是：用艺术概括的方法塑造人物形象；一般有完整的故事情节；对环境做具体描写。所以，人物、情节和环境是构成小说的三要素。小说教学要以人物品读为中心，通过揣摩细节，认识人物的性格特征及其丰富性、复杂性；要认识小说环境及对比、呼应、悬念、铺垫、穿插等手法对表现人物的作用；要加强诵读，感悟人物的心理和情感的细微之处，产生心理和情感的共鸣。

——刘仁增的《我的语用教学观》

资料链接 2　第二学段关于阅读教学的要求

1. 能联系上下文，理解词句的意思，体会课文中关键词句表达情意的作用。能借助字典、词典和生活积累，理解生词的意义。

2. 能初步把握文章的主要内容，体会文章表达的思想感情。能对课文中不理解的地方提出疑问。

3. 能复述叙事性作品的大意，初步感受作品中生动的形象和优美的语言，关心作品中人物的命运和喜怒哀乐，与他人交流自己的阅读感受。

——《义务教育全日制语文课程标准》

按照核心知识理论，我们可以把一篇课文中的语言知识分为“核心知识”、“次要知识”、“相关知识”和“无关知识”。核心知识是那些最为内核性的课堂知识单元；那些与核心知识习得直接相关但又位居其后的知识为次要知识；那些对于核心知识的掌握不完全相关却能够对学生学习兴趣的提高、学习动力的激发产生明显促进效能的知识是“调节性知识”；那些与核心知识不直接相关的课堂知识是“无关知识”①。

《小萝卜头的故事》一课中，“核心问题”指向的“知识点”是核心知识，文章的主要内容是次要知识，为核心知识的探究起铺垫作用；课文的背景材料是相关知识，能够提高学习兴趣；而一般生字词则是“无关知识”，只是阅读教学的识字任务，与核心知识的学习不直接相关。

有效的知识，要突出核心知识的教学，处理好核心知识与其他知识的关系，让其他知识成为核心知识教学铺垫。

1. 核心知识

根据《小萝卜头的故事》课堂实录中核心问题的指向，确定教学的“知识点”，基于课程标准、文体特征和课文的语言特色，研判“知识点”的核心教学价值。

在“质疑问难”环节最后，教师对学生提出的问题进行梳理，确定文本的核心问题，并进行学习方法的指导。

（1）核心问题：小萝卜头给你留下了怎样深刻的印象？

（2）阅读方法：画句—圈词—写批注

课文一共写了四件事：刻苦学习、背诵《囚歌》、老师遇害、将军任

---

① 龙宝新. 基于核心知识收放策略的高效教学样态［J］. 基础教育发展研究，2012（06）.

教，通过四件事刻画了小萝卜头的形象。核心问题“小萝卜头给你留下了怎样深刻的印象”，就是引导学生通过阅读四个故事，感受小萝卜头的形象。因此，核心问题的确定是符合课文文体特征的。

（3）“知识点”的教学（1～11 自然段教学）

核心问题的探究（1～11 自然段）在学生个人“画句—圈词—写批注”，进行小组展示，围绕以下两个知识点展开：

①品细节描写的句子，感受小萝卜头好学的形象：小萝卜头认真念了几遍课文，又一个字一个字地写，直到把这 14 个字默写下来。

②品环境描写的句子，感受小萝卜头好学的形象：小萝卜头坚持每天上课，刮风下雨，从不耽误。

阅读方法受制于文本体式，“怎么读”在很大程度上是“读什么”，这便是阅读的文体思维①。这两个“知识点”一个聚焦细节描写（动作），一个聚焦环境描写，是通过引导学生揣摩细节，体会环境，感受小萝卜头的形象，正是体现了“阅读的文体思维”，渗透了小说阅读的基本方法：揣摩细节，认识环境，感受人物心理和情感的细微之处，产生心理和情感的共鸣②。

2. 核心知识与其他知识关系的研究

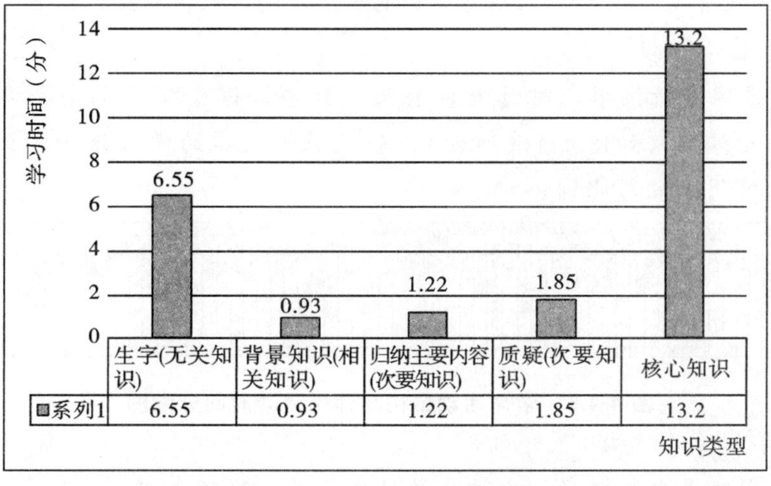

图 4-4-2　教学时间分配图

---

① 王荣生．阅读教学设计要诀［M］．北京：中国轻工业出版社，2014：18-19.

② 刘仁增．我的语用教学观［M］．福州：福建教育出版社，2014：127.

我们从核心知识与其他知识教学的时间分配（见图 4-4-2）以及其他知识与核心知识在教学中呈现的逻辑关系来分析二者之间的关系。

（1）知识教学的时间分配

《小萝卜头的故事》一课各类知识的教学时间分配如图 4-4-3 所示。一节课 30 分钟，核心知识的教学用 13.2 分钟，占 44%；字词教学虽然是阅读课教学的任务之一，但属于“无关知识”，占用 6.55 分钟，占 21.8%，用时偏多。归纳主要内容和质疑属于“次要知识”，对核心知识的探究起到铺垫作用，时间稍微短了些。总体来看，这节课各类知识教学的时间分配基本合理，核心知识教学的时间比较充分。

（2）次要知识、背景知识与核心知识之间的关系。

学生对小说人物形象的感受，除了揣摩细节，理解环境之外，还需要小说的整体情节（主要内容）和背景资料做铺垫。《小萝卜头的故事》的教学中，“铺垫工作”做得不够到位。其一，主要内容是教师指导学生用“人＋事＋结果”的方法进行归纳，但基本上是教师说出来的。小说主要由“故事”构成，写了小萝卜头的哪几件事？并让学生进行归纳；其二，背景资料的呈现，放在预习交流中，成了“冗余”信息，如果放在核心知识的教学中（核心问题探究），则可以加入核心知识的理解，增强人物形象的感染力。

（二）学习活动

运用录像分析技术，对《小萝卜头的故事》课堂实录的教与学的行为进行计时与编码（如图 4-4-3 所示），研究课堂教学的学习活动的结构以及师生活动时间分配与比例。

序号	活动	主动	行为	时间
1	导入	T	导入	5"
2		S	读课题	4"
3	小组预习交流与展示（4号小组）	T	提出小组交流要求	18"
4		S	应答	3"
5		T	小组交流预习	234"
6		S	指名小组导展示	7"
7		$S_{3.1}$	主持、介绍背景资料	33"
8		$S_{3.2}$	带读易错音	31"
9		T	调控	6"
10		$S_{3.2}$	邀请朗读	3"
11		S_{10}	朗读	13"
12		$S_{3.4}$	评价	11"
13		$S_{3.2}$	互动展示易错字	91"
14		$S_{3.6}$	互动展示四字词	27"
15		$S_{3.1}$	应答说词义	30"
16		T	纠正	9"
17		$S_{3.2}$	邀请说词义	7"
18		$S_{2.1}$	应答说词义	21"
19		T	鼓励	2"
20		$S_{3.4}$	邀请说词义	6"
21		$S_{2.1}$	应答说词义	24"
22		T	表扬	12"
23		$S_{4.4}$	汇报主要内容	13"
24		T	讲授	60"
25		$S_{3.10}$	邀请补充	8"
26		$S_{3.1}$	应答补充易错字	15"
27		T	调控	4"
28		$S_{3.1}$	应答补充涟子洞资料	23"
29	质疑问难	T	鼓励、转换	14"
30		$S_{3.1}$	质疑	10"
31		$S_{3.2}$	质疑	10"
32		S_{1}	质疑	10"
33		$S_{4.1}$	质疑	17"
34		$S_{2.1}$	质疑	10"
35		$S_{3.2}$	质疑	7"
36		T	梳理	33"
37	核心问题探究（6、8号小组）	T	提问、提示方法	38"
38		S	小组个人自学	265"
39		T	调控	28"
40		S	小组内交流、	180"
41		T	组织小组展示	28"
42		$S_{6.1}$	主持、指名朗读	23"
43		$S_{6.4}$	朗读	7"
44		$S_{6.2}$	品词	17"
45		$S_{8.4}$	品词	16"
46		T	鼓励	1"
47		$S_{6.2}$	品词	19"
48		$S_{8.4}$	品句	17"
49		T	调控	3"
50		$S_{8.7}$	主持、指名朗读	10"
51		$S_{8.4}$	朗读	8"
52		S_{8}	主持、致谢	3"
53		T	鼓励、调控	19"
54		$S_{8.1}$	主持、指名朗读	20"
55		$S_{6.1}$	朗读	12"
56		$S_{6.4}$	致谢	2"
57		$S_{6.4}$	品词	13"
58		$S_{6.4}$	品句	19"
59		$S_{8.4}$	品句	14"
60		$S_{8.7}$	组织小组齐读	7"
61		S_{6}	小组齐读	12"
62		S_{8}	主持、致谢	3"
63		T	鼓励、强化	15"
64		S	应答	10"
65		T	总结	22"

图 4-4-3　学习活动结构与师生活动时间分配图

1. 学习活动结构

把课堂实录中的学习行为按照学习任务进行编码与组合，形成如图 4-4-4 所示的学习活动结构。

三个学习活动，都是以学生个体自学为基础，以小组学习为基本的组

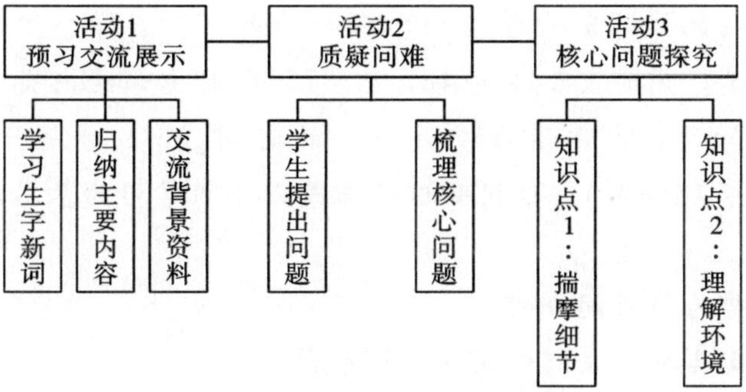

图 4-4-4　学习活动结构图

织形式，并辅之以教师全班教学，让学生亲历学习的全过程，并做到了互动方式的多样化。其中，活动 1 由第 4 号小组展示，其他同学补充，课堂互动的基本方式是“生—生”互动（4 号小组内部的生生互动）和“组—生”互动（4 号小组与其他同学之间的互动）；活动 2 是全班教学，互动方式是“师—生”互动；活动 3 由 6 号小组和 8 号小组展示，其他学生补充，互动方式是“生—生”互动和“组—生”互动。

2. 师生活动时间的比例

课堂教学时间 28 分钟。其中，学生学习活动时间为 20.92 分钟，教师活动时间为 5.94 分钟，师生活动时间比约为 1∶4。总体上看，本节课学生学习的时间是比较充分的，教师的活动时间控制在了必要的范围内，做到了“少教多学”。

（1）学习行为与时间的分配

学生学习行为及其时间分配如表 4-4-1 所示。

表 4-4-1　学生学习行为与时间分配表

学习行为	码号	时间（分钟）
个人自学	38	4.42
组内交流	5、40	7.30
质疑问难	30、31、32、33、34、35	1.07
互动展示	7、8、10、11、12、13、14、15/42、43、44、45、47、48、50、51、52/54、55、56、57、58、59、60、61、62	8.13
合计		20.12

《小萝卜头的故事》中学生的学习行为是个人自学、组内交流、质疑问难、互动展示，用时20.12分钟，占67%。其中，组内交流和互动展示是主要的学习行为，占用了课堂近一半的时间（6.9分钟+7.73分钟=14.63分钟，占48.8%），这说明这节课是以小组学习为基本的组织形式的合作性的教学。

（2）教师行为与时间分配

教学行为及其时间分配如表4-4-2所示。

表4-4-2　教师行为及其时间分配表

教师行为	码号	时间（分钟）
组织与调控	1、3、6、9、27、29、39、41、49、53	2.07
鼓励与表扬	19、22、29、46、53、63	1.03
讲授与强化	24、63	1.13
提问与启发	37	0.32
指导与训练	16、36、37	1.02
总结与升华	65	0.37
合计		5.94

从行为频数（码号）与时间分配可以发现，教师的主要教学行为是组织与调控、讲授与强化、指导与训练、鼓励与表扬、提问与启发、总结与升华，用时5.94分钟，占21.2%。从教师行为的作用来看。组织与调控、讲授与强化、指导与训练是引起学生兴趣和维持学生学习的教学行为；鼓励与表扬、提问与启发、总结与升华是促进学生学习的教学行为。从两类教学行为的时间分配，我们不难发现汪亭老师在教学过程中所发挥的主要作用：学习活动的组织者、指导者、促进者。

（三）综合评价

《小萝卜头的故事》一课的教学，核心知识定位于通过揣摩细节描写和环境描写感受人物形象，符合小说的文体特征，体现了小说的核心教学价值。同时，教师较好地处理了核心知识与其他知识的关系，在保证了核心知识教学的充分时间的同时，把归纳主要内容、质疑问难、呈现背景资料作为核心知识的铺垫，促进核心问题的探究，深化核心知识的理解；本课教学中，每一个学习活动都有明确的目标和任务，与“知识点”相对应。相对于“核心问题探究”活动，前面的两个学习活动虽然有各自的教学目标与学习任务，但主要是为“核心问题探究”活动作铺垫的，这是由核心知识与其他知识关系决定的。学习活动之间的关系与知识点之间的关系具有一致性；师生教、学活动时间比约为1∶4，把教师的教学行为控制在了必要的范围内，保证了学生充分的学习时间。同时，教师的行为主要是引起、维持和促进教学，而不是讲授，使教师成为学习活动的组织者、指导者、促进者，保证了教师指导行为的适切性。

这节课的教学存在着下列不足：一是在生字词教学上花时间太多，使得后面的教学环节时间过于紧凑，尤其是质疑问难没有充分展开；二是对在预习汇报阶段，指导学生对小说的故事情节整体（归纳主要内容）把握不够；三是两次课文背景信息的呈现时机不当，应该放到“核心问题探究”活动中。

附 录

典型课例课堂实录

一、三年级语文课《山茶花》课堂实录

师：同学们，今天汪老师和大家一同来学习第19课，请大家齐读课题。

生：19课《山茶花》。【PPT出示】

师：课前，同学们都做了认真的预习，那现在听清楚老师的要求，请大家在小组长的带领下，开火车读字组词、正音辨形，遇到有谁读不清楚的，可以帮帮他、教教他；第二个要求就是在小组里交流一下，这篇课文你都读懂了些什么？两个任务听清楚了吗？【PPT出示】

生：听清楚啦！

师：今天我们上第19课，所以上台做汇报的是9号小组，那其他的同学在小组长的带领下，在组内轻声、有序地开展合作。

（学生以合作组为单位，组内开展预习交流）

9号小组汇报

李一婧：我们小组来汇报19课《山茶花》的自学情况。

刘露蔓：我汇报多音字，请大家跟我读：骨——花骨朵，骨——骨头。我特别提醒大家“朵”在这里读轻声，请大家再跟我读一遍。

师：“骨头”的“头”在这儿也读轻声。

刘露蔓：我的汇报完毕，谢谢大家！

李一婧：接下来请李瑾洋上台为我们讲解易错字。

李瑾洋：我提醒大家，“即”，左边这里有一点，“般”左边这里是横，不出头。

师：是横吗？

生：提。

师：舟字做旁横变提。【板书：般】

李瑾洋：我还要提醒大家右上边是横折弯，请大家和我一起书写一遍。

李一婧：接下来有请我们组的古心悦讲解易错音。

古心悦：请大家跟我读“晶莹”，请大家注意这两个字都是后鼻音。谢谢大家！

师：可以点一个小组来考考他们？

古心悦：第八小组。

（8号小组成员开始朗读）

李一婧：最后有请肖嘉延讲解形近字。

肖嘉延：我来讲解形近字，请大家跟我读：致（致少）

师：对吗？是这个“致”吗？

程家新：“至少”的“至”是“致”的左半边。【教师板书：至少】

师：咱们小老师可不要教错字呀！那这个“致”可以怎么组词？

生：一致、致命、致力、精致【教师板书：精致】

肖嘉延：请大家跟我读：纱（白纱）、沙（沙子）

师：掌声送给他！

李一婧：我们小组汇报完毕，请问哪个小组接着补充？

（学生点学生依次补充）

龚昱豪：我读懂了山茶花颜色鲜艳、形态各异。

钟佩霖：我提醒大家“舒”字中间的点和横沟的写法。

皮雨宸：我提醒大家“株”左边的木，捺变点，请大家跟我书空。

师：谢谢，还有谁懂了些什么？

蔡昱文：我读懂了山茶花的骨朵和别的花不一样，一般的花开放前不久才打骨朵，山茶花，几乎是花一谢，就又冒出了来年新花的骨朵。

宋佳茹：我感受到山茶花非常美，即使闭上眼也能感受到美呀美呀！

刘露蔓：我读出了山茶花的坚韧与顽强

师：哎呀，你真了不起，你是怎么读懂的呢？

刘露蔓：山茶花的骨朵是这样一个月又一个月，一季又一季的准备着，下了那么多工夫，花了那么大力气，它肯定是很坚韧与顽强！

师：掌声特别送给他！能读出文字背后的含义。咱们在读一篇文章，整体概括主要内容的时候，老师教大家一个方法，可以借用关联词。比如这篇课文，老师给大家推荐一组关联词【板书：不仅……还……】把刚才同学们的信息统整起来：这篇课文不仅写了山茶花很美，还写了山茶花的花骨朵有一股特别劲儿。刚才我们宋佳茹说了这个山茶花呀，实在是太美啦！即使闭上眼也能感受到美呀美呀！【板书：山茶花 美】

师：山茶花的美究竟体现在哪里？作者又是怎样把它的美写出来的呢？今天这节语文课，咱们就通过读书来解决。

请大家看自学提示：自学1～3自然段，要求：1. 边读边勾画描写山茶花美的词语或句子；2. 边读边想象画面。【PPT出示】

（学生自由朗读、勾画）

师：现在老师再给同学们第二次合作的机会，在小组里，把你勾画的句子读给同学们听一听，并简单说说理由。

（学生在组内进行第二次合作交流）

师：刚才我听到了同学们在组内交流自己喜欢的山茶花的句子。记得我们说话的方法：找—说—读，大家的任务是：听—记—评。哪个同学或哪个小组先来？

第6小组汇报

生$_1$：我找到的是："有单瓣的，也有重瓣的，有叠成六角形或八角形的，大小疏密排列有致，潇洒而舒展。"我找到的是"舒展"，我感受到山茶花不皱。

师：花形特别美！

生$_2$：我找到的是："山茶花的白，那是怎样的白啊！像高山飞瀑溅出的水花一样晶莹。"我感受到山茶花特别白，白得像高山飞瀑溅出的水花一样晶莹！

生$_3$：我找到的是："那墨茶，仿佛一汪碧绿的清潭，带着波光，又带着阳光。"我从"碧绿的清潭"这个的字短语感受到山茶花很美！

生$_4$：我找到的是："真是美极了。白的，红的，紫的，墨色的，粉红的……一株树上有好多种颜色，一朵花上甚至也颜色不同，那真叫绝！”我从“白的，红的，紫的，墨色的，粉红的”这些表示颜色的词体会到山茶花很漂亮！

生$_5$：我找到的是“即使闭上眼，你也会感受到美啊，美啊……”，我从“即使闭上眼”感受到山茶花的美！

师：刚才我们6号小组，从第二、三自然段里感受到山茶花颜色美，花形也很美，他们有的是抓住重点词，有的是想想画面。还有谁，接着补充？

金瑞熙：我找到的是“粉红的呢？那是织女用朝霞和白云织成的轻纱”，我喜欢这个句子的原因是，这里把粉红的山茶花比作织女用朝霞和白云织成的轻纱，这是一个比喻句。

师：非常好。【板书：比喻“是”】这里作者运用了比喻的修辞手法，比喻词是“是”。请大家做上笔记。谁来接着补充？

蔡昱文：我来接着补充。我找到的是第三自然段的第三句话，我找到的是“带着波光又带着阳光”，“带着波光”是指花上的露珠闪闪发光就像宝石一样，从这里我感受到它的颜色特别美！

师：你说的是哪一种山茶花？

蔡昱文：墨色的山茶花。

师：你们还发现作者采用什么方法把墨色的山茶花写具体的？

朱雨琪：比喻的修辞手法。把墨茶花比喻成一汪碧绿的清潭。

师：非常好！那你说说比喻词是哪一个呀？

生：仿佛。

师：请同学们带上点。【板书：仿佛】在墨茶花这一句，我们还可以多学一个量词，大家发现了吗？原来汪老师的姓——“汪”，还可以做量词，一汪清泉，请大家括起来。

师：山茶花特别的美，还有谁接着交流？

柳霄天：我找到的是：“白的，红的，紫的，墨色的，粉红的……一株树上有好多种颜色，一朵花上甚至也颜色不同，那真叫绝！”这里山茶花的颜色特别多，我特别喜欢！

师：除了文字，你还能从标点上读出来吗？

饶家华：我从“省略号”读出来，不只有白、红、紫、墨色、粉红，还有其他很多钟颜色。

师：这么美的山茶花，你能通过读来展现出来吗？自己赶紧练一练吧！【PPT出示】

陈思宇：朗读句子。

邵千微：朗读句子。

全班齐读："真是美极了。白的，红的，紫的，墨色的，粉红的……一株树上有好多种颜色，一朵花上甚至也颜色不同，那真叫绝！"

师："绝"老师通过查字典，发现有四个意项：(1) 断绝；(2) 穷尽；(3) 独一无二；(4) 绝对。在这选择哪一个？

生：(3) 独一无二。

师：想看看这"独一无二"的山茶花吗？【PPT出示】那聪明的你，一定会发现作者在这一段是围绕那句话写的？

生：第一句话。

师：这句话我们就叫它"总起句"。这一段在写作上就是总分结构段，请大家做好笔记。正是有了总分结构，作者围绕"美"字，把山茶花的美写得特别生动、具体。现在，老师想和同学们合作读，我读第一句，大家读后面的句子。

（师生合作读）

师：山茶花特别的美，如果说第二自然是作者概括写，那么第三自然段作者又具体写了哪几种颜色的山茶花？

潘泽宇：有白色的、墨色的、粉红的。

师：作者在这三种山茶花的写法上都运用了什么修辞手法？

生：比喻。

师：我们一同来找一找。

师生合作说：【PPT出示句子】把白色的山茶花比作（生：像高山飞瀑溅出的水花），比喻词是（生：像）；把墨色的山茶花比作（生：一汪碧绿的清潭），比喻词是（生：仿佛）；把粉红的山茶花比作（生：织女用朝霞和白云织成的轻纱），比喻词是（生：是）。

师：三种颜色的山茶花，你想读哪一种就去练读哪一种，待会儿美美地读给同学们听。

（生自由练读）

学生钱美含、余丽坤、金瑞熙合作朗读展示（第一轮）。

学生刘露蔓、肖嘉延、程小珊合作朗读展示（第二轮）。

师：回到课文中来，这个自然段除了写山茶花的颜色美，还写了什么？

宋佳茹：还写了山茶花的花形特别美。

师：谁愿意为我们读一读山茶花花形的句子？

桂文宇：（朗读句子）“有单瓣的，也有重瓣的，有叠成六角形或八角形的，大小疏密排列有致，潇洒而舒展。”

师：让我们一同来欣赏不同形状的山茶花。【PPT 出示】

师：（边看图边说）它们大小疏密排列有致，非常有秩序，而不是杂乱无章的，还特别舒展。来，想象自己就是那一朵朵山茶花，让我们拿起书，一起读。

（全班齐读句子）

师：那山茶花的美，你现在知道作者是从哪两个方面来写的吗？

程家新：作者是从山茶花的颜色和花形两方面来写山茶花的美。

师：作者在第二自然段运用了总分，第三自然段运用了比喻的修辞手法，正是因为这样，把山茶花的美写得特别具体、生动、形象。

师：问问大家，学完这篇课文前三个自然段，你觉得我们可以布置一个怎样的作业？

黄晨宇：观察一种花，写出它的美！

李一婧：我们可以观察山茶花，写观察日记。

钟佩霖：再次有感情地朗读前三个自然段。

邵千微：抄写自己喜欢的两个比喻句。

宋佳茹：回家上网去查找书上提到的红色的、紫色的山茶花。

师：大家今天回家可以抄好词，积累好句，还可以继续网上学习。咱们就在山茶花的美中结束今天的学习。下课！

二、四年级语文课《荷兰风车》课堂实录

师：上课之前，我们先一起来读读这样一句话【PPT 出示】

生：我们看到风车，就会想到荷兰；而谈起荷兰，也马上会联想到风车。风车已经成为荷兰的标志了。

师：文中有一个词“标志”谁能换一个词来理解？（学生沉默，教师提示）“标志”在这还可以说是什么意思？动动脑筋。风车已经成为荷兰的标志了。

生：还可以说“象征”。

师：掌声送给她！

师：风车成了荷兰人的象征，也就是说，我们去了荷兰，自然而然地就想到风车，所以荷兰又叫风车王国。那么今天，我们就跟随作者一起去荷兰，一起去感受荷兰的风车。请大家齐读课题。

生：第15课《荷兰风车》

师：课前同学们都做了充分的预习，我们说，到了四年级啦，你会的我不讲，那么今天，我们在组内交流的题目和以往有所不同【PPT出示自学提示】1. 概括每段段意；2. 用“﹏﹏”画出文中的过渡句，试着理清课文的结构；3. 交流查找的资料。

要求都听清楚了吗？好，现在开始学习。

（学生以小组为单位围坐，合作学习）

师：好，拿起书。我们说要读懂说明文，了解段意，理清课文层次是非常重要的学习方法。在前两课的学习中，我们都进行了训练，那谁来汇报一下，概括每段段意。好10号组。

10号小组汇报

生$_1$：我们10号组来简单地概括每段段意，先从胡馨月开始。

生$_2$：第一段的段意是风车是荷兰人的标志。

师：你为什么画的是这句话？

生$_2$：因为……因为这一句话是这一段的——中心句。（其他学生插话）

师：大家赶紧拿笔把它画下来。好，接着交流。

生$_3$：第二段的段意是风车是最大的功臣。

师：同意吗？（同意）好，接着往下。

生$_4$：第三段的段意是风车的最大用处是排水。

师：这是这个自然段的中心句，也是总起句。好，接着往下。

生$_5$：第四自然段的段意是风车是荷兰人最忠实的朋友。

师：同意吗？（同意）这也是这个自然段的总结句。

生$_6$：第五自然段的段意是荷兰人把风车当作自己家庭的一分子。

师：这儿有个字音没有读准，应该读“当作”（四声调），一起读。

【板书：当作】

生$_1$：我们小组汇报完毕，请问还有哪个小组接着汇报？

师：好，坐下。谢谢你们！

师：大家有没有发现，我们这个小组在概括段意的时候，抓住了每个自然段的总起句或总结句，就能非常快速地概括出每个自然段的段意。还让我们知道了，荷兰风车是荷兰的标志，它也是荷兰最大的功臣，【板书：功臣】还是荷兰人最忠实的朋友，【板书：朋友】还把它当作了家庭的一分子。【板书：一分子】你看，这么长的文章就被大家读成了这样几个词。真了不起！

师：学习说明文还要抓住过渡句来理清课文的结构。第二题谁来交流一下？好，4 号组。

4 号小组汇报

生$_1$：我们这个小组来说一说这篇文章的过渡句。

生$_2$：我们小组找到的过渡段是第四自然段的第一句，我们有请王芷晗为我们读一读。

生$_3$：风车不只关心国家大事，它对家庭琐事也很感兴趣，乐意帮忙。

生$_1$：过渡句的作用是承上启下。

师：“承上”承的是什么内容？

生$_4$：“承上”承的是风车最大的用处是排水、抽水。

生$_5$：“启下”是风车帮人还可以帮人锯木，帮人磨麦，又是小孩子玩耍的好伙伴。

师：非常了不起，他们找到了过渡句。过渡句的作用是承上启下，在这儿有组关联词，赶紧画下来，【板书：不只……也……】“不只”这个部分是“承上”，说明风车是最大的功臣，接下来“也”这个部分就是“启下”，写的是风车是荷兰人忠实的朋友。

师：那这篇课文的结构，想想看，是什么样子的呢？我们之前讲过说明文的结构有总分、总分总、分总，那你们觉得这篇课文的结构是什么？（生：总分总）（借助板书，帮助学生理清结构）总说他是荷兰人的标志，【板书：总】接着说是功臣和朋友，【板书：分】最后总结说它是家庭的一分子，【板书：分】所以这篇课文的结构非常清晰，就是——总分总。

师：而在分述的功臣和朋友这个部分又采用的是什么结构法？大声说出来。（生：并列法）【板书：并列】那功臣和朋友哪个为详？哪个为略呢？详写的是什么，略写的又是什么呢？

“功臣”用了几个自然段？哪几个自然段？（生自由回答：二三自然段都讲的是，风车是荷兰人的功臣）

师：那咱们这节课就重点来研究这个部分，思考：为什么说风车是荷兰人最大的功臣？这个部分，又有哪些好的写作方法值得大家借鉴？两个问题听清楚了吗？好，打开书，先拿出笔，从这两段中找到相关的词句勾画下来，为待会儿的预习交流做准备。开始自学。

（学生自学）

（小组合作讨论）

师：好，坐正。刚才我听了各个小组的讨论，非常不错，那现在，全班来交流。哪个小组先来？2 号组吧！

2 号小组汇报

生$_1$：我们 2 号组来说一说为什么风车是荷兰人最大的功臣？我找到的是第三自然段的第二句话，我请闵睿来帮我读一读。

生$_2$：风车最大的用处是排水。不管是阳光灿烂的白天，还是黑暗笼罩的夜晚，风车从不偷懒，总是不停地把低地的积水抽到运河或人工湖里去。

生$_1$：谢谢你的朗读，我从“不管……还是……”知道了不管是阳光灿烂的白天，还是黑暗笼罩的夜晚，风车从不偷懒，这让我体会到风车的勤劳。

生$_3$：我来补充钱美晗的，我从“从不偷懒，总是不停地把低地的积水抽到运河或人工湖里去”知道了风车从不偷懒，总是在抽低地的水。这让我体会到了风车对荷兰人的贡献。

生$_4$：我找到的是第三自然段的第五句，我来请程哲宇帮我读。

生$_5$：因此，虽然荷兰世世代代都受到大海的威胁，但是有了风车，仍然能够不断发展生产，成为一个举世闻名的发达国家。

生$_4$：我从“虽然……但是……”这组关联词知道了虽然荷兰人世世代代受到了威胁，但是有了风车，他们仍然能不断地发展。

生$_6$：找到的是这样一句话——荷兰人常常自豪地说：“上帝创造了海洋，荷兰人创造了陆地。”我联系生活，人没有陆地是不能生活的，而荷兰人就是靠着风车创造了陆地，从这里我觉得风车很伟大！

生$_1$：我们小组汇报完毕，哪个小组接着补充？

师：首先把热烈掌声送给他们。他们这个小组有总起、总结，每个成员都参与其中，真不错。面带微笑，给你们拍张照，好，笑一个，“茄子”。坐下，哪个小组接着补充？

6 号小组汇报

生$_1$：我们小组找到的是第二自然段的第二句话，首先有请张静怡为我们感情朗读。

生$_2$：几百年来，荷兰人就用筑坝、排水、填海等措施来和大海抗衡，把海湾变成肥沃的土地。

生$_3$：我找到的是“筑坝、排水、填海等措施”，这里运用了举例子的说明方法，让我知道了，荷兰本是低地，人们去用这些措施来保证自己不被大海吞噬，我知道了风车在其中发挥着巨大的作用。

生$_4$：我来补充徐子涵的，我找到的是“筑坝、排水”，我联系上下文知道了荷兰大部分都在海平面以下，是非常容易受到海水入侵的。

师：老师在这儿也补充一个资料，我查找了一个数据，荷兰有 3/5 的地方低于海平面，2/5 的地方海拔不过 1 米，我们来借助图片看看，【PPT 出示】这就是荷兰特殊的地形，再看这张图，你看，荷兰随时都有可能被大海吞噬，所以在这个国家谁是功臣呀？（生：风车）有了风车，才能把这里变成肥沃的土地，所以荷兰的风车非常（生：了不起）

生$_5$：最后我再来为大家感情朗读一遍。几百年来，荷兰人就用筑坝、排水、填海等措施来和大海抗衡，把海湾变成肥沃的土地。

师：你读得非常好，我想让你自豪地说出荷兰人的那句话。

生$_5$：上帝创造了海洋，荷兰人创造了陆地。

师：别紧张，来，请你再有感情地读一读。

生$_1$：上帝创造了海洋，荷兰人创造了陆地。

师：这边的小组（教室左边）拿起书，我们一起读，自豪地读出荷兰人这句话。

生（左边）：上帝创造了海洋，荷兰人创造了陆地。

师：这边的同学一起来读一读，“他们能有……”，预备，起。

生（右边）：他们能有这份光荣，风车是最大的功臣。

师：还有没有小组要接着补充？

黄晨宇：我想补充第三自然段的第四句话。首先请我们组柳霄天为我们感情朗读。

柳霄天：它们从来不会夸耀谁的功劳大，也不会计较谁出的力气多。

黄晨宇：我从“从来不会……”体会到荷兰的风车帮助了荷兰人，但他们谁都不会夸耀谁的功劳大，谁出的力气比谁多。

师和全体学生互动：也就是说他们非常的（生：谦虚）、无私的（生：奉献）任劳（生：任怨）不管是阳光灿烂的白天，还是（生：黑暗笼罩的夜晚）风车从不偷懒，总是不停地（生：把低地的积水抽到运河或人工湖里去）他们一起工作，一起努力，才使得荷兰有了今天的发展。随着时代的发展，风车虽然已经淘汰，但荷兰人却把它视作（生：朋友，家庭的一分子，还有功臣）你能说说“功臣”是什么意思？

龚昱豪：“功臣”指对某项事业有显著功劳的人。

师：你是查字典的？你能联系课文来说说吗？

龚昱豪：这里是指风车对荷兰有显著功劳。

师：那也就是说，风车在这个国家的作用太大了，就像一个立了战功的将军一样了不起。那你从中体会到作者在这儿用的是什么说明方法吗？

生：举例子。

师：风车是最大的功臣，是把风车比做工程，那就是——生：打比方。

师：做上笔记，打比方的说明方法。表达了作者对风车的（生：喜爱之情）你们再在二、三自然段里选择你喜欢的句子，把荷兰人对风车的喜爱之情，通过读来展现出来。开始自由朗读吧！

（学生自由朗读、练习）

师：喜欢读哪一句就大声地读？读完了，还有谁想读，也可以站起来接着读。

程家新：他们能有这份光荣，风车是最大的功臣。

师：如果你觉得他读得好，可以用掌声表示。

龚昱豪：不管是阳光灿烂的白天，还是黑暗笼罩的夜晚，风车从不偷懒，总是不停地把低地的积水抽到运河或人工湖里去。

师：掌声不是很热烈，你来点评一下龚昱豪的朗读。

金瑞熙：我觉得虽然龚昱豪读得声音很大，但感情弱了一点，“不管，还是”应该重读。

师：这里有一组关联词，“不管……还是……总是”【板书】，要把这组关联词读出来。来，金瑞熙，你为大家读一读。

金瑞熙：不管是阳光灿烂的白天，还是黑暗笼罩的夜晚，风车从不偷懒，总是不停地把低地的积水抽到运河或人工湖里去。

师：多么勤劳，多么无私奉献的风车呀！拿起书，咱们一起来读。全班齐读：“不管是阳光灿烂的白天，还是黑暗笼罩的夜晚，风车从不偷懒，总是不停地把低地的积水抽到运河或人工湖里去。”

师：风车真是国家的功臣呀！那大家看，作者二、三自然段，用两个自然段，都来讲风车是国家的功臣，刚才同学们也找到了具体的文字，通过抓重点词、关联词，联系上下文，查找的资料也整理了！那现在想想，这两个自然段，从构段上思考一下有什么值得你借鉴的写作方法？有一点说一点，咱们共同来集聚智慧和力量。

饶家华：第三自然段的构段方式是先概括后具体。

师：先概括写风车最大的用处是排水，再具体的来讲。好的，还有没有谁来补充？

徐子涵：同时这个自然段还运用了非常多的关联词。

师：关联词，咱们要学会借鉴。还有没有？

李一婧：他们还恰当地运用了符合文理的“四字好”，比如说“阳光灿烂、黑暗笼罩”。

黄晨宇：第二自然段还运用了很多的引号。

张芷卉：还有第四自然段……

师：哎，我们说的是二、三自然段。

罗家欣：二、三段里还有大量的“的”字短语，比如说“肥沃的土地、最大的工程、黑暗笼罩的夜晚、阳光灿烂的白天”。

师；同学们说了这么多，我突然有个疑问了，第二自然段介绍荷兰是个低地，这和荷兰风车有什么关系呢？可以不要吗？

生：不行。

师：这种写作手法叫什么呢？

生：铺垫。

师：现在同学们恍然大悟了，这段写荷兰的地形为下文介绍荷兰风车是最大的功臣做了有力的铺垫。再来总结一下，这个部分的写作方法有——（生：先概括后具体、关联词、引号、“的”字短语）写得好不好？（生：好）这么好的语言，咱们除了积累，还要学会运用。作者运用这种方法介绍了荷兰的风车，我们用这种方法来介绍武汉的特色。和“吃”有关的，武汉的热干面，即兴创作一下，小组里可以模仿 1、2、3 自然段的构段法。（学生组内交流，口头创作）

师：好，咱们有句说句有词说词，谁来贡献开头？

蔡昱文：我们说到热干面，就会想到武汉；而谈起武汉，也马上会联想到热干面。

师：能不能接着说，热干面是武汉的标志呢！

邵千微：不能。可以说，热干面是武汉的著名小吃。

师：第一段有了，第二段，谁来？

程家新：热干面就是又热又干的面。

师：它和河南的烩面，山西的刀削面，四川的担担面，合称为“中国四大名面”。武汉人常常自豪地说——

余丽坤：上帝创造了陆地，武汉人创造了热干面。

师：武汉人常常自豪地说——不要呆板地去套，想怎么说就怎么说。

张心媛：我们这里的热干面真是又香又好吃！

程哲宇：女娲创造了人类，人类又创造了热干面。

师：武汉人常常自豪地说，来武汉，就请你——吃碗热干面。武汉人特别爱吃热干面。这是一个总起句，谁接着往下说。

蔡昱文：不管是早上吃早餐，还是晚上吃夜宵，热干面总是在家里不停地出现。（师纠正：热干面是大家的首选）

钟佩霖：长长短短有劲道的面条一直往锅里倒。（师纠正：往嘴里送）

张心媛；武汉热干面的品种也越来越多，有牛肉酱的、海苔味的。

师：咱们武汉的热干面享誉全国，享誉全世界，咱们武汉人自豪地说，来武汉就请吃一碗热干面！咱们仿造这三个自然段，推荐了武汉的热干面。其实咱们还可以用这样的构段法，介绍我们身边的其他事物。

整篇文章虽说是一篇说明文，但我们也读出了作者对荷兰风车喜爱之情，【板书：喜爱】所以今后咱们在写作文，不一定非要用“爱”这样的字眼，只要在字里行间渗透爱之情，就会自然而然被别人读懂。好，下课！

三、五年级语文课《童年的小花狗》课堂实录

师：同学们，今天这节课我们继续学习第 15 课，请大家齐读课题。

生：第 15 课——《童年的小花狗》。

师：哪位同学能借助板书，用最简洁清晰的语言，帮助我们一起回忆这个故事？

生：因为“我”太喜欢小花狗，所以偷了它，王大爷知道后，并没有责怪我，还将小花狗送给了我。三十年过去了，虽然我再也没有见过王大爷，但这只小花狗却一直带在身边。

师：刚才同学说得非常好，用 2 组关联词串联来概括了主要内容，一个是“因为……所以……”，一个是“不仅……还……”，简洁清晰地概括了这篇课文的内容。这件事给作者留下的印象是非常深刻的，拿起书，我们一起读一读文末的最后一段话。

（生齐读）

师：上节课，同学们提到了这样一个问题：三十年过去了，作者为什么一直把小花狗带在身边？咱们这节课就围绕这个核心问题展开小组学习

讨论。先给两分钟时间，请大家默读全文，你认为从文中哪些相关语句体会到这个问题在旁边做上批注，两分钟后再展开小组学习交流，听明白的请点头。计时员计时开始。【学生自学】

师：时间到，刚才同学们都是自己独立思考，现在我们需要在小组里相互交流，听清楚下面一个要求，请同学们在小组里发表自己的观点，这时组长非常重要，请认真倾听，待会小组汇报时通过你们小组各个成员汇报来决定待会由谁负责汇报，由谁负责补充交流或者你们小组会采取其他什么形式，小组长在 6 分钟时间来完成小组交流，汇报演练，听清的请点头。接下来开始小组交流。

（小组合作交流）

师：三十年过去了，“我”为什么一直把小花狗带在身边，现在大家发言很积极、很踊跃，但请听清楚我接下来的要求：现在是小组为单位，组内可以派代表主说，其他人补充说，也可以采取说补相间的方式，如果一个小组说完了，这个地方引起了你们小组的共鸣，你们可以接过去补充发言，听懂的请举手。

3 号组汇报

生：我们组找到的是第 9 自然段的句子，我首先为大家读一读“王大爷爱怜地看着我，坚持要把小花狗送给我”。联系前面的内容：“那时候，小街上的人都不富裕，王大爷赚的钱自然就不多，只能勉强生活。”可见，王大爷当时赚的每一分钱都是血汗钱，但他却把小花狗白送给了“我”，说明王大爷很疼爱“我”。

生：我接着补充，这位作者很注重细节的描写，而文中 1～4 自然段就写出来了，所以说，他很喜欢王大爷。

生：我找到的是这样一个句子：“等我放学回到家，一眼看见桌上放着一只小花狗，脖子上系着红绸子，绸子上挂着小铃铛……我的眼泪一下子涌了出来。”我从这句话中感受到作者对王大爷的感激之情。这也可以回答我们后面提出的问题“为什么三十年过去了，我一直把小花狗带在身边?”（老师插话：那是为什么呢?）因为（1）他很感激王大爷；（2）王大爷留给他一段很珍贵的回忆，不希望把这份回忆弄丢。

生：我找到的是第12自然段的半句——“但是那只小花狗却一直带在我的身边”，这有二点：(1) 小花狗；(2)“我”对王大爷的喜爱。读这一整段，我能读出作者对王大爷的喜爱。

生：我来补充肖云琪的，我从“再”体会到作者很想见王大爷，可惜再也没有见过。

生：我补充我们组的发言，我还找到一句话，我为大家读一下，“第二天，王大爷走时，我去上学，没能见到他”。因为“我”很喜欢王大爷，王大爷对“我”就像对待自己的孙子一样，而“我”也非常喜欢王大爷，“我”上学时没能看到他，很不高兴。

生：我还要补充一下，我找到第10自然段最后一句“那一天，小街上显得冷冷清清的……”，我从这句话体会到像“我们”这样的小街上，走了一个小贩，“我们”不会觉得冷清，可王大爷的离开，让“我”感到冷冷清清，说明“我”对王大爷的喜爱。

师：掌声鼓励！这个小组的发言，我听出来了，是采用先分再总的方式，先分别找到相关的句子，再从句子中找相关的重点词依次来谈，谈完了再总结。他们小组总结出，作者之所以三十年过去了把小花狗带在身边，是因为对王大爷的喜爱，对王大爷的感激。这是他们小组的发言，还有没有其他小组需要补充的。

8号组补充汇报

生：我们小组认为这里有三层意思，第一层表面的意思，请陈笃一说。

陈笃一：第一层，表面的意思是作者单纯地喜欢这只小花狗；

王雅萱：深层次，请曾琳晰汇报。

曾琳晰：深层次，我们也总结出三点：第一点是“我”不仅喜欢小花狗，更喜欢王大爷，感谢王大爷对我的关爱。

生：第二点是用这只小花狗警示自己不要再犯以前那种拿小花狗的蠢事。

生：第三点是这也是一个童年的珍贵回忆。

生：我还想补充我们组的发言，王大爷和蔼可亲，很随和。在我们工作中有很多困难，而王大爷却非常乐观，这也可以提醒作者，看到小花狗，想到王大爷，遇到困难时凡是要乐观一点，不要太生气，也不要太烦恼。

师：这个小组了不起，能跳出文章，拎出三层次，浅层次、深层次、更深层次，在此基础上还概括了几个要点。还有没有哪个组抓住文本中的重点词语深入下去讨论？

1号组交流

生：我们组认为这个问题的回答有两个方面。先请蔡骏洋同学说表面的意思。

生：请大家看到第84页第5自然段“我太喜欢这只小花狗了”。从“太喜欢”可以看出，文中的“我”是真的非常喜爱这只小花狗，所以将它一直带在身边。

生：请郭雯静同学为大家朗读。

生：读句子“我太喜欢这只小花狗了”。

生：再请黄骏泽同学为大家说说深层次的意思。

生：我们组找到的是第11自然段的第2句“等我放学回到家，一眼看见桌上放着一只小花狗，脖子上系着红绸子，绸子上挂着小铃铛……我的眼泪一下子涌了出来”。我从这句话中感受到作者对王大爷非常喜欢，对王大爷非常思念。

生：我来补充，我找到的是第10自然段最后一句“那一天，小街上显得冷冷清清的……”，冷冷清清的意思是死气沉沉、冷落、凄凉。我可以体会出当时作者很怀念王大爷。

生：我来补充他们的发言，第10和第11自然段有两个省略号，省略号在这让人感到意味深长，令人无限遐想。我还找到第9自然段中的重点词，“爱怜”是同情、疼爱的意思，从这个词能体会到王大爷对作者十分地疼爱；“嘱咐”是叮嘱和吩咐的意思，王大爷知道“我”偷了小花狗，并没有责怪“我”，反倒嘱咐“我”的爸爸：“千万别打孩子！过年打孩子，孩子一年都会不高兴！”这里两个感叹号再次突出王大爷对“我”的关爱与他的慈祥。现在由郭雯静为大家朗读。

（郭雯静有感情地朗读第9自然段）

师：掌声送给他们组，感谢小组带来三段的交流。通过三个小组的交流，我们发现，作者不仅仅是喜欢小花狗，更喜欢送他小花狗的王大爷。因为在“我”犯错的时候，王大爷没有责怪“我”，反倒是怎样的表现让我留下了一辈子深刻的印象了。文中有一个自然段集中描写了这一举动，是第几自然段？

生：第 9 自然段。

师：自由朗读，看看你从那些词句中体会到的，待会咱们再来交流。

师：我们现在一起看第 9 自然段，你从哪些词句感受到的呢？

（学生自由发言）

生：第 9 自然段第 3 句，我找到一个词“嘱咐”意思是反复叮嘱，在文中的意思是王大爷反复叮嘱爸爸，并不希望他打我，还说过年打孩子，孩子一年都不高兴。

师：你能不能把这个嘱咐的句子用王大爷当时的语气读出来？

生（朗读）：“千万别打孩子！过年打孩子，孩子一年都会不高兴。”

师：还有谁想来读读嘱咐的话语。

生（朗读）：“千万别打孩子！过年打孩子，孩子一年都会不高兴！”

师：你为什么这样读？

生：因为我感受到王大爷不想让父亲打“我”，过年是很吉祥的，如果过年打孩子，这一年就不吉利了，孩子一年就会很伤心。

师：还给孩子留下了心灵上的阴影，所以王大爷是千叮咛万嘱咐。

五号组齐读：“千万别打孩子！过年打孩子，孩子一年都会不高兴！”

师：千叮咛万嘱咐，再来读一遍。

生（朗读）：“千万别打孩子！过年打孩子，孩子一年都会不高兴！”

师：想读吗？

生：想。

师：一起读。

（生齐读）

师：还有谁来说说，从哪里可以看出？

生：我还在第 9 自然段找到一个半句“最后王大爷只好收回了小花狗”。王大爷收回小花狗，并不是因为把小花狗送给作者就不能卖钱了，而是因为王大爷对“我”的教育，所以“我”以后再没忘记王大爷。

师：还有谁来说？

9号组补充汇报

生：我找到第9自然段第1句“王大爷爱怜的看着我，坚持要把小花狗送给我”，我找到“坚持”这个词表明态度了王大爷很想把小花狗送给文中的“我”。

生：我补充我们组，我再一次体会到千叮咛万嘱咐和王大爷爱怜地看着我，坚持要把小花狗送给“我”，王大爷的嘱咐说明了对孩子的关心和爱护，也表现出了王大爷的善良和宽厚。

生：我补充我们小组，我从王大爷叮嘱爸爸千万别打孩子里的“千万”这个词中感受到王大爷是千叮咛万嘱咐地说不要打孩子，要不然孩子一年都会不开心。

师：看来同学们对王大爷的嘱咐的话语印象深刻，那从王大爷的眼神中，你们读懂了些什么呢？

生：王大爷爱怜地看着“我”，假如我去提水，被水烫到，父母就会爱怜地看着我，并且会提醒我，而王大爷和“我”并不是亲属关系，可以不用这样做，可以直接说。这样爱怜地看着“我”，不仅是教育“我”，还是让“我”知道了以后为人长辈时不能乱发脾气，要用恰当的方式来教育，让孩子表面和心灵都成熟。

师：让你看到了王大爷背后的故事，你能读好这段话么？

（生朗读）

师：还有谁想来读这一句话？

（生朗读）

师：别急，再读一遍。

（生朗读）

师：我们发现他在读“坚持”时加重了语气。

生：从“坚持”可以看出王大爷十分喜欢“我”，还可以看出他对“我”的教育。

师：大家想象一下那个场景会是怎样呢？谁来当王大爷，谁来当当时心里特别害怕的“我”。怎样的爱怜的眼神？怎么坚持送？还可以把千叮咛万嘱咐的句子加进去。

（生互当角色演出当时情景）

师：这样一个场景还原让我们深刻感受到当时的“我”怀着忐忑的心情站在王大爷面前，不但没有受批评，反倒受到王大爷的关怀，这样一个坚持送的动作以及千叮咛万嘱咐的语言中，可以看出王大爷对“我”是多么喜欢，“我”对王大爷是多么感激，多么怀念，带着这么复杂的感情，我们一起读这一自然段。【生齐读】

师：过了一年，王大爷要到其他地方去了，想想看，站在这个街上，远远望着王大爷的小摊和王大爷的背影，当时“我”的心情又是怎样的呢？

（学生自由地表达）

生：王大爷要走了，就再也见不到王大爷了。

师：无限的怀念。

生：“我”多么希望王大爷可以快点重新回来。

师：还有谁。

生：王大爷是和“我”闹着玩吧，他可不能走，而且“我”也不希望他离开。

师：在“我”看来，那天的街道显得特别的冷冷清清，谁能用感情朗读这一句？

生（朗读）：过了一年，王大爷要到其他地方去，最后一天收摊的时候，我站在一旁默默地望着他，他看着我什么话也没有说，收起摊子回家了，那一天小街上显得冷冷清清的。

师：谁来朗读？

生：可以把一些重点的词句，声音再大点，重点词句重点读出来。

师：你想为大家读一下吗？

生（朗读）：过了一年，王大爷要到其他地方去，最后一天收摊的时候，我站在一旁默默地望着他，他看着我什么话也没有说，收起摊子回家了，那一天小街上显得冷冷清清的。

师：大街上冷冷清清，也许我再也见不着王大爷，第二天走时我去上学，没能见到他……同学们拿起书，接着看，等我放学回到家一眼看见桌上放着一只小花狗。【生齐读】

生：【生齐读】脖子上系着红绸子，绸子上挂着小铃铛，我的眼泪一下子又流出来。

师：这是“我”朝思暮想的小花狗，它怎么会出现在这里，“我”的眼泪一下子流出来，心里万般的感受，没有直接写，而是用了省略号。此时，你就是作者，能把这复杂的感情补充出来吗？

拿起书，翻到第 86 页，想想此时在这省略号包含作者怎样的语言，怎样的情感，请大家联系课文，发挥你们的想象，将省略号里的内容补写 2～3 句话，写在书上第 86 页，时间 3 分钟。

（学生现场写、交流）

生：王大爷，谢谢你对我的爱护与关心；王大爷对不起，我以前不该偷你的小花狗，我以后会做一个好孩子。

生：王大爷这么爱怜我，我却干了一件傻事，冲动是魔鬼啊，我要像王大爷一样宽厚待人。

师：掌声鼓励！

生：王大爷，谢谢您！我一定会好好珍惜的。

生：为什么小花狗会在这？是王大爷送给我的吗？哎，王大爷，我想您，我在心中一遍遍地呐喊，感觉去年做的那件蠢事又历历在目。

师：又历历在目，似乎也在警醒自己以后不要再犯错。

生：点点滴滴的往事涌上心头，深深刺痛了我的心，天空一片黑暗，下起了小雨，我在小雨中望着王大爷远去的方向。

师：我们现在明白开始那个问题了吗？三十年过去了，虽然我没有见到王大爷，但是我一直将小花狗带在身边，因为每每看到小花狗，我就会想到王大爷，我还会想到……我还会想到……我可能还会想到……所以小花狗是作为童年往事珍藏，小花狗是一份爱的警醒，警醒着自己不要再犯错，甚至少犯错，它也是一个爱的传递，今后我们也应该像王大爷一样把自己的爱心撒播到每一个地方。拿起书把对王大爷的感激之情一起读好最后一个自然段。

生：【生齐读】最后一个自然段。

师：想象一下，一直能把小花狗带在身上三十多年的人，会是一个怎样的人呢？

生：很细心。

生：成功人士，因为王大爷给过他记忆深刻的教育。

生：他经历过挫折，就应该遇到事情之后不再逃避，勇敢地面对。

生：他和王大爷一样是一个胸怀宽广的人。

师：这篇文章的作者是肖复兴，当代作家，他的作品朴实无华，向人们讲述着一个个看上去颇为平常的故事。而正是这些小事能给人警醒，启人思考，给人生活上更深远的影响。推荐一篇他为纪念叶圣陶先生而写的回忆文章，我不说题目，大家去网上搜索。今天这节课就学习到这里，下课。

四、五年级语文课《我的小桃树》课堂实录

师：同学们，我们曾经学过一篇《太阳路》，作者是贾平凹，今天我们学习他的另一篇文章，请大家齐读课题。

生：第 8 课——《我的小桃树》。

师：课前同学们都做了充分的自学，现在老师会给大家 5 分钟时间，在各组学习领袖的带领下交流预习所得，准备预习汇报，要求听懂了的同学点点头。计时员 5 分钟计时开始。

师：今天我们上第 8 课，我们请 8 号小组同学为我们作交流。

8 号组汇报

生：下面我们小组来为大家交流本课的基础部分。

生：首先我在生字表中找到了 2 组形近字，现在请大家跟我一起读：晰（清晰）、淅（淅淅沥沥）、悔（后悔）、侮（欺侮）。

生：下面由我来给大家讲解难写的字，我在生字表中找到了这 3 个字：“瘦”、“葬”、“撑”。

生：下面由我来给大家讲解课文中易读错的词，请大家跟着我一起读：“淅淅沥沥、打着转、花骨朵。”

生：请大家跟我一起看，我在第 8 课中找到一些表示时间的词，大家看第 1 自然段的开头就说了“今天……”，请大家看第 2 自然段的开头“记

得那是好多年前的秋天”，从这里可以看出这篇文章是一个插叙，请大家看到第8自然段“如今”，这3个时间词我们可以知道这是一个插叙，第2自然段到第7自然段是插叙作者童年的一些事。

生：我们小组汇报完毕，请问其他小组还有什么补充？

9号小组补充汇报

生：通过预习，我们组还找到了两处表示小桃树的，第一是生命的顽强，第二是意志品质的坚强。

生：第5自然段“它长得不慢，一个春天长上两尺来高”。这里写出了桃树生命的顽强，小桃树虽然很弱，但一点点地向上长。

生：第7自然段的一句话“它还在长着，弯弯的身子，努力撑着枝条，已经有一人高了”。这句话的“努力”用了拟人的修辞手法，突出了小树的意志，同时也暗示了“我”在成长中经历的一些风雨。

生：“努力”这个词也表明小桃树的自身条件也不好，但它靠自己也能取得一些收获。

生：请大家看第9自然段：“雨却这么大的下着，花瓣纷纷落下，我以为有了这场春雨，花会开得更艳，谁知它却这么命薄，片片付给风和雨？”这里有一个对比，美好的想象与残酷的现实的对比，说明小桃树身体上是非常脆弱的，有一点可怜，但精神是顽强的，有顽强的生命力。在它后面的这一句“雨还在下着，我的小桃树千百次地俯下身去，又千百次地挣扎起来”。我从“千百次”、“又”、“挣扎”可以看出小桃树具有顽强的毅力，这是风吹雨打都摧不垮的。

生：最后由同学来解释小桃树的脆弱。

生：第1自然段“我关上门，靠窗坐下，看我的小桃树，枝条被风雨摇晃着，花一片片落了，大半陷在泥里，三点两点地在黄水里打着转儿”。从这里描写小桃树的样子，体现出小桃树是十分可怜的。

生：补充发言，运用“瘦”、“美丽完全消失”说明小桃树身体非常脆弱，也突出了小桃树的可怜。我们小组交流完毕，请其他小组继续交流。

5 号组补充汇报

生：你们组主要着重的是它的精神，我们主要讨论的是小桃树生长过程中经历艰辛与磨难。首先由江琳艺来为我们介绍第一点。

生：第 7 自然段，首先朗读。

生（朗读）：“它长得不是地方，又不好看，曾想砍掉它，奶奶却不同意，常常保护着它，给它浇水。”

生：这句话说明了小桃树出生条件很艰苦，生长环境很差。

生：接下来由高远志来为我们介绍第 2 点。

生：第 8 自然段，请朗读。

生（朗读）：“我每次看着它，却发现从来没有一只蜜蜂、一只蝴蝶飞绕。”

生：从这句话我们可以看出没有一种昆虫来给它授粉，而我们知道没有授粉的小桃树是没有办法长得更加茁壮，这点也看出了小桃树生长条件的艰苦。

生：我补充我们组的发言，在前面还有一点，“它长得很委屈，瘦瘦的，黄黄的，似乎一碰立即会断”，从这里可以看出小桃树非常可怜，碰一碰就会断，很脆弱。

生：我来总结我们小组的发言，小桃树生长的艰辛共有三点：第一点，长得十分委屈，很脆弱；第二点，生长环境十分差；第三点，没有昆虫来帮它授粉。我们小组发言完毕。

师：各小组都在交流自己的预习所得，8 号组为我们梳理了这篇课文的脉络，发现这篇课文是按照时间为序，从“记得”这 2 个字可以看出来，这篇课文在写作中还运用了插叙的手法，这个分享非常有价值。刚才 9 号组和 5 号组都讲到了这篇课文留给他们印象深刻的部分那就是小桃树，都说到了在作者眼中的小桃树给我们的第一感觉是可怜、顽强，有着坚强的意志品质，这就是我们说的整体阅读抓要点。作者眼中的小桃树可怜和顽强又是怎样展现出来的呢？就要运用我们这段时间反复强调的第 2 个学习方法来学习——局部品读析词句，那我们这节课就把目光聚集到小桃树，去看看它是怎样的可怜，又是怎样的顽强。给大家 2 分钟时间，拿出笔快速浏览、默读、勾画，找到有关描写小桃树可怜和顽强的句子。抓住重点词并写下你的感受，简单在旁边做下批注。

学生自主学习，教师巡视辅导。

师：拿着笔，在书上勾画、圈点、批注是学习语文非常重要的学习方法。批注可以快速将自己的感悟、关键词写上去。

师：不要只盯着某一两句，快速浏览全文去找一找相关的句子。勾画要全面，阅读要仔细。一些同学还打了序号，这点非常好，待会说话就能有条理。

师：好，停笔，这一次增加难度，请各个组的学习领袖听清要求，请带着你的学习组员针对小桃树可怜和顽强的部分，抓住重点的词句来进行分析，准备接下来的第二轮汇报交流。这次是 3 分钟的时间。

1 号组汇报

生：我们组抓住重点词句来体现小桃树的可怜与顽强。

生：首先我找到的是第 1 自然段的一句话。“它瘦了许多，昨日的美丽完全消失了”。我找到的是“瘦了”和“昨日的美丽完全消失了”，这里写的是“我”看到小桃树被风雨摧残，“瘦”和“美丽”完全消失了，用拟人的修辞手法写出了小桃树的可怜。

生：我找到的是第 2 自然段“桃核儿埋在院子角落里”。从“院子角落”我能感受到桃树生长环境的恶劣，体会到小桃树十分可怜。

生：我找到的是第 4 自然段“它长得很委屈，瘦瘦的，黄黄的，似乎一碰便立即会断”。首先“委屈”是用了拟人的手法。“瘦瘦的，黄黄的”用了叠词，更加形象生动地写出了小桃树的柔弱。还有“大家都笑话它，奶奶也说：‘这种桃树是没出息的，长出来，也不会结出桃子’”。这里也写出了小桃树遭人冷落的事实。

生：我找到的是第 7 自然段倒数第 2 句“啊，小桃树，我怎么将你放在这里，离开家乡，又漠漠地将你忘记呢”。这里说将它放在家乡，作者到大城市打拼，它已完全忘记了小桃树的存在，而小桃树一直待在家乡，没有人管，感到小桃树是十分可怜的。

生：现在由我们来说一下小桃树的顽强。

师：别慌，咱们这个“可怜”有 3 位同学发言，待会还有其他同学补充，我们把这部分说完了你们再来补充顽强，好吧？

师：掌声送给他们，从不同的句子感受到小桃树的可怜，这个部分还有哪个小组补充？

4号组补充汇报

生：我找到的也是第4自然段，我从“大家都笑话它”体会到很多人笑话它，讽刺它，但它还是顽强地发芽和开花。

生：我补充一下，“它瘦了许多，昨日的美丽完全消失了”，后面还有一句“可怜它太小，才开了一次花”，才开了一次花就被风摧残，说明小桃树是非常可怜的。

生：小桃树可怜，我也有话说，请大家看第1自然段最后一句话“我再也不忍看了，我实在没有办法帮助它”，从“再也不忍看了”就可以想象到作者那么喜欢的小桃树，他自己用核桃埋下去的都不忍看了，作者都觉得它太可怜的。

生：我补充“它长得很委屈，瘦瘦的，黄黄的，似乎一碰便立即会断”。我是从瘦瘦的、黄黄的得知小桃树的苗不是新鲜欲滴的绿色，而是委屈、干枯、可怜的黄色。

生：我找到的是第9自然段“我以为有了这场春雨，花会开得更鲜艳，谁知它却这么薄命，片片付给了风和雨”，“片片付给了风和雨”说明树叶和花都落了，“谁知它这么薄命”说明它的命也很惨。

师：这棵小桃树最初长在院子角落里，无人欣赏，无人照顾，而且先天不足，长得瘦瘦的，黄黄的，在作者看来还长得挺委屈，作者在这运用拟人的手法、运用叠词的手法将它的可怜展现在我们面前。刚才大家说得特别好，我想能不能通过读来展现，我们来读第4自然段第1句，谁来为我们再次朗读？

生（朗读）：“它长得很委屈，瘦瘦的，黄黄的，似乎一碰便立即会断。”

师：同桌点评一下。

生：首先他读得很有感情，“瘦瘦的，黄黄的，似乎一碰便立即会断”，让眼前仿佛看到了非常可怜的小桃树。

师：那你能不能为我们有感情地朗读？

生（朗读）：“它长得很委屈，瘦瘦的，黄黄的，似乎一碰便立即会断。”

师：掌声送给她。

（生朗读）

师：别慌，瘦瘦的，黄黄的，一碰就会断，重新再来读好。

（生朗读）

师：小桃树长得瘦小，委屈，被人不欣赏，孤独又寂寞，咱们一起来读。

（学生齐读）

师：小桃树如此之可怜，但同学们还感受到它又是十分顽强，又从哪些词句可以感受到呢？同学们接着来发言。

6 号组补充发言

生：我们组针对小桃树的顽强找到了几个句子，首先找到了第 7 自然段，请朗读“它还在长着，弯弯的身子，努力撑着枝条，已经有一人高了”。这个“努力”运用了拟人修辞的手法，突出了小桃树顽强的毅力同时也暗示在成长中受到风雨，但并没有改变对梦想的追求和执着。

我们组还找到了第 8 自然段的第 1 句“如今的它，虽然长得弱小，可一夜之间竟开满了花呢”，这句话写出了小桃树的坚强和顽强，长得弱小说明小桃树自身条件并不好，但靠自己顽强拼搏也开出了花朵，从“竟”体现出了作者对小桃树的赞美。

我们还找到了第 9 自然段的一句。

生：朗读“雨还在下着，我的小桃树千百次地俯下身去，又千百次地挣扎起来”。我从这句话体会到小桃树不屈不挠，有着顽强的毅力和生命力。

生：我接着补充我们小组的发言，我从“千百次”可以体会到小桃树在生长过程中顽强不屈，也写出了作者在追求梦想时受到许多挫折与打击。

生：我们组发言完毕，请问还有哪个组需要补充？

11 号组补充汇报

生：我来补充，我找到第 9 自然段的一句话：“就在那俯地的刹那，我突然看见树的顶端，高高的一枝上，竟还保留着一个欲绽的花骨朵。”我们知道花骨朵就是还没有开放的花苞，它在院子的角落里遭受了这么多的风吹雨打，依然还有一个花苞，这也预示着小桃树以后一定会开花结果。

生：我补充我们小组的发言，从这一句话可以看出小桃树受的磨难之多，克服之艰辛。

生：我继续补充一下，之前说了小桃树非常可怜，但是后面又讲小桃树非常顽强，我觉得可怜可以更加衬托出小桃树的顽强与坚强。

师：这里有一个非常明显的句子，谁能把它读一读？这2个“千百次”的句子谁来读一读？

生（朗读）：“雨还在下着，我的小桃树千百次地俯下身去，又千百次地挣扎起来。”

师：你读得非常有感情，为什么此处没有掌声？读这句话的时候你体会到什么？

生：我体会到小桃树虽然千百次被风和雨俯下身去，但它并没有放弃，而是千百次地挣扎起来，突出了小桃树的顽强不屈。

师：还有谁愿意读一读这句话？

生（朗读）：“雨还在下着，我的小桃树千百次地俯下身去，又千百次地挣扎起来。”

师：你体会到了什么？

生：我体会到小桃树虽然历经风雨，但依然十分坚强，十分顽强。

师：还有谁想说？

生：我觉得第一次千百次俯下身是说小桃树的弱小，第二次千百次突出了小桃树的顽强。

【当场练笔，教师巡视，学生表达】

师：千百次地俯下身去又千百次地挣扎起来，依然与风雨做着顽强的斗争，那是一幅怎样的场景？现在我想请同学拿出笔，就在这幅插图边想象风雨中小桃树俯身挣扎的样子，用细节描写来突出它的顽强。

师：手上的笔要转快点，杨博云同学设置了一个场，风呼呼地无情地刮着，猛烈的风把小桃树吹弯了……看来很多同学进入到了这个场景中。

师：杨政还运用了比喻的修辞手法，写好了可以举手读一读。

生：一次又一次风吹过小桃树，小桃树被风吹得俯下身去，但又在强风中缓缓地、慢慢地、坚强地直起来。

师：最起码她用了叠词的方法。

生：邪风刮断了它的手臂，它疼得花落了一地，然而它又竖了起来，雨也不留情，狠狠地击打着它的腰身，可小桃树像熊熊之火，怎么也不熄灭。

师：她还运用了拟人的手法。

生：大风呼呼地吹了过来，让本就瘦弱的小桃树弯下了腰，雨也毫不留情在配合着大风击打在小桃树的身上，但是那瘦弱的小桃树闪烁着生命的光辉，再一次坚强地站了起来。

师：掌声送给他，让我们感受到小桃树的顽强。还有谁想来说？

生：风吹着，小桃树一次又一次地倒下，可它没有放弃，勇敢地站了起来，像是对风说我是不会屈服的。

师：掌声送给他，他给我们描述了一个毫不屈服的小桃树。我相信你能把这个“千百次”的句子有感情地朗读出来。

生（朗读）：“雨还在下着，我的小桃树千百次地俯下身去，又千百次地挣扎起来。”

师：毫不畏惧，毫不退缩。

生：小桃树在风雨的摧残下已经弯了身，花瓣也已慢慢落下，风无情地吹着，小桃树却坚强地不屈服。

师：掌声鼓励，谁再来？

生：小桃树又俯身下去，但又一次挣扎起来，又有几片花瓣吹了下来，又有几根树枝被风吹断，但是它却一直立在那里。

师：是啊，无论风吹雨打，小桃树依然屹立在那，毫不畏惧，毫不退缩。拿起书，我们再来有感情地朗读一遍。

生（朗读）：“雨还在下着，我的小桃树千百次地俯下身去，又千百次地挣扎起来。”

师：小桃树生长在角落，是那么的可怜，可是在片片风雨敲击它的时候，它展现出来又是如此之顽强。

师：现在请同学们快速浏览一下刚才你所有找到的关于小桃树的句子，再回味一下，看看在写作上有没有值得大家借鉴的地方。

4 号组汇报

生：我们小组发现了这篇文章有两条线索，第一条明线是用小桃树的生长经历，首先是小桃树被栽在角落，发芽，最后开花结果。暗线是写作者成长经历，出生在贫困山村里面，然后走出大山准备轰轰烈烈地干一番事业，经过很多挫折，然后成了一名作家。

生：这两条线索其实是有关系的。他们的成长经历都很相似，就像小桃树和作者一样，刚开始都是在一个被人遗忘的角落里，最后都决心要做出一番事业，小桃树觉得自己要开出花骨朵，这是小桃树美好的梦想，而作者的美好梦想是干出一番事业，最后他们都战胜了挫折和困难，最后都成功了。

生：他们都说得很好，我还找到了一个刚刚讲到的"雨还在下着，我的小桃树千百次地俯下身去，又千百次地挣扎起来"，第一个是反复，第二个是夸张。

师：除了这还有"拟人"手法的运用。

师：还有什么写作方法，我们下节课讨论。刚才我们 4 号小组特别提到了这篇文章他们发现了明暗线，明写的是小桃树，暗写的是作者。我们这节课重点研究的是小桃树，为什么又说是"我"的小桃树？这暗线里面有藏着什么深刻的含义呢？我们下节课再接着讨论，今天这节课大家表现得非常棒。

五、六年级语文课《奇妙的田螺》课堂实录

师：今天这节课我们学习第 11 课，请大家齐读课题。

生：第 11 课——《奇妙的田螺》。

师：课前大家都做了充分的自主预习，在课上先给大家 5 分钟时间在各组学习领袖的带领下交流预习所得，准备预习汇报，5 分钟时间请计时员开始计时。

生：5 分钟时间各组自主预习。

（学生自主讨论，教师巡视辅导）

师：交流结束，大家讨论非常积极，今天上第 11 课，照例先请对应的小组成员为我们做基本的知识讲解。

11 号小组汇报

生$_1$：接下来由我们组来为大家讲解本课的基本知识。

生$_2$：首先由我来为大家讲解易错字，我找到的易错字是“雌”字，这个字的偏旁非常容易写错，现在请大家练习一遍。

生$_3$：下面我来为大家讲解这篇文章中的形近字，请大家跟我一起读：怔（发怔）、证（证书）、粘（粘贴）、沾（沾边）。

生$_4$：我从这篇课文中找到了 3 处易读错音，请大家跟我读 2 遍：动弹、怔住、一骨碌。

师：一骨碌（连读）。

生$_1$：我在第 11 课中找到了一组多音字，请大家跟我读，每个字读 1 遍。转（转动、转弯）。

生$_5$：通过预习我们组知道了这篇文章是一篇说明文，通过写田螺的外形、下崽和习性告诉我们田螺非常奇妙，也表达了作者对田螺的喜爱，并且这篇文章写作顺序是按照时间顺序来写的。

生$_1$：我们小组发言完毕，请问大家还有什么问题？

师：刚才他们小组说到了字词，说到了说明顺序，说明内容，还有谁接着补充？

4 号组补充汇报

生$_6$：刚刚 11 组说到了这篇文章是以时间顺序来写的，我们也以时间顺序来展开交流。首先请李佳欣来为我们介绍一下这篇课文的提示词。

生$_7$：我们组找到了 3 个提示词，首先请大家翻到第一自然段开头“一天”，还有第 9 自然段的提示词“第二天早晨，天刚放亮”，第三个请大家翻到第 14 自然段“又一天早晨”，这也是一个提示词。

生$_8$：我们小组想用这个时间顺序来为大家理清这篇文章的时间脉络。首先是作者在河边发现了田螺并且介绍了田螺的生活环境。

生$_9$：第一天观察田螺外形的奇妙，了解田螺的生活习性。

生$_{10}$：第二天作者发现田螺具有攀爬的能力，而且它具有自我保护的能力。

生$_{11}$：第三天为我们介绍田螺具有繁殖的功能。我们小组交流完毕，请其他小组接着补充。

师：掌声鼓励，4号小组帮我们深入梳理了文章的文脉，刚刚说到的一点非常重要，这篇课文是以时间为序来为我们介绍田螺的。刚才的小组为我们梳理得非常好，那么从内容上，大家都学到了一个方法叫整体阅读抓要点。你们很快地找到这篇课文中“奇妙”就是这篇课文的关键词，那么奇妙在哪儿？刚才说了是三个方面，我们现在来汇总一下，你觉得是哪几个方面？汇总一下。

生$_{12}$：奇妙在3个方面：第一，外形特别奇特；第二，生活习性非常奇妙；第三，繁殖、生殖、下崽和其他的动物不一样。

师：拿到一篇课文，首先要整体阅读抓要点，根据课题“奇妙”，马上快速阅读整体知道了这篇课文讲田螺的奇妙是从三个方面来写的：一是外形的奇妙；二是生活习性的奇妙；三是下崽的奇妙。那作者又是通过怎样的写作方法将田螺的3个奇妙之处写具体的呢？那要用到我们另外一种讨论方法，就是局部品读析词句。给大家2分钟时间找出与这三个方面有关的内容，画下来在旁边写上批注，待会我们在组内交流2分钟，计时员开始计时。

（学生自主学习，教师巡视辅导）

师：拿着笔勾画重要的词句，甚至用序号做标记，这是一个非常好的学习习惯。勾画重点词句，写下关键词是做批注的好习惯。用不同颜色的笔标识，便于汇报发言。关键词可以用自己喜欢的点、圈、双横线来标识。说明文的说明方法以及写作手法怎么把它写具体，围绕这2个关键点思考。

师：好，停笔，刚才同学们在书上勾画笔记，接下来时间非常重要，5分钟里在学习领袖的带领下交流从哪些地方感受到它的外形、生活习性、下崽的奇妙之处，选择你们小组感兴趣的一个方面重点、有层次、全面地说清楚。各组开始讨论，计时员开始计时。

（小组二次讨论交流，教师巡视辅导）

师：好，安静下来，每个小组都选择了自己想交流的来说，首先请8号组来汇报。

8 号组汇报

生：我们组主要是根据田螺的奇妙外形展开讨论。

生：首先请大家看第 7 自然段的第一句“说实在的，田螺很好看”，从这一句我们可以直接看出作者已写出田螺外形的好看。

生：我找到的也是第 7 自然段的一句话，“上面盖着一层角质的硬片，像道结实而又严密的门缝”，这句话用了打比方的说明方法写出了硬片的作用。

生：我还在这段里面找到了一句话：“整个身子，圆乎乎的，被包在那个深绿色的硬壳里面”。这里面用了“硬壳”，因为它是生活在水里面的，一般生活在水里的像鱼、虾是没有硬壳的，但是它生活在水里而有硬壳，说明它的外形很奇妙。

生：我来总结一下，这一段主要是根据颜色和样貌两方面来描写田螺的奇妙，并且从“整个身子”、“硬壳”、“头部”来看，作者的描写十分有顺序，是从整体到局部。请问还有哪个小组需要补充。

师：关于这一部分还有哪个小组需要补充？

2 号组补充汇报

生：我想补充一下刚才第 8 组的发言，我找到了几个关键词，请大家看第 7 自然段“圆乎乎”、“从头到尾”、“越来越密”、“角质的硬片”、“圆锥形”，它们更加突出了田螺的奇妙外形。

生：第 7 自然段还用了总分的结构，第一句是总体句，把后面的内容提炼了。

生：大家可以看到第 1 自然段，“一天，我拿回一只田螺，只有核桃那么大”，这是我对田螺的一个错误认识，也写明了田螺体形的特点，也为后文作了一些铺垫。

师：还有哪个小组接着补充。

9 号小组补充

生：第 7 自然段观察的顺序，从颜色、形状来观察田螺。

生：我接着补充，我找到的是第 11 自然段，这段用了打比方的说明方法介绍了田螺的样子，“先伸出”、“向上”、“晃动”、“样子”等描述生动展现了田螺的奇妙。

师：田螺外形的特点主要表现在第 7 自然段，刚才听了几个小组的交流后发现，在这个自然段里作者的写作特点是先概括后具体，在具体写田螺样子时又是先整体，再到部分，又从颜色到样子把它写具体。它的外形当中有一个很特别的地方叫作“角质的硬片”，这是一个怎样的东西？

生：我通过查找资料，了解“角质的硬片”是属于一个膜片，贴在田螺的底部，它的名字叫“眼”。它像一个盖子，当田螺遇到危险或者是需要休息的时候它会把身体缩在壳子里，并通过肌肉收缩用掩挡壳严严实实盖住，避免受到伤害。

生：我联系生活实际说说，我以前也养过田螺，田螺的壳有一个洞，就是刚才提到的“眼”，它是一个盖子，有一次我特别想知道里面是什么样子，就拿一个牙签和好多其他工具想抠它，但不管用什么方法和工具都抠不开，这也说明了田螺外形的奇特和强大的自我保护能力。

师：结合刚才说到的查找资料和联系生活实际，我们没有见过“角质的硬片”，作者是采用什么说明方法告诉我们的？打比方，把“角质的硬片”比作“结实而又严密的门户”可见这个硬片对田螺是非常重要的，在这起着保护的作用。看这田螺的外形真是奇妙。

师：那咱们和同学们一起配合来读，咱们在读的时候一边体会写作方法一边感受说明方法。

师（读）：“说实在的，田螺很好看，整个身子……”

生（齐读）：“圆乎乎的，被包在那个深绿色的硬壳里边。硬壳上，有一道向右旋转的深沟，从头转到尾，越来越密。头部，有个圆锥形的硬壳口，上面盖着一层角质的硬片，像道结实而又严密的门户，时刻保护着内部的各种器官。”

师：接着交流，还从哪个方面感受到田螺的奇妙？接着发表自己的观点。

6号组汇报

生：我们组主要从田螺奇妙的生活习惯感受到了田螺的奇妙之处，首先我们认为田螺有一个生活习性特点，它不爱动。

生：我们组从第8自然段找到了3个关键词。

生（读第8自然段）："田螺一直不动弹。直到晚上我要上炕睡觉了，看看它，它仍默默地躺在那里。我怀疑，它是被毒花花的太阳晒坏了，还是河水退下去后把它渴死了？望着它那沉寂、冷漠的样子，我难过地低下了头。"

生：从"沉寂、冷漠"这2个词可以知道作者在此运用了拟人的修辞手法，而从"难过"也可以体会到作者对田螺的感情十分深厚。

生：我们找到第二点是田螺离不开水。

生：我们从第9自然段找到了一句话。

生（读第9自然段）："不知啥时候，它爬到了玻璃缸子的上边，像个大黑球似的，牢牢地粘在壁上——紧紧挨着水面。看样子，如果缸子再高、水再多，它也会爬到顶的。"

生：我从"紧紧"一词可以体会田螺离不开水，从"即使"、"也"这两个关键词也可以感受到田螺对水的依赖性很强。

生：我们组找到了第3点是田螺的胆很小，请大家看第11自然段，从"先"、"向上"、"晃动"可以体会到田螺非常有意思，也是"我"仔细观察的结果，也表明了"我"对田螺的喜爱。第4点是田螺的自我保护意识很强。

生：从第13自然段的一句话体会到了田螺的自我保护意识。

生（朗读）："只见它把触角一收，身子往回一缩，'呼噜'，整个田螺又落到缸底去了，那块角质硬片也早拉回来，重新把硬壳的洞口盖得严严实实，就像坦克手碰到了敌情，拉上了圆圆的铁盖板一样。"

生：这段话中运用了很多动词，而且还用了打比方的修辞手法。

师：这是把什么比作什么？

生：把田螺的角质硬片比作坦克上圆圆的铁盖板。

生：从这一句话还能感受到田螺十分害怕危险。

生：我们组交流了田螺奇妙的生活习性，请问还有哪个组需要补充？

师：关于这一点还有谁要补充的？

11 号组补充

生：我找到的是第 6 自然段，这自然段是把田螺与小鱼、小虾进行对比，突出田螺与鱼、虾的生活习性完全不同，它在水里一动也不动，更加突出了它的奇妙之处。

生：从第 9 自然段“牢牢地粘在壁上——紧紧挨着水面。看样子，如果缸子再高、水再多，好像它也会爬到顶的”中可以发现田螺十分渴望自由，同时也展示了田螺生活中渴望自由的天性。

师：还有要补充的吗？

9 号组补充汇报

生：11 号组深入文本，说出了田螺的奇妙之处。我找到的是第 8 自然段“田螺一直不动弹”，从“一直”可以看出田螺的奇妙：住在新家应该四处活动，看看新家到底有什么，但它并没有那样，而是一动也不动。所以我感觉十分奇妙，而且“我怀疑”也可以体现田螺的奇妙之处。

生：我找到了第 9 自然段，“田螺的生命力很强，它被毒花花的太阳晒了那么久都没有死掉”，说明田螺的生命力强大。

生：我还找到了第 10 自然段：“呀，田螺不但活着，还是那样的有意思哩！”“有意思”这个词照应“奇妙”，说明田螺不仅外表不同，而且生活习性也是非常的与众不同。

师：非常奇妙，它的奇妙在于它在水里一动也不动，似乎和那些快乐地在水池里游来游去的鱼虾形成鲜明的对比。看似很胆小，一旦遇到外面有敌情，它就马上把触角一收，身子往回一缩，呼噜，整个田螺又落到缸底去了，那块角质硬片也早拉回来，重新把硬壳的洞口盖得严严实实，就像坦克手碰到了敌情，拉上了圆圆的铁盖板一样，吓得刚来的小鱼、小虾慌忙地闪开了身子。从这些话语可以感受到田螺是非常喜欢安静的、胆小的，但同时具有非常强的自我保护意识，而且生命力也是非常顽强，这些也让我们感受到田螺的奇妙。那最有意思的还属田螺下崽，刚才看到很多小组都在研究这个，哪个小组接着汇报？

1 号组汇报

生：刚刚许多小组从田螺的外形、生活习性说明了田螺的奇妙，而我们组接着从田螺下崽来说它的奇妙之处。

生：首先请大家看第 15 自然段，请带感情朗读。

生（朗读）：“那球球，个子很小，只有绿豆粒那样大。”

生：只有绿豆粒那样大形象地说明了黑球球个子非常的小，而且后文也说了像飞机投下的小炮弹说明了小球球降落的状态，作者又细致描写了小球球非常的小。

生：我找到的是这段的倒数第 2 句，请同学有感情地朗读。

生（带感情朗读）：“吐出来的小球球，慢悠悠地降到水底，就像飞机投下的小炮弹。”

生：这句话运用了打比方的手法，把吐出来的小球球比作飞机投下的小炮弹，让我们感受到田螺下崽的奇妙之处。

师：说得非常好。

生：请大家看第 18 自然段的第一句，请同学为我们读一读。

生（朗读）：“我知道，青蛙、河鱼、小虾的崽儿都是从卵里孵出来的，乌龟的崽儿也是从它产在河岸沙滩上的卵里孵出来的，咋田螺就偏偏直接生出小崽儿来呢？”

生：这句话把田螺与青蛙、河鱼、小虾作了对比，更加突出了田螺生崽的奇妙之处。

生：这句话运用了作比较的说明方法，我们组从田螺下崽的奇妙展开了交流，请问其他组有没有补充的。

师：还有谁接着补充？

7 号组补充汇报

生：我为大家来补充一下第 15 自然段的第 2 句，请同学有感情地朗读。

生（朗读）：“往日，田螺只是紧紧地粘在缸子上边的壁上，并没有什么别的表示。而今天，咋会从躯体里边往外吐出一个一个的黑球球呢？”

生：这句话运用了对比的写作手法，运用对比的修辞手法，请大家看第3句的前面有一个“而”字，有转折作用，转折关系就是为了强调后者，强调后者是为了突出今天的与众不同，也突出了作者发现了新的事情，而且还从黑球球和一个个感受到田螺是十分奇妙的。

师：它吐出来的黑球球是一个接一个，投掷的过程就像飞机投下的小炮弹，那是怎样一番情景呢？请大家自由地读一读这句话。

师：谁来读？站起来读？

生（朗读）：“吐出来的小球球，慢悠悠地降到水底，就像飞机投下的小炮弹。”

师：慢悠悠，你似乎看到了什么？

生：我似乎看到了田螺生的小崽，感觉就像电视上陨石撞击地球一样壮观，从作者细致的描写中可以深刻地感受到这个场景是多么的壮观。

师：掌声送给他，还有谁愿意读一读？

生（朗读）：好。

师：你感受到什么？

生：我感受到田螺生下的小球球很慢很慢下落。

师：很慢很慢，再更慢，让我们体会得更仔细。

（生朗读）

（师生一起朗读）

（生齐读）

师：多么形象的比方，把它生出来的小崽比作飞机投下的小炮弹，这样一个奇妙的生殖过程也给我们展现得淋漓尽致。

师：现在学到这，我想问大家，看到板书回忆一下课文里所有描写田螺奇妙的句子。从写作上能够给你提供哪些借鉴，今后碰到这样的文章可以给你提供哪些借鉴？大胆地发表感想。

（学生自由发言）

生：当我们写一个物体的时候，我们可以运用到先整体后局部，在具体，先根据总体自然段，然后细致的描写颜色、形状方面。

师：说得好，先总后分，从整体到部分。还有谁？

生：第14自然段是运用承上启下的过渡方法，我们写作时可以借鉴这个方法。

生：我查了资料，这是一种新的文艺科学小品文，运用某些写作手法、说明文的方法把科学知识展现出来，我们写时也可以把严谨的科学知识有序地展现出来。

师：那这篇课文是什么形式？上篇课文是自序式，这篇呢？讲到了有趣的故事，通过故事将田螺的知识告诉我们。

生：作者把我们不了解的东西用说明的方法写出来，像第7自然段把“角质的硬片”比作“坚实而又严密的门户”，不仅把这句话写形象了，还让我们了解它的作用。

生：这篇文章还运用了作比较的说明方法，我们在写作时运用这种方法能够更加突出事物的特点。

师：刚才同学们说了很多写作特点值得我们借鉴，那么说明文今后要特别关注，可以按照一定的顺序把事物写清楚，可以借鉴它的时间顺序，为了把事物说清楚还可以从几个方面入手，第一天观察的是外形，第二天观察的是生活习性，第三天观察的是下崽，这样有层次从表及里，突出重点。这篇文章里还出现了一个重点就是“我”，竟然是说明文，就说田螺把3个特征介绍完就行了呀，其中有“我”很多心理变化的语句，那这些语句在文章中又起到什么作用？在写作上又给我们什么借鉴？咱们留着下节课探讨。今天这节课就上到这。

六、六年级语文课《跨越百年的美丽》课堂实录

师：今天这节课我们一起来学习新的课文，请同学齐读课题。

生：第18课《跨越百年的美丽》。

师：课前大家都做了充分的预习，现在给大家5分钟的时间在各自学习领袖的带领下，交流预习所得所惑。

学生组内学习交流。

8号组汇报

生：我为同学们讲解一下基础知识，“藤”字容易写错，请大家跟我一起写一遍。“誉”字，撇和捺一定要写得舒展，请书写一遍。

生：“烟熏火燎”、“弃今”、“计量杯”。请同学们在文中找到“烟熏火燎”这个句子。

生：化验室只是一个废弃的破棚子，玛丽终目在烟熏火燎中搅拌着锅里的矿渣。

8组：你读得非常有感情。现在，我们看“烟熏火燎”的“燎”字，它是一个多音字，烟熏和火烤，比喻酷热或干燥。“燎”字在这里读第三声，请大家跟我读一遍“烟熏火燎”。

师：不错，很多同学把这个遗漏的笔记记录在书上了。

8号组：我来梳理一下这篇文章的脉络。主人公是居里夫人，我从文中提炼一些词语：勇于探索、献身科学、淡泊名利、卓著贡献。这篇文章的主要内容：居里夫人发现了矿物质元素镭，她勇于探索，深入地研究它，提炼它，并且献身科学，终于经过三年又九个月她成功了，她没有享受任何一个奖杯，她淡泊名利，视金钱、名誉如粪土，为科学做出了卓越的贡献。

8号组：这篇文章的作者梁衡，我们已经认识他，曾学过他的《美丽的晋祠》，在文中他写道：“晋祠的美在山，在树、在水。”这篇文章中居里夫人的美体现在外在美和内在美，作者将外在美略写，内在美详写为四个部分，而居里夫人的内在美是我们考虑的核心问题，谢谢大家，我们小组交流完毕。

其他同学补充

生：你说得不错，但是我觉得我们的课题是“跨越百年的美丽”这个百年是1998年，一个是1898年，有一百年的间隔，她的内在美是永恒的，居里夫人的这种探索、追求、顽强是永恒的，而她的外在美是短暂的，她的年轻总会过去，而人总会老。所以说外在美是短暂的，内在美是永恒的。

生：这篇文章的主人公是居里夫人，我为大家介绍一下居里夫人，她是一位物理学家、放射化学家，她开创了放射性理论，发明了分离放射性镭的技术，她也是第一位两次获得诺贝尔奖的科学家。

生：居里夫人在生活中是一个十分俭朴的人，1933年她的年薪涨到了4万法朗，毛料衣服却穿了20年，她是一位十分朴实、纯朴且为科学勇于奉献的人。

师：8号小组已经为我们梳理了这篇课文主要内容，我发现大家学习语文特别有妙招，能够联系以前的学法，我们曾经学过梁衡先生的文章《美丽的晋祠》，大家在这马上学法迁移，根据课题当中的“百年”和“美丽”整体阅读抓要点，快速梳理出了文中的几大要点。这篇文章主人公是居里夫人。居里夫人的外在美和内在美，作者描写有详有略，她勇于探索，献身科学，这都是居里夫人追求科学的描写，这是她的科学精神，而她的淡泊名利，为人类做出了卓越的贡献是居里夫人的人格魅力。大家帮着梳理一下我们这节课的核心问题是什么？我们接下来又学些什么呢？

生：居里夫人到底美在哪里？

师：我们要通过局部品读析词句的方法，进入到语言文字当中去领悟她到底美在哪里？而作家梁衡又是怎样把居里夫人的这种美展现给读者的？交流的前提是充分的自学，请大家在自学的基础上花2分钟时间梳理一下大家的思路，看看小组准备交流些什么？

师：局部品读析词句的方法去研究怎样展现居里夫人的美，是怎样把这些美写具体的，还是5分钟，请学习领袖带领大家进行讨论。

（学生合作交流讨论）

师：关于这个问题，我相信很多小组都有话可说，老师提醒一点，话语要简洁、清晰。首先站起来抓关键词。

5号组汇报

5号组：居里夫人的内在美是献身科学。

第三自然段的这句话“就像是在海滩上捡到一个贝壳，别人也许仅仅是把玩一下而已，可居里夫人却要研究一下这贝壳是怎样生、怎样长、怎样冲到海滩上来的”。作者通过他人与居里夫人的对比，通过居里夫人的这种勇于探索，刨根问底的精神，正因为有了这种精神，居里夫人才会取得巨大的成就。

第三自然段中的“为了提炼纯净的镭，居里夫妇搞到一吨可能含镭的工业废渣”。这里的一吨最后提炼出了0.1克，大概是一千万的比例，“三年又九个月”这些数字说明居里夫人把她美好的青春奉献给了科学。

6 号组汇报

6 号组：我们组讨论的核心问题是美丽。这种美丽体现在她的内在和外在，内在美我们找到了第 3 自然段的一句话。“尽管这都还是偶然的发现，居里夫人却对此提出了新的思考：其他物质有没有放射性?”居里夫人觉得前面两位科学家的发现是基础的，她善于发现问题，有执着探索的精神。

第 3 自然段的一个句子，“为了提炼纯净的镭，居里夫妇搞到一吨可能含镭的工业废渣。他们在院子里支起一口大锅，一锅一锅地进行冶炼，然后再送到化验室溶解、沉淀、分析”。找到一些重点词：一吨、一口大锅、一锅一锅、冶炼。这里的冶炼是将一个固体溶解后再分析，经过多次的实验，最终将镭提炼出来，体现出了她顽强的意志。

“化验室只是一个废弃的破棚子，玛丽终日在烟熏火燎中搅拌着锅里的矿渣。”烟熏火燎是指酷热或干燥的情况下，这句话揭示了居里夫人科学研究的艰辛以及她坚持下来的不易，凸显了居里夫人的美丽。

师：说到这里有没有小组还要补充的?

9 号组汇报

生：“一锅一锅”体现出居里夫人做实验非常艰辛；“废弃的棚子”体现出了设备的简陋，而在这种条件恶劣的情况下，居里夫人还能坚持提炼镭，这些都体现出了她的毅力，展示出了她的内在美。

“为了提炼纯净的镭，居里夫妇搞到一吨可能含镭的工业废渣。”居里夫人冒着毫无回报的精神去冶炼，这需要很大的坚定毅力和坚定的决心才能做到。

生：“经过三年又九个月，他们终于在成吨的矿矿渣中提炼出了 0.1 克镭。”也体现了她的坚定毅力。

11 号组汇报

“两年后，她发现了钋，接着发现了镭。”从这里可以看出她发现钋和镭是一前一后，钋是一种银白色剧毒的东西，在地球中的含量大概只有百万分之一，是非常稀有的。她已经有了很大的成就，她没有享受成就，而是为自己设定更高的目标。

生：从这些环境描写可以看出居里夫人的工作条件十分艰苦，工作性质十分枯燥，还十分危险，即使在这种情况下，她依旧没有放弃自己的信念，表现她在困难面前不屈不挠的求知精神和坚定的科学信念。

师：大家都说得特别好，能不能通过你们的读去展现这种条件、环境特别特别艰苦的时候，居里夫人仍然是执着地不放弃对科学事业的研究。咱们就来读一读："他们在院子里支起一口大锅……"

齐读："他们在院子里支起一口大锅，一锅一锅地进行冶炼，然后再送到化验室溶解、沉淀、分析。化验室只是一个废弃的破棚子，玛丽终日在烟熏火燎中搅拌着锅里的矿渣。"

师：谁愿意通过朗读去展现一下。

兰冰茹："他们在院子里支起一口大锅，一锅一锅地进行冶炼，然后再送到化验室溶解、沉淀、分析。化验室只是一个废弃的破棚子，玛丽终日在烟熏火燎中搅拌着锅里的矿渣。"居里夫人为了科学可以奉献她的一切，为她的这种科学精神而感动。

师：居里夫人就是一年又一年，一天又一天在这个废弃的破棚子里做着艰苦的实验。大家想象一个这样的画面，此时你的眼前会看到些什么？听到些什么？闻到些什么？又感受到了些什么呢？能不能用一处细节描写展现居里夫人为了科学事业奉献的精神，在文中记录下你所想象的画面。

学生当场写话，自由表达

生：咕噜，咕噜，锅里冒着黑烟，闻到刺鼻的味道，居里夫人拿出一根尾部已经发黑的大木棒使劲地在锅里不停地搅拌着。

生：她的裙子上破了一个又一个的洞，居里夫人还是继续穿，直到破旧不堪。

生：在一个破旧的小房子里，她满头汗水地在工作，脸上写满了"吃力"二字，但眼神中却满是坚定。

生：在烈日炎炎的中午，居里夫人仍坐在大锅前冶炼，一滴滴汗水从脸颊滑下，油烟呛得她直咳嗽，既然我已经选择了这条道路，我将坚定不移，既然我已经踏上了这条路，那么任何东西都无法阻碍我走下去。

生：黑暗的小房里，一位女士正在冶炼矿渣，矿渣散发出一种刺鼻的气味，使人难以再待下去，而她依然用力搅拌着。

生：棚子里烟雾环绕着她的身躯，她的手上到处都是碱，锅里的矿渣时不时跳到她的手上，在她的手上无情地侵蚀着。

生：烟雾又从房子的上方飞起，居里夫人又在那里进行冶炼，她又失败了。于是，她又重新开始，日复一日，年复一年，最后她终于成功了。

生：她走进实验室，闻到工业矿渣的气味，越走越近，那此起彼伏的声音是居里夫妇吃力地搅拌矿渣的声音，一颗颗豆大的汗珠不断地滚下来，可居里夫人顾不得那些，她只知道不断地工作，不断地工作。

生：一位瘦弱的女子站在一口大锅前使劲地搅拌着成锅的矿渣，一股刺鼻的浓烟升到了空中，在火光的映照下，脸庞显出消瘦，她是居里夫人。

生：继续冶炼，一滴一滴地溅到她的身上，她并没有在意，仍然继续搅拌着。

生：她终日与矿渣为伴，日夜不停地搅拌矿渣，一股股刺鼻的气味向她涌来。

生：居里夫人在大锅前，用尽全身的力气搅拌着矿渣，顺时针搅拌着，大锅里冒出一个个大泡泡，散发出怪怪的气味，汗水已经浸湿了她的衣服。

生：玛丽竭力地搅拌着矿渣，她实在是太专注了，都没有发现杂质溅到了她的身上、手上、衣服上，她只是擦擦汗，继续搅拌着锅里的矿渣。

师：掌声送给他们。

生：不停地搅拌矿渣，时时发出一股股刺鼻的气味，居里夫人都快要吐了，但是她心里在想，我不能退缩，一定要坚持再坚持。

师：我相信通过这些细节描写，同学们再现居里夫人当时艰辛劳作的场景，能够深深地为居里夫人的那种精神所感动。没有远大、执着的追求，没有刚毅、坚强的性格，居里夫人不可能在那么恶劣的环境下坚持着科学实验。我相信再一次地拿起书，再来读这两句话，大家会发出对居里夫人真心的赞美。“他们在院子里”预备起。

生：“他们在院子里支起一口大锅，一锅一锅地进行冶炼，然后再送到化验室溶解、沉淀、分析。化验室只是一个废弃的破棚子，玛丽终日在烟熏火燎中搅拌着锅里的矿渣。”

师：居里夫人的美还体现在哪儿？作家梁衡又是怎样一幕幕地为我们

展现出来的呢？咱们留着下节课继续学习。

七、六年级语文课《清明上河图》课堂实录

师：大家看，这就是享誉中外的绝世佳作《清明上河图》，有人称它为宋代的百科全书，今天就让我们跟随作者的文字一起走近《清明上河图》。

（生齐读课文）

师：通过预习，我们知道这是一篇说明文，学习说明文要关注说明的顺序、内容及特点和说明的方法，待会儿大家在交流预习时，可以关注以上内容。给5分钟的时间，在学习领袖的带领下交流预习所得所获。

交流中……

4号组汇报

4号组：我们找到了“肆”、“鳞”（鱼鳞）（波光粼粼）。

大家跟我一起读：薄雾、参差、桅杆、鳞次栉比、戛然而止、惟妙惟肖。谁知道桅杆的意思？

兰冰茹：桅杆指船上挂旗的杆子。鳞次栉比的意思：像鱼鳞和梳子齿那样有次序地排列。

李佳欣讲《清明上河图》的资料。在北宋时期《清明上河图》是非常流行的题材，其中张择端的《清明上河图》最为有名，他以清明时节作为引子，对汴京的繁华景象进行了精细的描绘。谁再来补充一下《清明上河图》的资料。

学生自主补充汇报

生：《清明上河图》属国宝级文物。

生：《清明上河图》是十大名画之一，中华第一画，现珍藏于北京故宫博物院。该画画的是北宋时期清明节时社会各阶层的生活状态，当年北宋一个繁华的街景。

生：屋宇错落（跟房屋有关）、酒楼茶肆（形容人很多）、宅第店铺，请大家读一下这三个词语。这里人很多，房子也很多，非常繁荣，这四个

词也请大家读一读。车水马龙、熙熙攘攘、人声鼎沸、摩肩接踵，这四个词都是形容人很多，人挤着人，阡陌纵横，房屋相互交错，田埂很整齐，田里种的都是庄稼。

生：介绍文章的脉络，《清明上河图》是说明文，作者在介绍《清明上河图》时分三个部分来介绍。第一部分，描绘市井的景象；第二部分，市区的景象，房屋很多；第三部分，汴京的重地。第五自然段用了一个列数据的说明方法，用具体的数据来说明《清明上河图》是多么的复杂，他的画笔非常精细。最后一个自然段，用了“不仅……而且……”，再一次体会到《清明上河图》的精细，更展示出《清明上河图》在国际和中国的意义。

学生自主补充汇报

朱子灵：这篇文章的结构是地点的转移，第二部分是往汴河看去，茶肆之中（移步换景）。

兰冰茹：第一个部分，市郊；第二个部分，汴河两岸；第三个部分，市井街道。

师：作者仅仅只是介绍画面的三个部分吗，开头和结尾在这里讲了些什么，对整篇文章的结构有什么作用？

女生：开头和结尾是相互照应的，开头的“极其”和“不可多得”说明《清明上河图》的珍贵，结尾处有“不仅”和“而且”是递进的关系，《清明上河图》在我国乃至世界上都有着重要的地位。

师：这篇文章的结构就是我们经常所说的：总（总说艺术价值）、分（市郊、汴河两岸、市井街道）、总（总结概括《清明上河图》的特点以及它的艺术价值和历史价值）。这篇文章的脉络就梳理清楚了。

师：《清明上河图》是一幅长卷，内容分为三个部分，这三个部分里作者又是怎么为我们具体介绍清晨的呢？局部品读析词句，跟随作者文字细看、细品。接下来，拿出笔给大家 2 分钟的时间，重点关注 2～4 自然段，这三个自然段你特别喜欢哪个自然段？和小组进行交流，作者是怎么把它写清楚的？

师：从这三个画面中，小组选择其中一个部分，景物有什么特点？作者是怎么把它写具体的？是怎么介绍的？小组讨论（4 分钟）。

讨论中……

师：小组汇报，站起来先总说，再分说，哪个小组先来。

1号组汇报

1号组：我们小组选的是第三部分“市进街道”。请大家看第4自然段的第3句话，请同学为我们读一读。

“屋宇错落，古柳参差，临河的茶肆之中，摆着桌凳。”它是形容房屋排列整齐，酒楼茶肆、宅第店铺、五光十色、种类繁多、买卖兴隆这些词语描写街道非常繁华、热闹的景象。

“街市上，士农工商，男女老幼，骑马的，乘轿的，购物的，叫卖的，摩肩接踵，熙熙攘攘……”，我们从士农、工商、男女老幼、叫卖声中可以体会到繁华以及当时人民的富足。

“真可谓‘百家技艺向春售，千里农商喧日昼’，好一派繁荣昌盛的景色”是抒情的方法，可以表达作者对这幅画的赞叹以及繁荣景象的震撼。

“百家技艺向春售，千里农商喧日昼，好一派繁荣昌盛的景色。”春回大地，人们都有自己的技艺在出售，北宋时期是非常的繁荣昌盛。

师：他们这个小组是采取的方法是抓重点词，体会到市井街道的繁荣昌盛，还有哪个小组选第三部分，而方法交流不一样的？

10号组补充汇报

第一组是从重点词来形容繁荣昌盛，而我是从“最繁华的街市”这六个字中体会的。大家一定都去过武汉的步行街，那种水泄不通、人声鼎沸，就像这个街市一样繁荣昌盛，作者用这些重点词让我们身临其境。

师：了不起。她是联系生活实际来谈。在人流如织的步行街，我们穿越来到了宋代，在这个市进街道里，我们感觉到这里人的可谓真多，文中“骑马的、乘车的、购物的、叫卖的……”不仅人多，货物也是琳琅满目，哪里看得出来？“货物五光十色、种类繁多，市招高挂，买卖兴隆”，作者有感而发，用抒情的句子“真可谓‘百家技艺向春售，千里农商喧日昼’，好一派繁荣昌盛的景色”。这一段既有具体的描写，又有抒情，为我们展示出繁荣昌盛之景。还有哪个部分让我们有所感受？

6 号组汇报

6 号组：我们选的第二部分。请大家看第 3 自然段的第一句话“顺着波光粼粼的汴河”，这是个过渡句，作者运用了流畅自如的语言过渡，把我们自然地带到了第二部分。

“屋宇错落、行人众多、车水马龙、人声鼎沸、热闹非凡”，从这 5 个词我们可以感受到行人、车、马非常的多，行如流水，来往不断，都是非常的热闹。

“桥上桥下，许多人驻足观看。从人们张嘴挥臂的动作中，似乎听到了船工们吆喝的号子声和众人的喝彩声”从这句话我体会到《清明上河图》时代的栩栩如生、惟妙惟肖，突出了当时行人，市井繁杂热闹的景象。

“一艘木船正要穿过拱桥，桅杆已经放倒，船工握篙盘索。桥上桥下许多人驻足观看。从人们张嘴挥臂的动作中，似乎听到了船工们吆喝的号子声和众人的喝彩声”这三句话中我找到了四个动词：“穿”、“倒”、“卧”、“挥”。从这几个动词我们可以身临其境地感觉到这里热闹非凡的景象，通过第 3 自然段，作者对第二部分的描写、介绍，赞扬了画家绘画的高超技艺。

3 号组补充汇报

“一座精致的拱桥，宛若飞虹，沟通两岸。”把精致的桥比作飞虹，“从人们张嘴挥臂的动作中，似乎听到了船工们吆喝的号子声和众人的喝彩声”这句话用了联想的方法。

师：正是有了作者的想象，才感受到画面的栩栩如生。刚才两个小组的交流让我们感受到拱桥热闹非凡，除了用热闹非凡来形容，你还想到哪些词呢？

生：水泄不通、人山人海、人声鼎沸、车水马龙、热闹非凡。

师：船到拱桥时，惊心动魄的场景，桅杆即将放倒，船只即将通过，桥上的人在干什么，能不能通过读再现当时的场景呢？

同学们自由练习朗读“一艘木船正要穿过拱桥，桅杆已经放倒，船工握篙盘索。桥上桥下许多人驻足观看。从人们张嘴挥臂的动作中，似乎听到了船工们吆喝的号子声和众人的喝彩声”。

男生："一艘木船正要穿过拱桥，桅杆已经放倒，船工握篙盘索。桥上桥下许多人驻足观看。从人们张嘴挥臂的动作中，似乎听到了船工们吆喝的号子声和众人的喝彩声。"

师：联想一下当时的吆喝声、喝彩声的场景。

朱子灵："加油呀，加油呀!""太棒了、太厉害了!"

师：如果加上动作就更精彩了，谁再来试一试?

生："1、2加油，1、2加油，过拱桥运货物，皇帝还等着我们进贡呢!"

生："加油，加油!"

生："嘿哟，冲呀，嘿哟。"

师：从人的吆喝声和喝彩声让我们握篙盘索，顺利地穿过了拱桥，让我们一起来读一读热闹非凡的句子。

师生同读："一艘木船正要穿过拱桥，桅杆已经放倒，船工握篙盘索。桥上桥下许多人驻足观看。从人们张嘴挥臂的动作中，似乎听到了船工们吆喝的号子声和众人的喝彩声。"

师：顺着作者的笔，一起进入汴河两岸和市进街道，感受到那里的热闹非凡和繁荣昌盛，在这两个部分里同学们说了非常多的写作方法，既有说明又有抒情，既有作者的精细地细描又有产生的联想，每幅画之间都采用了巧妙的过渡，这样一幅艺术作品栩栩如生地展现地了我们的面前，作者又是怎样一步一步地将作品向我们呈现出来呢?咱们下节课继续学习。

八、六年级语文课《少年闰土》课堂实录

师：今天我们将进入本单元最后一篇课文的学习，这个单元很特殊，全部安排的是鲁迅先生的文章，所以，本单元的话题是"走近鲁迅"，大家都已经预习了，第22课的课题是?

生：《少年闰土》。

师：给大家5分钟的预习时间，在学习领袖的带领下交流自己的所得所获，计时员计时开始。

师：首先请11号小组汇报。

生：首先由我们小组来为大家讲解第22课中的易错字。“厨”里面是一提不是一横。“贼”、“窜”。

生：现在由我为大家来讲解难读的音。大家和我一起读一篇。“猹、装弶、秕谷、鹁鸪、獾猪”。现在谁说下“猹”是什么意思？

生：“猹”就是以西瓜为食物的一种动物。

生：“秕谷”的意思是干瘪的谷子。请同学说下“装弶”的意思。

生：“装弶”是装配捕捉老鼠或者小鸟的工具。

生：大家请看，我们这篇文章的作者是鲁迅先生，他的原名是周树人。我来为大家介绍一下，鲁迅是我国无产阶级文学家、思想家、革命家，他出生在一个封建家庭，他原来是在仙台医学院学医，所以他的文章被别人称作“一把刀”。他发表的第一篇白话文小说就是《狂人日记》，大家不用细致去读，只需要了解一下。照片上面就是鲁迅先生，他的头发像一把刷子一样，浓密的胡子像隶书的“一”字，他总是穿着一件朴素的中式长衫。

生：现在由我来为大家梳理一个这篇文章的脉络。首先看文题《少年闰土》说明这篇文章是写人的，写人离不开写事。这篇文章可以分为三个部分：第一部分是鲁迅盼望闰土，盼望新年，这样闰土就可以和他一起玩；第二部分是“我”在和闰土玩的过程中见了不少新鲜事，这就是“我”不知道而闰土比“我”知道得多；第三部分是离别的不舍，因为新年结束了，闰土也要回家了，“我”和闰土是非常好的伙伴，所以分别时非常不舍。从这篇文章我们可以看出闰土见多识广和机智勇敢。

生：我来为大家讲解这篇文章的写作方法。首先这篇文章运用了大量的细节描写，描写人物的外貌、语言、动作、神态以及心理，反映了人物的特点，情感十分丰富，自由自在，无拘无束。接下来运用了典型的事例来表现人物的特点，写了闰土捉鸟、看刺猬、看跳鱼，从这几个小故事可以看出来鲁迅与闰土的友谊情深，对闰土的思念以及向往像闰土那样无拘无束、自由自在地生活。

生：我们组汇报完毕，请问大家还有什么问题？

学生自由补充发言

生：我想补充一点，首先大家看，少年闰土写在侧边，表明侧重点是少年，我通过了解，闰土长大后，并不是像作者这篇课文所写的，三十年后见面了，其实当时闰土并不是像当时见多识广和机智勇敢，我觉得还要加两条，是健康和可爱。第 4 自然段中，有很多外貌描写，大家可以看出他的可爱和健康。而到了以后，因为时间的流逝，而且孕育了 5 个子女，生活压力是很大的，而闰土是靠在海边的一块田地生活，而且年景也不是很好，过得很艰辛，他长大后，他觉得他和作者是两个世界的人，所以成年后的闰土并不是像现在这样可爱、健康。

生：我首先补充，这篇课文不光有 3 个易错字，我再补充一个“祀”。

生：我对作者鲁迅作一个简要的补充，刚才也说到了，鲁迅早年是学医的，后来改写文章，我想补充一下这里作者为什么要改写文章，因为他当时在日本学医，有一次他们在看一个电影讲日本人怎么去杀害中国人的，而在一旁的中国人却麻木不仁，日本学生看了都拍手叫好，鲁迅就很疑问，为什么中国人会这样子呢？后来明白了，中国人并不是肉体上有疾病，而是心灵和精神上有疾病，后来就改写文章了，想医一下中国人心灵的疾病。

生：我想补充一下《少年闰土》这篇文章，《少年闰土》是节选自鲁迅写的《故乡》，反映了当时半封建、半殖民地中国农村的腐败，农民在封建社会政权压迫下如何痛苦生活的。

生：我想接着补充，这篇文章是选自鲁迅的《故乡》，其实是将少年闰土和中年闰土进行对比，节选的这篇文章中并没有写到中年闰土，所以是将“我”和闰土作对比，分别围绕这 2 个人写了 4 件事，分别是雪地捕鸟、海边拾贝、看瓜刺猹、看跳鱼儿这 4 件事。

师：刚才通过 11 号小组的交流以及大家的补充，这篇课文的结构以及写作方式都梳理了一篇，发现这是一篇典型的写人，写人的文章就离不开写事，而且还是典型事例，刚才刘贝莉同学通过这 4 个小标题的补充，我们可以发现这篇文章为了凸显闰土的性格特点，就是抓住了这样的 4 件小事，4 件事里有详有略，待会同学们在做交流的时候可以进行深入的探讨，课文梳理到此，这节课咱们的核心问题要研究什么呢？谁能帮我们梳理一下核心问题？

生：闰土的特点体现在哪儿？

生：这 4 件事是怎样发生的？

师：这 4 件事是怎样发生的算不算核心问题？

生：从哪里可以写出中国政府的腐败？

师：在这个事情上有没有？没有，只有把少年闰土和中年闰土都学完之后才能感受。

生：4 件小事是如何描写的？怎样描写才能说清楚闰土的这 4 个特点？

师：大家想继续研究鲁迅先生是怎样写来凸显闰土的这些特点，对吧？也可以反过来说这些特点在哪些地方可以体现出来？这就是本节课的核心问题，在预习的基础上再给大家 2 分钟时间快速整理一下自己的自学笔记，再次勾画批注，按照关键的词句去思考刚才的问题。计时员计时开始。

师：拿着笔是好习惯，抓住关键的词句，现在要学会快速浏览只抓重点，批注时要简洁，抓核心词。好，2 分钟时间到了，再次给大家 5 分钟时间在核心领袖的带领下交流核心问题，现在开始。

师：大家年纪相仿，大家的话题也比较多，提示一点，抓住重点词，局部品读析词句，如果待会儿，别的小组讲的和你们相关，你们可以从不同角度深入去研讨，你可以赶紧站起来，哪个小组最先来？

9 号组汇报

生：我们小组重点给大家交流闰土的见多识广，首先请大家看到第 8 自然段，由我们来配合朗读。

生（朗读）："现在太冷，你夏天到我们这里来。我们日里到海边捡贝壳去，红的绿的都有，鬼见怕也有，观音手也有。晚上我和爹管西瓜去，你也去。""管贼吗？""不是。走路的人口渴了摘一个瓜吃，我们这里是不算偷的。要管的是獾猪，刺猬，猹。月亮地下，你听，啦啦地响了，猹在咬瓜了。你便捏了胡叉，轻轻地走去……我那时并不知道这所谓刺猬是怎么一件东西——便是现在也不知道——只是无端地觉得状如小狗而很凶猛。"

生：我们看到第 8 自然段，第 8 自然段有两个名词"鬼见怕"和"观音手"，是两种贝壳，在海边的贝壳。当时闰土知道"鬼见怕"和"观音手"这两种贝壳，而鲁迅不知道，从这里对比，突出了闰土的见多识广。

生：我接着补充，这里还有一个"要管的是獾猪，刺猬，猹"，这里写出了闰土十分了解猹和小动物吃饭发出的声音，说明他见多识广，知道吃瓜是怎样的声音，说明见识很多。

生：“我”接着说，“管贼吗?”说明鲁迅都不知道管什么，而反衬出闰土的见多识广。

生：我还接着补充一下，“口渴的人摘个瓜吃”说明他十分懂事，而我却十分幼稚，以为那些走路的人摘瓜吃就当做贼一样偷自己的瓜吃，这也突出闰土的懂事。

4 号组补充发言

生：我们组也是围绕见多识广来补充，我们主要围绕雪地捕鸟这部分来为大家介绍。

生：首先为我们读一读，闰土说的这一句话的一部分。

生：朗读“这不能。须大雪下了才好”。

生：我们知道闰土和鲁迅先生是少爷和仆人的关系，闰土敢坚决地否认鲁迅的想法，说明他有这种知识，敢这样说，说明他见多识广。

11 号组补充发言

生：我继续补充，首先这一自然段有大量的动词“扫、支、撒、看、拉”，从这几个动词可以看出闰土捕鸟的熟练，捕鸟时非常有经验，两人兴趣情投意合。

师：你竟然找到了用动词描写，那你能感受到闰土捕鸟时动作十分的熟练，能不能通过读去展现那个场景，让我们去感受雪地捕鸟是怎样一回事。

师：这个自然段的动词找到了吗？先自己练一练。

师：谁来展现雪地捕鸟？

生（朗读）：“我们沙地上，下了雪，我扫出一块空地来，用短棒支起一个大竹匾，撒下秕谷，看鸟雀来吃时，我远远地缚在棒上的绳子一拉，那鸟雀就罩在竹匾下了。”

师：刚才掉了一个词，“一拉”，掉了这个词，你们感受到了什么？

生：闰土把所有的事都准备好了，只用轻轻地一拉就能把鸟捕着，不用费时费力的去做，这说明闰土的聪明机智与见多识广。

师：闰土已经做好了充分的准备，只等它来轻轻一拉，鸟儿罩下去了，这样一个过程还有谁愿意来读？

（生朗读）

师：想象这个画面，你的手只轻轻一拉，鸟雀就罩在竹匾下面。

生（生齐读）：我们沙地上，下了雪，我扫出一块空地来，用短棒支起一个大竹匾，撒下秕谷，看鸟雀来吃时，我远远地缚在棒上的绳子一拉，那鸟雀就罩在竹匾下了。

师：还有没有其他的地方让你感受到闰土的见多识广？

6 号组汇报

生：少年闰土的见多识广，我们组是通过鲁迅与少年闰土的对比找到的。

生：我找到的是第 14 自然段的一句话："我素不知道天下有这许多新鲜事：海边有如许五色的贝壳；西瓜有这样危险的经历，我先前单知道它在水果店里出卖罢了。"

生：在遇到问题之前，鲁迅先生是很少接触社会的和闰土知识丰富形成鲜明对比。

生：而这里的素然不知也说明鲁迅从来没有听说过少年闰土所说的事，所以流露出对少年闰土的敬佩。我们还找到了第 16 自然段。

生（朗读）：他们不知道一些事，闰土在海边时。他们都和我一样只看见院子里高墙上的四角的天空。

生：因为鲁迅先生是少爷，所以交往的朋友也是少爷，他们整天只能生活在大院里面，不能广泛与自然接触，就像井底之蛙，知道的事情和眼界非常狭窄，这句话表现了鲁迅先生对自己所处的环境不满，流露出对少年闰土的敬佩以及对农村丰富多彩生活的向往，也把自己的知识面不广与少年闰土的见多识广作对比。

师：这样的对比，更让我们感受到少年闰土农村的生活是那么的令人向往，在这 4 件事情中，你们觉得鲁迅先生详写的是哪一件？看瓜刺猹，那你们能不能为我们着重介绍下这件事呢？

7 号小组汇报

生：我们组是通过看瓜刺猹这件事体现出少年闰土机智勇敢的，大家看第 1 自然段。

生（朗读）："其间有一个十一二岁的少年，项带银圈，手捏一柄钢叉，向一匹猹尽力地刺去。那猹却将身一扭，反从他的胯下逃走了。"

生：我从 2 个动词"捏"、"刺"看出了闰土刺猹时动作是非常迅速。有同学问为什么。本来应该写出闰土非常机智勇敢，要刺到猹，但为什么没有刺到猹。这句话将猹的"扭"和"逃"描写得惟妙惟肖，凸显出猹非常狡猾，竟而反映出闰土的勇敢。

生：请大家看第 10 自然段第 3 句。

生（朗读）："要管的是獾猪，刺猬，猹。月亮地下，你听，啦啦地响了，猹在咬瓜了。你便捏了胡叉，轻轻地走去……"

5 号组补充

生：这一句话也体现出闰土十分了解刺猹的技巧，也充分体现出闰土十分机智。

生：刚才讲的闰土的机智，有一个地方凸显了闰土的机智勇敢，请为我们读一下第 13 自然段。

生："这畜生很伶俐，倒向你奔来，反从胯下窜了。它的皮毛是油一般的滑……"

生：首先从"奔"和"窜"可以感觉猹的动作伶俐，又从它的皮毛是油一般的滑，可以体现刺猹非常的困难，从这两个方面我们可以知道刺猹确实是十分困难的，凸显了闰土的机智勇敢。

生：他不咬人吗？有胡叉呢，已经隐约说出了猹是会咬人的，但闰土并不怕，并且说有胡叉呢，说明闰土很勇敢。

1 号组补充

生：我找到的是第 1 自然段第 1 句话："深蓝的天空中挂着一轮金黄的圆月，下面是海边的沙地，都种着一望无际的碧绿的西瓜。"

生：这句话给人迷人和清新的感觉，正好配合闰土健康可爱和机智勇敢的特点，也吻合了环境描写。

师：环境描写写得真好，大家看到了哪些词？天空的蓝、圆月的黄、沙地的黄、西瓜的绿。就在这样一片瓜地里，我们的闰土看瓜刺猹，再狡猾的猹也被闰土一下叉到，所以这个镜头给鲁迅先生留下了难忘的印象，难怪在少年闰土开篇第1自然段回忆的是看瓜刺猹这个场景，拿起书我们一起想象这个画面，把课文的第一自然段有感情地朗读。

（生齐读）

师：通过典型的事例，作者用对比、对话以及外貌、动作、心理的描写展现少年闰土机智勇敢、健康、可爱、见多识广的特点。中年之后的闰土已经变得麻木不仁，乃至寡言少语，又是什么让他转变？有兴趣的同学下课后可以查一下《故乡》的原文。这节课就上到这，下课。

后 记

该怎样向汪亭老师学习

相信大多数朋友此前对汪亭老师知之不多，因为她是一个喜欢做事“偷着乐”，而不愿意被关注的人，因而她并不算“出名”。如果您对汪亭老师的课堂改革经验感兴趣，建议您读一读这则后记，以便全面、客观、批判性地解读。

之所以如此建议，是因为笔者（李红路）整整花了两个半月的时间对汪亭老师和她的六（4）班六年的学习生活进行了“全景式”的研究，继而又用了两年的时间对汪亭老师第二轮课改做田野研究，用“适度萃取”与“还原”的方式，呈现的是一个真实的汪亭和她的六（4）班、四（6）班，因而汪亭老师的课改经验是原生态的，是可学的，与被报纸、媒体宣传得让人感叹的“高大上”有较大的差距。

在做了上述的“澄清”之后，就“该怎样向汪亭老师学习”这个问题，提出以下两点建议。

一、持“整体观”与“情境观”

所有的经验具有整体性和情境性。所谓整体性，指构成经验的各项措施彼此联系、相互作用而形成一个整体。笔者把汪亭老师课堂改革的经验提炼成了一系列操作性很强的策略与方法，相信这些方法很容易运用于实践中，但不一定能够在您的学校、班级和课堂上产生效果。其实，汪亭老师做的事情，大家可能都做过，但为什么没有产生期待的变化呢？原因就在于我们的一些改革措施是局部的、零散的，而不是整体的、系统的，这些改革措施的“正能量”在与其他消极因素的“此消彼长”中被削弱、消解了；课堂变革需要不断从学校文化生态中获得“给养”才能前行。学校办学理念及其核心价值、所奉行的行为方式以及教师个人的精神特质（即我所说的“课改气质”），构成了课堂的“文化生态”，即我们所说的“情境”。如果学校文化在实质上不支持课堂改革，加之教师个人没有明确的教育主张与坚守，那么，课堂改革启动容易，推动难，深化更难。大多数课堂改革之所以没有达到如期的目的，也就是这个原因。因此，学习汪亭的经验，首先要了解崇仁寄宿学校是如何通过创建学习型组织，在创造性的教育实践中创生“伙伴文化”的，这一点在本书中涉及不多；其次，学习汪亭老师的经验，还要了解汪亭老师独特的教育主张与个性。汪亭老师不是那种传统意义上很“悲摧”的好教师。她当老师不想做得很累，能让学生做的事，她尽量让学生去做；她的培养目标不是“高大上”，而是“你今天送给我一个可心的儿童，我明天还给你一个阳光的少年”。她宁可让学生少考一两分，也不会强行让学生为考试排名而去做大量的练习，所有的班级活动更不会因为“质量检测”而停止。

二、持寻常心

但凡听过汪亭老师课的朋友，大都会被学生在课堂上的“表现力”所震撼，不约而同地问汪亭老师是怎么做到的？是不是有什么“特别的方法”？我当然听得出来，这种提问的潜台词中包含着“有没有作假”的弦外之音。其实，媒体记者也如此问，就连崇仁寄宿学校的不少老师也有此一问。当然没有做假！我们所组织的“六（4）班的一天”研究活动，用两天的时间，在常态下观摩了9节课，这个“假”似乎做不了，而且对于“张嘴就来”、“日志分享”、“自主班会”，汪老师是“零干预”，全部都是由学生一手操办。之所以如此，是因为从一年级入学教育开始，她就把她“做减法”后剩下的事情，包括习惯养成教育、阅读分享、表达能力培养、合作组建设等大家都会做、都在做、都做过的寻常之事，实做、细做、坚持做、让学生做。也许您在“实做”、“细做”、“坚持做”等方面都做到了，但是可能都是自己在做，而没有“让学生做”，因而最终没有最大限度地焕发学生的自主能动性。汪亭老师的经验，不是“秘籍”，也不“高深”，平常心做好平常事而已！从指导学生两年坚持写80多万字的《小组日志》，毕业前一天还在坚持写这件事，便可见一斑。汪亭的经验没有任何形式的打磨包装，没有任何成分的哗众取宠，她本人的一些观点也有可商榷之处，“小学语文阅读课‘核心问题探究’教学模式”尚处于形成阶段，课堂结构也略显单调，这说明她的经验成熟尚需假以时日。因此，朋友们在阅读本书时，需要抱持一颗平常心，用平常心来看待汪亭这个平常人和她所做的平常事。这样，您、我和汪亭老师之间就了有对话的空间，也就有了“相观而善”的改进空间了。

李红路

2016 年 7 月 29 日